百万美金赢利者谈交易

丁锴◎著

知识产权出版社
全国百佳图书出版单位

内容提要：

　　本书主要讲述了作者的投资经历和投资心得。由于作者本身有较长的金融从业经验，并且有相对不错的业绩，所以作者在写作过程中提到了大量一线的案例和实战的心得体会，这样使得这本书更具实操性和更有说服力，具有更高的可读性。本书适合广大金融爱好者参考，学习。

责任编辑：于晓菲　　责任出版：刘译文

图书在版编目（CIP）数据

百万美金赢利者谈交易 / 丁锴著. ——北京：知识产权出版社，2013.12
ISBN 978-7-5130-2537-9
Ⅰ. ①百… Ⅱ. ①丁… Ⅲ. ①金融交易－基本知识 Ⅳ. ①F830.9
中国版本图书馆 CIP 数据核字（2013）第 313201 号

百万美金赢利者谈交易
BAIWAN MEIJIN YINGLIZHE TANJIAOYI

丁　锴　著

出版发行	知识产权出版社有限责任公司		
社　　址	北京市海淀区马甸南村1号	邮　编	100088
网　　址	http://www.ipph.cn	邮　箱	rqyuxiaofei@163.com
发行电话	010-82000893 转 8101	传　真	010-82005070/82000893
责编电话	010-82000860 转 8363	责编邮箱	yuxiaofei@cnipr.com
印　　刷	三河市国英印务有限公司	经　销	新华书店及相关销售网点
开　　本	720mm×960mm　1/16	印　张	18.5
版　　次	2014年3月第1版	印　次	2014年3月第1版
字　　数	210 千字	定　价	56.00 元
ISBN 978-7-5130-2537-9			

出版权专有侵权必究
如有印装质量问题，本社负责调换。

1 行业本质 — 001

- 交易是什么 — 003
- 棋牌室 — 008
- 平台平台 — 010
- 技术出处 — 012
- 新瓶旧酒 — 015

2 分析师喊单师培训师 — 019

- 遍地是喊单 — 021
- 分析师 — 025
- 分析师改行 — 031
- 画线和数浪 — 035
- 虔婆的话 — 038
- 致业内培训者的公开信 — 041

3 似是而非的文字 — 045

- 似是而非 — 047
- 九段高手 — 050
- 九段高手（点评）— 053
- 投资者要学会的几种常见心理技术 — 056
- 投资者要学会的几种常见心理技术（点评）— 057
- 为了赢，坚持 — 059
- 为了赢，坚持（点评）— 061
- 2013.12.05 — 059

2013.12.05（点评）	066
4 普通人学习局限分析	**069**
自学者	071
沉没成本	075
低门槛高门槛	077
自身的原因	083
现实中的难	085
父母的影响	087
模拟账户	091
6分钟	093
5 WJC博客	**095**
WJC博客	097
WJC博客点评	157
6 交易教学	**177**
交易和教学	179
教学介绍	182
名字的演变	187
骂与不骂	191
大心脏	195
学员印象	198

7 混乱的投资公司　　　　　　　　　207
到我公司看看　　　　　　209
人性 VS 制度　　　　　　213
考证狂人　　　　　　　　216

8 玄学和交易　　　　　　　　　　221
玄学和交易　　　　　　　223
自动化 EA　　　　　　　229

9 交易人的思维　　　　　　　　　233
投机与投资　　　　　　　235
宾馆的监控　　　　　　　237
看牙　　　　　　　　　　239
推荐股票　　　　　　　　242
浅谈交易记录　　　　　　244
投资人之种种　　　　　　255
学交易听的音乐　　　　　263
职业头衔　　　　　　　　269
走公司　　　　　　　　　272
归宿　　　　　　　　　　279

10　公开对赌邀战　　　　　　　　281

11　结　语　　　　　　　　　　　283

1 行业本质

交易是什么

随着电脑和网络的普及,我们发现自己离交易很近。股票、期货、黄金白银、外汇、国债,这些交易品种仿佛触手可及。各种投资公司的业务员会指导你在电脑上装上软件,从看盘到下单,你很快就能学会。这么看,我们确实很容易就能参与交易。

现在想做交易,资金门槛还特别低。有的保证金交易,只需要一百美元就能开户做起来。只需要几百人民币,我们就能坐在家里的电脑前,看着全世界交易人都同时看到的各种报价。点击鼠标,开仓平仓,我们就能和全世界所有的交易人同场竞技。交易确实离我们太近了。

有些东西,你离的近了,反而更容易受伤害。

尽管参与的人很多,但我们很少发现有人能从交易中真正赚到钱。通过交易账户盈利致富的人,你见不到,但能听到。你可以从各种渠道听说,有人交易做得好,赚得盆满钵满,买房买车。而且那人也就是个普通人。

你很着急,为什么自己总是赔?你不是不努力,各种交易类的技术书籍看了很多。知名分析师的解盘视频,你天天看。网络上的谈论交易之道交易之术的文章,经常让你为之折服。一些喊单老师的课程,你也耐心听,认真跟单。

这一切都做了,你还是赔!

有做到这个阶段的朋友来问我:我为什么总是赔啊?我怎么才能通过交易赚到钱?

我反问一句:你为什么觉得自己能赚啊?对方茫然:我都做这么多了,还不够么?什么叫够,什么叫不够,标准在哪里,这些问题过于抽象。既然来问我,我只能够告诉对方，我是如何走到今天的。我投入数年的时间，几十万的学费，既有努力付出，也有运气成分。听到这些，对方往往抱着怀疑的眼光。喉咙里没说出来的那句话：要这么大代价啊？

……

交流到最后，对方经常会问我一句：交易到底是什么？

几次遇到这个问题，每次我都答不上来。

交易是什么？我真给不了答案。这个问题让我想到了很多人、很多事。我很难界定描述交易所包含的东西是多少。我只是觉得许多人通过交易想得到的太多太多，同时愿意付出的却很少，因为他们却把交易看得太浅太浅。

    如果你爱一个人
    让他去做交易吧
    因为，那是天堂

    如果你恨一个人
    让他去做交易吧
    因为，那是地狱

做交易的人都是冲着财富天堂去的。但从最后的盈亏结算看，交易只对少部分人来说是天堂，而且这部分人很少；交易对大部分人来说是地狱，而且这部分人很多。

认识了解我的人都说我做到盈利了，属于天堂里的那少部分交易人。他们能看到的是我2005年接触交易，2008年正式做职业交易员。到今天，我随身的电脑能打开交易了4年以上，翻番翻番再翻番的黄金外汇保证金账户。从事职业交易以来，我所管理的保证金账户盈利过百万美元。平时工作生活的时间节奏都可自行安排。2009年开始尝试带学员，其中已经出现稳定盈利的职业交易员。2012年底招的学员中，本科学历以上的学员账户交易总和下来是盈利的。这个成绩已经让我自己都惊讶了。

尽管如此，我并不感觉自己在天堂。交易人是不可能两只脚都站在天堂里的。

一个人只要还在做交易，他的一只脚就踩在地狱里，而另一只脚是悬空的，最好的状态也就是悬在天堂和地狱之间。当然，我比那些因为参与了交易而感觉自己整个人都滑入地狱的朋友幸福。

本书是写给脚还没踏到过交易天堂的朋友。很多内容是我平日的随笔整理，为这次成书也特别写了部分。本书的内容可能不是你所追寻的，但却能让你明白为何活在交易地狱里。交易做得不对，确实容易感觉掉进了地狱里。我只是告诉你，现在的你为何怎么也走不出来，一直在地狱煎熬。

市面上很多交易类的书，作者的意思是他能教你，你能从他的书里学到让你盈利的东西。我觉得自己写的这本书不是教人，而是救人的。至于看完学不学到东西，看你最终的理解了。本书的很多文章从单篇内容看，可能会有点散。但就全书看来，还是有一个中心点的。那就是交易世界的面目到底是如何。希望你看完后，有自己的答案。

本书的前言，一直写不好。最终写了上面这些文字。反复琢磨，只有这篇《交易是什么》能带着后面的文章跟大家见面。

我和丁先生

周骏峰

放弃交易是一种解脱，从此你再也不必忍受痛苦的煎熬。坚持交易是一种赌博，以大量时间、金钱、精力为筹码，去赌未来那一丝飘渺的可能性。在坚持的途中得到指引和帮助，那是一道温暖的救赎之光。

在认识丁先生之前，我是一个普通的不能再普通的年轻人。追求自由的个性让我选择了自主创业这条路。然而现在早已不是刚刚改革开放的年代了。市场日趋成熟，传统行业普遍饱和，机会也越来越少。偶然的机会得知朋友在做交易，就开始慢慢了解证券、期货、黄金、外汇，等等。当时也买了大量的书籍来看。不过总的感觉是此类书籍大同小异，并没有多少实际的可操作性。之后先做模拟，然后慢慢开始做实盘交易。但始终不得其法，亏损累累。那些带我入行的朋友后来都没有再做交易了，市场已经彻底摧毁了他们的信心。我却坚持了下来，继续摸索着。我的家境是不如他们的，甚至可以说是相差甚远。可供使用的资金也很有限，所以非常小心谨慎。就像抗美援朝时期的志愿军战士，子弹是算着打的。珍惜子弹才能提高命中率，也许正是因为我的谨小慎微，之后的一年，虽然我没赚到什么钱，但也没造成什么亏损，算是勉强存活了下来。

时间就是金钱，一年时间过去，考虑到时间成本，没有赚到钱实际上就是亏损。我失去了耐心，迷茫的感觉让信心大大的降低了，觉得闭门造车是不行的，应该向高手学习。我开始以应聘见习交易员的形式遍访本地的投资公司，可是这些投资公司的业务主要是经纪业务，辗转了一圈，一无所获。之后偶然在网上看到了一个论坛帖子，有位高手公布了他近期一个月的交易记录，可以说是完美的记录！30笔交易中只有3笔是亏损，其他都是盈利，一个月，账户资金就翻倍了。帖子中还留下了联系方式，说投资可以找他。在QQ上联系了他，他表示可以代操作账户，盈利他拿30%，如果亏损，风险他承担70%。这样的条件实在是太优惠了。在谈好后，我就准备把正在交易的本金，1万美元投给他。后来出于谨慎考虑，只投了5000美元。结果还没到一月，5000美元就只剩下了2000美元。这让我不能接受，"高手"说最近操盘团队状态不太好，在慢慢调整，以后肯定能扳回来。我已经心灰意冷了，把2000美元取了出来，结束了这次悲剧的投资。至于他们所说的承担70%风险，那就是空中楼阁，镜花水月，雾里看花了。又过了一个月，他们就彻底的倒闭了。后来想想，他们还算有点道德，因为密码都在他们手里，就算把我的账户做的一分钱都不剩，我也没有办法，他们还能多获取一些佣金。当时没有投资1万美元，真是万幸，五千居然还剩下两千，更是不幸中的万幸了。

此时，我已经准备放弃了。我已经摸索了两年，并没有什么实质性的突破。对未来的可能性，也没有任何把握。我给自己定了个期限，再一年，如果还是不行的话，就找个普通的工作，拿着勉强饿不死人的工资，艰难度日了。偶然的机会，我看到了丁先生的博文，招学员的博客是2009年写的，在我看到的时候已经是2011年。我仔细阅读了每一篇博客，甚是感同身受。于是联系丁先生，希望能进行学习。经过系统化的学习，我终于也在2011年底的黄金大行情中获得了可观的收益，做到账户翻番。算是在我自己制定的期限内，给自己也给老师交出了一份成绩良好的答卷。我算是幸运的，在放弃的边缘，在绝望的时刻，得到了救赎。想到还有更多的人忍受着我曾经忍受过的痛苦。我建议丁先生将之前的博客和随笔进行整理，同时

  融合他的一些交易理念和交易经验，写成一本书，让更多的读者能获得帮助。本书不是交易秘籍，却比任何市面上所谓的"秘籍"更务实，更诚恳。并不是所有的人都适合走交易这条路。对于不适合的人，早日放弃也是一种解脱。对于有志于投身交易行业却仍在苦苦挣扎的人们，本书或许能帮助大家少走弯路。毕竟少走错误的路，就更接近了成功的路。

棋牌室

棋牌室在我们身边随处可见。很多城市一到下午处处可以听到哗哗的麻将声。我曾经去观摩，发现现在的棋牌室真的是服务规范周到。首先，老板将抽烟的牌友和不抽烟的牌友分开房间。这点就让我很感慨。我是不抽烟的人，感觉每次到饭店吃饭，旁桌总会有几个烟民吞云吐雾，熏得我头昏眼花。人家棋牌室这点做得周到呀。另外棋牌室还在局间供应水果和糕点，而且花样品种每日不重复。真正做到了人性化贴心服务。

人们在棋牌室可以打发时间，满足小赌怡情的小追求。同时棋牌室还是个社交场所，认识朋友只需要一个牌局。老板的服务又那么到位，难怪神州遍地棋牌室了。这里做个假设。如果某棋牌室的老板雇几个业务员，每天通过电话、人际关系等渠道邀请人去打牌。邀请的理由就是在他们的棋牌室很容易就赢钱了。你要是不会打，棋牌室会有分析师、培训师来指导你教你打牌。同时不断告诉你，赢钱很容易，昨天那谁谁谁赢了，前天那谁谁谁也赢了。如果接到这样的电话，你会去么。稍微有点社会常识的人都会警惕的。只有设黑赌局的人，才会过分热情地拉你去赌。棋牌室只是一个场地提供方。棋牌室本身并不产生红利。如果一个棋牌室有100个牌友来玩，大家每人来的时候带100块钱做筹码。那么一场牌局结束后，这100个牌友口袋里的筹码各有增减。但总数肯定没有一万块了。因为肯定要给棋牌室老板台费，有的赢家还给额外的小费等。所以对所有的牌友而言，棋牌室是个零和游戏场所。

大体来说，同一个牌桌上的人水平运气等影响输赢的因素是相当的。彼此在一起玩个一年，最后谁都赢不了谁。但每天所有人的本金中总得有一部分到棋牌室老板口袋。若牌友都专款专用，那么最终这一万块都会进入到棋牌室老板的口袋。

如果有例外的话，就是有一个人的牌技鹤立鸡群，比旁人高出一大截，那么他会在这一万本金中最终得到一部分。遗憾的是这个人在现实中最终是会被别的牌友抛弃的。因为，只有水平基本相当的人才可能在一起长期玩。如果你水平高，总是赢别人的，就没人跟你玩了。而且从系统层面看，棋牌室的老板也不喜欢这种人。

就这个系统关系来看，棋牌室老板是希望赌客的一万本金最后都到自己口袋。其实，保证金行业就可以看作是个棋牌室，包括黄金、白银、外汇，等等。也许你一下理解不了，这里稍微做点解释。首先，保证金交易行业本身是不产生利润的，这不是农业，春种秋收结出果实来。更不是工业、电子科技产业，会产生增值部分。保证金这个行业一分钱利润都不会自我产生，所有在这里的钱都是由参与交易的人掏的。换句话说，很多朋友羡慕看到的金融公司的大楼、豪华办公室都是由交易人买单的。进一步说，你所羡慕的那些金融公司高管丰厚的年薪也是由参与交易的人支付的。很多人看不清保证金行业的资金本质，我用棋牌室这个大家都能看见，都能理解的比喻一下就说清楚了。每个人都能在这个比喻中

找到自己相对应的位置身份。棋牌室老板在黄金外汇保证金行业中相应的应该就是平台商、代理平台的推广

公司、各级小代理商，介绍你来参与交易的经纪人只能算是棋牌室的员工。投钱参与交易的朋友，最简单就是棋牌室的牌友了。有几个身份比较特殊，在这个最贴切不过的比喻中，我们找不到相应的位置。

比如分析师和喊单的。很难想象你在打麻将，旁边有人不断给你提供分析解盘，给你建议，指导你如何打。更无法想象，一个人直接告诉你该出什么牌，你不需要自己思考，完全听他操控。他们行的话，自己干嘛不坐下来玩？

平台平台

　　一提到平台，总是议论纷纷。某某是对赌平台，某某是黑平台，等等。在某平台，你亏钱就是亏掉了，赚的钱很可能取不出来。在我看来，这些都是多虑了。大多数平台没有传言中那么黑暗，那么混乱。很多相关传言都是同行业互相竞争，互相攻击的结果。当然，平台作为公司，经营状况肯定是有好有坏。从统计数据看来，几乎90%的公司会在成立后的一年内倒闭，近一半的公司撑不过半年。平台倒闭，更多的是因为经营不善。至于对赌，这是国际上通行的做市商制度。平台商所在的繁华商务区的办公室租金那么贵，高管动辄百万的年薪。仅靠微薄的点差收入，除去经纪人佣金及各项成本，平台几乎无利可图。

　　刚入行时，我也就平台的问题咨询了业内的前辈，前辈对我说，等你有一天逼着让平台对你做手脚了，说明你的水平，已经到达了一定的境界了。我一开始也不是很明白，直到做了很长一段时间，才真正明白其中意义。平台问题，不是大多数普通人该考虑的问题。而且，交易世界的本质从某个角度看，就是对赌的，你下空单，得有人同时下多单跟你。你赚，他就赔，反之亦然。

　　我所在团队管理的账户在平台盈利超过百万美元，引起了关注。平台负责人约我面谈，当时跟我谈的是个高鼻深目的白人老外，是那平台的董事长。他很直白地说：

　　"我不是想赖账的意思，因为是有监管的，没法赖。市场上，像丁先生你这样的人不多。你到我这赚钱可以，但是之前要通知我们，这样我们好把你的单子打到国际市场上去。像这样不通知我们，就赢走这么多钱，平台也吃不消，如果我们倒闭了，那你的钱也就没了，也没有好处。"老外直接跟我表达这么个意思，让我感到很意外。我再说一个在上海发生的真实的事。有一个人在某个岛国平台做交易，不知是被他蒙对了，还是那笔看得确实准，在 2008 年的一笔交易中一直顺势加仓，最终将 30 万美元，做到了 200 万美元。平台给不出这笔钱，就约他谈。最后将平台的股份折价给了他。他成为了平台的股东。也就是说，他把平台赢走了。据说，平台方告诉他，如果你不接受这个，我们平台就只能选择破产清算了。这是个真实的事例，职业交易圈内一直在流传。

在这个行业做了这么久，我在几个平台都盈利，还从来没有遇到赢钱取不出来的情况。当然，我对平台的选择，也有一定的要求。首先，平台必须进入国内，设有分支机构。有像样的写字楼办公地点，要在媒体和行业展览交流会上看到身影。其次，在国内运营时间最少在两年以上。最好要有我熟识的人在其中赢钱，并能取出来。现在我跟平台打交道，我会用我的方式联络到对方的高层，告知我是来赢钱的，希望你们能把单子打到国际市场上，或者做一些对冲处理，不要做单纯的对赌。平台之间的中方人员流动得很快，盈利者的信息也比较透明。曾经有平台老板得知我的情况后和我说："丁先生，我们知道你以往的战绩，我们还没有疯狂到和你进行单纯对赌的地步。"

当然，一般人和他们提出这样的要求是没有用的。对于平台来说，将普通人的单子打到国际市场毫无必要。若是你去咨询，他们的工作人员自然向你保证："放心放心，我们的单子都是打到国际市场的，绝对不会对赌。"说是这么说，可你如果当真了，那可就太傻了。刚入行走公司的时候，我在某投资公司工作，一个老业务员意味深长地跟我说，你看每天那么多人来开户，每个人都信心满满地来赢钱，真正能赢钱取走的，有几个？赢家，永远只是极少数人。大多数人，都是输家。这种情况下，如果你是平台老板，你会怎么跟陌生的投资客谈这个问题呢？

关于平台，就说这么多。具体到某个平台，我是不作评价的，请别来问我。辨别山寨平台很容易，只要你稍微做点功课，别一味相信身边热情的掮客就行。

技术出处

有时候我会问学员，你这操作方法跟谁学的？得到的回答：我哪儿哪儿看的，原来我那平台公司的指导老师教的。我继续问，你知道你用的这方法是谁发明的么？对方茫然了：难道不是盈利的前辈么？这里我要告诉你，很多市场上常见的交易方法，不是由职业盈利交易者研究出来的，而是由交易商所豢养的研究员发明创造的。这些方法经由交易商和代理商大力宣传并推广。

交易商从自己最根本的出发点考虑，创造了这些交易方法。他们的目的，就是让交易者不断的产生兴趣进行交易，从中赚取佣金，至于盈利与否，这不是他考虑的。一个1万美元的账户，如果按照某些地区的交易商的制度和方法来做黄金，一次一手，一日两次，多空各一次，五十个交易日后，在不赚不赔的情况下，这个账户就没有了。很多交易理念也都是由交易商们提出并大力推广的，目的并不是让交易者们盈利，而是让交易者有更多的开仓平仓理由，尽可能的多做单。这里，我举两个例子。

第一种典型的方法是"锁单"。锁单是在你赔的时候很容易产生的一种心理导向，但如果没有交易商的人指导你，你是想不到这个方法的。持有的一个单子在逆市赔着，又不甘心认赔平仓，于是开设一个反向单进行锁单，再找机会解单。由此产生的解单方法，基本是解了锁，锁了再解。具体操作手法是五花八门，数不胜数。最后很容易造成单子越锁越多，越解越复杂的结果。搞的交易者身心俱疲，在不断给交易商贡献佣金的同时，账户越来越缩水。很多交易商为了鼓励交易者们锁单，让他们在锁单的同时有足够的保证金再开新单，对锁单收取极低的保证金。看似幸事，实为灾祸。

很多人连续锁了好几单,没法解开,只能自欺欺人地一直锁在那里。其实锁单是一个根本性的错误,开反向单的意义就相当于平仓。锁单不但多付一次佣金交易费,还会产生利息。锁单能麻痹交易者的最关键因素,就是利用了交易者们不愿意承认亏损出场的心理。总幻想着能够把亏损的单子再救回来。越想救就陷得越深。交易是一单一单做出来的,是一个高胜算概率的执行。该止损止损,该持单持单。锁单的概念就像毒瘾一样,一旦陷入这个思维,就难以自拔。当我告诉学员锁单的害处,并分析其中的道理后,所有人都能够理解,但就是有人摆脱不了这个魔咒。我曾经见到过一个人,好几个锁着的单子放在那里,一放就是几个月,一直白白地消耗利息。有行情了,再重新开新单,不行了就再锁,恶性循环,直到账户被消耗殆尽。锁单对交易人而言,可以说是心灵枷锁,一旦被套住了,很难出来,害人不浅。

第二种常见的方法是"跟踪止损"。跟踪止损也是一种由交易商想出来的方式。介绍此方法时说得很好,是为了保护本金,不让到手的利润溜走。其实利用的就是交易者们害怕将到手的盈利空间失去的恐慌心理。跟踪止损的意思就是,假设手中持有多单,当行情上涨的时候,就不断地将止损位向上移动。比如多单的30个点跟踪止损。就是下多单后,立即在现价下方30个点的位置设止损。当行情向上走,止损位置永远是不断上提,保持在现价的下面的30个点位置。若行情突然向上走50个点,那止损同样会跟着上提50个点。同时,介绍者会翻出历史行情中的某段,指给你看:"这样的暴涨行情,你根本来不及思考和操作,用我们这方法你就可以吃下行情哦。"

是的,你确实可以在历史行情中找到这样的几乎没有回调的行情。但你仔细找寻一下,一年的时间中,这样的行情有几次。屈指可数!普遍地看,一次大级别的上涨行情中,要经历数次的回调,很少有回调是低于30个点或者50个点这样级别的。用这个方法后,在行情的波动中,一个小的震荡,就可能让你的单子被止损出场了,更别说大级别的回调了。这时候出场的单子可能仅仅是盈利一点点,甚至是亏损。下面如果发生大行情,你又只能是看着猪跑,摸不到猪毛,更别提吃猪肉了。而且,跟踪止损这个方法,很多代理都找人编成了自动程序,直接提供给你安装使用。口口声声说是帮你,其实是害你来的。

交易商最期望的是什么？你没有开仓的时候，希望找个理由让你开仓；你开仓以后，希望找个理由让你平仓。你平仓后，下面就要又开新仓。交易商最怕的就是像我这样的职业交易员的做单方式。不轻易开仓，也不轻易平仓。有人形容我的交易方式，就像一只铁爪牢牢地抓在猪背上一样。抓住了就要撕下一块肉，我不轻易下单，也不轻易平仓。这就是职业交易员的操作方式。在这里举两个典型的例子，聪明的你只要多思考推敲，会发现更多更多的类似现象。不仅仅是技术，还有交易理念等。

新瓶旧酒

今天爆出一条财经新闻,《上海40岁美女混迹深圳富豪圈被控骗8富豪3.6亿》。能骗到这么大数字,非一般人能做到。我特意看了下这篇新闻。我关心她是如何做到的。

郑某,40岁,上海女人。她住在深圳华侨城纯水岸千万豪宅里,出入豪车接送,常在澳门赌场一掷千金。

目前,深圳检察机关指控她涉嫌诈骗,金额3.6亿元。被骗的包括国企高管、民间投资大户、台湾商界大佬共有8人。

一同被捕的,还有她的同伙——自称为德国罗杰斯家族传人、坐拥数百亿欧元的资产的德国人罗伯特(Robert)。二人为情侣关系。

从2005年开始,郑某化名林意、黄少妹、黎菊梅、蒋林意,与罗伯特混迹于深圳富豪圈中,将富豪圈一些四处寻找投资机会的富人们耍得团团转。他们不停地圈钱,用下一次圈到的钱,来支付上一次的欠款。

直到2011年5月,一起珠宝案发,深圳警方发现郑某是上海警方通缉的网上逃犯,而她向富豪们许诺的高达百分之几十回报率的投资项目几乎都是骗局。目前两人已被警方逮捕并遭检察机关提起公诉。

检方多条指控中,有三条是这样:

检方指控,郑某谎称操作的股指期货每月能获取10%的利润,涉嫌骗取一位姓叶的80后投资人1400万元。

检方指控,郑某谎称代客理财业务投资回报率30%至40%,华联发展集团高管董某被骗 500 万港币。

检方指控，台湾一家人寿保险股份公司的董事长邓某与郑某签投资理财协议，1600 万美元被骗。郑某告诉警方，她吸收的投资款均用于真实投资。但警方询问具体的投资凭证时，她又说找不到了，或者销毁了，或者被手下的员工拿走了。她的员工们则告诉警方，郑某与罗伯特开了两家投资公司，但几乎没有做成一项业务。据警方调查，她建立了一个复杂的资金转账网络……

看完这篇新闻后我很失望，她用的还是老的不能再老的方法。用这种方法骗钱的现象很多，我简称这个现象为"新瓶旧酒"。

新瓶，指的是各种不同的包装，各种载体。在这个案例里，指的就是这个女人的行头打扮，"坐拥百亿欧元资产"的外籍男友等。她的照片我也看过，像个十分干练的女强人。

旧酒，说的就是金融投资行业里最老最老的一壶酒——庞氏骗局。简单来说，就是不断地用下家的投资款支付上家的各种款项。

在我国改革开放的几十年间，经济活动多了。经常会听到用这样手法来集资诈骗的新闻。而且我相信，庞氏手法骗局在以后的很长一段时间里都会存在下去。会涌现出各种各样漂亮的"新瓶"。比如曾出现过的新兴产业的专利投资，新开发的区域项目投资等。其实他们的运作完全是子虚乌有，只是用现在的投资人的钱来维持场面，扩大宣传，吸引下一批投资者。等到发起者钱圈得差不多的时候就人间蒸发，让你再也找不到。或者资金链断裂后东窗事发，资金早已被挥霍一空或被转移。投资人只能是血本无归。

这些人能骗到这么多钱并不是因为他们的骗术有多么高明，他们只是掌握了投资者最迫切的一个心理，那就是没有风险，保证收益。以前盛行的都是无风险高收益，比如一个月 5% 或者 8%。"北部湾开发"项目就告诉你，只要投资六万多元，再拉上几个朋友投资，几个月后，投资的钱就会变成几百万元。但是这些钱的真正去向，他不会和你细说，这是高收益的骗局。现在人们都开始警觉了，收益太高的话人们就觉得不太可信了，所以也出现了一些低收益的项目。

我在上海见到的一些投资公司，每个月稳定 1% 或者 1.5%，年化收益 12% 到

18%，介绍说是和一些大银行和大信托公司合作的。问他们："你们的这些钱具体都是投到什么地方的？"他们说："不好意思，这是我们的公司机密，不好随意透露。"我的钱投在你这儿，具体的运作模式你用"机密"两个字来糊弄我，我怎么能接受？在古玩行业，如果我要买个东西，肯定要经过鉴定。同样，一个投资项目也同样需要一个鉴定的过程。用"机密"这个词来介绍整个项目的运作过程，可以套用古玩行业里的一个词，叫"存疑"，也就是存在疑问。对于存在疑问的古玩，懂行的玩家都是回避，绝对不会把钱投在上面。谁弄懂了谁去买，弄不懂的话，坚决不去。

我在和投资人打交道的过程中也会经常遇到有人对我说，某某处的投资是没有风险的。我反问他们："你知道他们是如何运作的吗，看过记录么，有调查验证么？"一般都表示，没核实过不太清楚，只知道有人已经拿到钱了。已经有人拿到钱了，但你能保证他们是健康运作的吗？假如是庞氏骗局怎么办？现实中，有人已经知道自己参与的项目是庞氏骗局，但也不愿意去拆穿它。当符合自己心理期望的东西出现在自己面前的时候，很多人都不愿意去深究。人类有一种心理趋向：宁可接受符合自己心理期望的虚假，也不愿接受不符合自己心理期望的真实。这是人性的选择，但理性的投资者可以超越人性的弱点。

在这个案例中，一个女人居然就凭这样一个简单而古老的骗术，就骗到这么多成功人士的这么多钱。新瓶旧酒的威力确实可以。董事长、高管这样的人都不能幸免，普通人更要小心了。

新瓶旧酒，瓶子里的酒是毒酒。瓶子再漂亮，不影响毒酒害人。

2 分析师喊单师培训师

遍地是喊单

上网搜索类似"黄金外汇喊单"的关键词，不管是在博客里、论坛里，还是语音教室里，相关的信息数不胜数，相关 QQ 群也有很多。交易市场里，真正能做到盈利的人是极少数的，但是带领别人喊单的，却多如牛毛。从逻辑上来说，这些喊单的人就值得推敲。

喊单之所以能够存在，就是因为喊单极受新人的欢迎。在交易领域，人员的流动是很快的。不断有人走，不断有人来。有些平台的客户经理告诉我，参与保证金交易的人，大多数在一年之内就会离开这个市场。或是因为钱赔光了，或是因为心态赔光了，最终惨遭淘汰。

新人不断涌现，喊单自然就会有市场。另外，喊单的方法决定了喊单的风险很小。喊单追求的是让跟单者满意，而让他们满意的判断标准就是尽量每单都能赚钱。能出来喊单的人基本上都是在行业内混过一段时间的"老江湖"。他们采取的方法普遍是在盘整区间来回地喊，高抛低吸。市场中有 80% 的时间都是在区间盘整，所以喊单很容易走量，每天能喊好几单，听单者容易得到满足。如果偶尔有趋势行情出现，理论上也只是打一次止损而已。但现实中经常看到，因为没有止损，整群的跟单者都爆仓了，因为 80% 的时间都是赚的，群里的成员就会拼命地吹捧群主，而群主也会有点飘飘然。偶尔群主让他们认赔，群员们因为之前总是赚不肯认赔，最后群主心理也侥幸妥协，导致全部爆仓。这种情况是常有的。交易中需要独立冷静、纪律严明，而在这种模式下，人容易陷入一种盲目躁动的状态。喊单的绑架听单的，听单的影响喊单的，都容易造成失控爆仓。

我曾经尝试给一些自己做账户的人喊单。我喊的单就是我自己管理账户做的单。我发现，很多人根本就跟不下去单。我展示的三年翻十倍的账户，曾经连赔七单。一般人赔到第三单，就完全跟不下去了。等遇到大的趋势行情单，他只能错过。还有一些盈利单，很多人根本拿不住，在遇到一些回撤的时候，我没给出平仓指令，很多人就已经平仓了结了，有的甚至做了反向单。有些单，我能拿一个星期，这些听我单的人拿两天，就坐立不安，总问什么时候平仓。等到行情继续顺开仓方向走的时候，平仓的人已经找不到进场的位置了，做反向单的，把之前的盈利都吐了回去。还有一次相似的试验，是让我的投资人看着我做单，就是光看，他都有些受不了了，受不了亏损，受不了利润的回撤，后来索性不看了。

在众多的喊单者中，有一位"L老师"。此人每天都通过博客、论坛、QQ群发自己的喊单记录。这些记录都是一些截图和说明，有聊天框中他如何喊单的截图，也有盈利单的截图。这些都是无法验证，可以PS作假的。他每天都进行这种展示，坚持了三年多。跟着他做的条件也很简单，没有费用，只需要在他的名下开户入金就可以了，也不加任何额外的佣金。也就是说，他的收入仅是平台给他的一些返点，对开户者来说仿佛是免费的跟盈利单。这恰恰满足了底层投资者的心理需求，没有付出，还能获得收益。虽然"L老师"从每个人身上得到的收入很有限，但他这种模式决定了很多小资金的投资者跟着他做。积少成多，他的收入就很可观了，这就是他能坚持三年的原因。

掌握盈利技能的职业交易员和投资人是合作伙伴的关系，而喊单者和跟单者的关系更像是商家和顾客。顾客总是希望商家能提供"物美价廉"商品。而像"L老师"这样的"聪明商家"直接宣布"物美免费"，当然就客似云来了。

交易领域遍地是喊单的现象是有悖逻辑的，经不起推敲。最后问一句，如果你在交易中做到了长期稳定盈利，你会出来给大家喊单吗？你能忍受跟单的人不断怀疑你的单，不断询问你是不是该开仓、该平仓了么？反正我当初是被烦死了。

喊单神器

周骏峰

有一次我在网上看到一个喊单的推广链接。点开一看，标题很是醒目："史上最牛的喊单神器，止盈准确度98%以上！"网站里只有一些宣传用的文章和视频，用一个手机号就可以注册喊单账号接收喊单信息，免费体验两天，满意再交费，3980元，享受终生喊单服务。根据网站上显示，注册用户已达十万人以上。

我把这条链接发给丁先生，请教下他的看法。丁先生看了几分钟后，说："这个喊单机也算得上是喊单机中的战斗机了。肯定坑了不少人，也赚了不少钱了。"我好奇地问："何以见得？他是如何操作的呢？"丁先生解释道："所有的注册用户都是和网站人员单线联系，并不知道其他用户的情况。这样的话，只要把人分成两拨，同一点位一半喊多，一半喊空，设好止盈止损。肯定有一半的人止盈了。免费体验两天么，如法炮制再喊一天，这样算下来，有四分之一的人是全部止盈的。这部分人中大多数就深信不疑了。按他的收费标准，3980元，很符合低收入人群的情况。几万块他们掏不出来，几千块钱，为了以后能发大财，省省还是有的。假设十万人中有两万人交钱，这是什么概念？就有近八千万的收益了，即使再打个对折，也有四千万了。用赚来的钱继续做网络推广，删除网络上的负面消息，就可以长期运营下去了。实在不行，可以改头换面重新开张。换汤不换药，上当的人还是会有很多的。"

听了这一番话，我恍然大悟。原来看不明白的事情，经过丁先生的三言两语，就豁然开朗。我接着问："这些只是猜测，如何去验证呢？"丁先生答道："不需要验证，从逻辑上来说就是说不通的。真正做到盈利的人，是不可能天天去喊单的。收费还这么低廉，三千多块包终生。他们只会直接帮客户做账户，然后约定一个双方都能接受的分红比例。由于执行力的问题，即使喊出盈利单，很多普通人也是跟不住的。盈利者与其喊单让别人跟，不如把客户的账户直接拿过来做效率更高。喊单者之所以喜欢远程遥控让别人跟单是因为这样就可以免除很多责任。让自己有更多的回旋余地。职业交易是没有回旋余地的，一单一单地做，踏踏实实。如果实在是想验证的话也好办，同时找十来个人去注册，看看每天收到的信息是否一样，是否准确就行了。如果凑巧收到同样的信息且准确，不妨多试几次。保终生喊单也是靠不住的，这网站一共才出来几天？等卷到钱了，早就跑得无影无踪了。"

　　我深以为然。这种喊单的方法确实很有迷惑性。想到这个方法的人一定很熟悉这个行业，并且抓住了这个行业内大多数低收入人群渴望赚钱的心理。但是只要大家脑子里绷紧一根弦，摒弃投机取巧走捷径的思维，冷静客观地看待问题，就一定能将这些精巧的骗局从容破解。

分析师

提到分析师，我想起了几个身影。一个是我做职业交易后，所用平台的首席分析师Z。当时那家平台有三四个分析师。Z的年龄最大，40多岁。另外几个都是毕业不久的年轻人。当然，Z的从业经验也最多。尽管我用这个平台多年，但对Z并不了解。因为我做交易，从来不看任何分析。直到一天，我收了一个学员是个50多岁的残疾人，老赵。此人我后面文章会专门写。老赵在跟我交流的过程中问我跟Z熟悉否，他想请教Z几个问题。我就问老赵，你怎么想起去请教Z。老赵说，他看过好几本Z写的书，每天也都看Z在平台网站上发的分析解盘视频，觉得Z挺有水平。

后来，我去平台的时候见到了一位负责联络我的中层管理人员P。此君自己也做保证金交易，琢磨得很深。因为我当时在那平台已经让很多账户翻番再翻番，取钱不少，引起了关注。P见到我，特别热情全程陪同，期间问我不少交易问题。借此机会，我也问了下那位首席分析师Z的情况。结果得知Z已经离开这家平台，到别处发展去了。

我随口又问了一下，Z自己账户做得如何。结果我这一句话打开了P的话匣子。P立即告诉我很多信息。这位Z原先是做股票的，做了很多年，属于研究K线技术、分析图形的老江湖，喜欢做技术分析。后来接触到黄金外汇保证金，不知怎么误打误撞的就到公司做了分析师。公司的一帮做交易的年轻人问Z怎么做单，他总是把自己那套对外发布的分析和操作建议再说一遍，上下都提到，多空都谈谈。这些年轻人不吃他这套，直接问Z自己怎么做。结果Z明确说，他自己从没做过黄金外汇保证金账户。模拟的开始尝试过一下，后来就是做分析让别人做单。一群年轻人全气跑了。

P特别说到，Z很善于写书，经常出书，把那些技术图形整理整理，各种组合，他能给弄出几百种。就这么个套路，出了好几本书。一些钻进这个思维的人，很喜欢他的书。尽管我们知道那些书根本没用，但市场还是不错的。后来，Z的名气越来越大，外面的活也越来越多。最终到别处高就去了。

还有一位是我走公司时认识的Y。此人是我当时所在公司的常客，跟公司的分析师和业务员都挺熟悉。当时Y只有21岁，但看着挺精明老成的，有25岁的样子。我想21岁大学还没毕业呢，看他那样子走社会应该好几年了，便问他在哪儿工作。回答，日本公司。后来公司的老员工告诉我，Y是在一个日本餐馆做后厨的，专门负责切菜。我一下反应过来，难怪他总是一身葱花味呢。

Y在公司时间真不少，他后来几乎成为公司的编外成员。我们在公司讨论行情，他参与，有时候说的还像那么回事。我们研究如何开拓市场发展客户，他也静静地听，时不时还做笔记。彼此熟悉后，他也经常过来跟我聊天。有一天，他给我一个链接，打开是一个财经网站当日外汇行情的汇评。我一看大体就是那种套路写出来的东西，再一看作者居然是他的名字。我好奇的问他："你帮网站写这个，一个月给发多少呀？"他不好意思地说："没啦，我现在是免费写，没收入的。""那你写这个，图什么呀？"我更奇怪了。"嘿嘿，我打算做分析师了，我先写写汇评，为将来积累点名气。谈客户的时候，我直接打开网站，他们看到我的名字，可就不一样了哦。我介绍客户开户做单，赚点零花……"

我离开那家公司后，跟Y联系也少了，最终失去了联系。有次跟业内一个熟人聊到Y，得知他已经在分析师这行业混得风生水起，同时给几个投资公司发行情分析和操作建议。

还有一位就是T了。此人个子不高，戴个深度近视眼镜，平日总是满面笑容。他当时担任我所在公司的客座讲师，每周来公司两次，给上课分析行情，讲点技术。当时公司一拨刚毕业的小孩子特服他，每次都围着问这问那。我就远远看着T满面红光，自得意满的那副神情。我对他印象最深的是一次分析课上，那天下午好几个客户到公司了。T好像特别兴奋，平时他总是分析总结一下，并不太明确地给操作方向上的建议。结果那天,他破天荒地说现在的黄金是做多的好时候,可以大胆做多,重仓点都可以。结果那天晚上黄金大跌60多美元。很多听他建议做多黄金的客户都损失惨重,甚至爆仓。第二天下午,T意外地现身公司,还是跟以往一样穿戴整齐,脸上乐呵呵的。我很奇怪地问他,你昨晚做多黄金赔钱,怎么还这么开心。他大笑了两声:"哈哈,我是看多不做多,我没做,哪儿赔去。"我当时就愣住了。"那你对客户怎么交代?"T还是那副乐呵呵的语气:"我又不能保证绝对准咯,我要百分百准,我还在这讲啊,再说我最后都是说一句'注意止损'的呀。"这倒是真的,他讲课时,只要给操作建议,都会加上这句。

后来了解到,T原来在一工厂上班。业余把股票期货都做了一圈,钱都赔没了,空留下一脑子的行情分析的套路技术,加上口才可以,辗转做起了分析师工作。

为什么有这么多分析师存在,为什么这么多做交易的人喜欢听分析师的东西,这是我一直搞不懂的。因为我的交易之路跟一般人不太一样。最初我是因为认识了一个朋友,帮了这个朋友点小忙,此人为了谢我说要教我学交易。而我当时对交易很不以为然。所以不是很上心。学了一段之后,我发现挺有意思,于是钻研起来,投入了不少人力物力,逐步真正进入了交易的世界。等我发现自己基本可以靠交易赚钱,而且赚的比我做别的工作都自由轻松的时候,我决定走职业交易的路。到这个时候我才意识到最初教我的那朋友是职业交易员。职业交易员和业余,差距太大了。我最初学的时候,就曾经听到一句话:"不要看任何分析师的东西,把我布置给你的任务按时完成就可以。"我就是跟着这句话,一点一点地完成作业任务,最终走到了职业交易路上。

而很多人接触到保证金交易都是这样的。一个投资公司的业务员主动来联系你,建议你做做黄金外汇保证金交易。这交易好啊,双向操作、可以放大、随时买卖平仓,比股票好多了。在股票上心都亏硬了的你,心软了,了解尝试下吧。一接触模拟盘,确实刺激。真要操作,看不懂行情,怎么办。业务员马上告诉你,我们有分析师的,每天都可以帮你分析指导你做单。太好了!这么好的交易机制,还有资深分析师帮忙,这次该我赚钱了。这里要特别注意下,对我们而言,任何新事物给我们的第一印象是最重要的。你第一次做交易,不知道如何做,别人告诉你有分析师呢。从此,你心理上就有了对分析师的天然依赖，仿佛离了分析师，路都不会走了。

所以，当我告诉别人，我从来不做行情分析的时候。别人总是不相信。怎么可能，不做分析，就做交易，你怎么做。这个真的无法证明。但我可以做到两点。第一，我能找两个人出来，跟我分别独立操作账户。我们三个人最终的交易记录是几乎一样的。同样的位置，我空，他们也是空，最多差别在我是1350，而他们是在1351这样距离一两个美元的位置。这个方式我是在遭人攻击的时候，被逼想出来的，可以有力地回击。第二点，所有跟我学，而且学下去的人，都承认交易不需要分析。他们最后都会恨自己开始的思维被引导错了，总是喜欢去看看分析师的观点，最终搞得影响自己的交易水平提升。

最后，我们来分析一下分析师的出身吧。首先，分析师是不做交易的。不管是因为做不了交易，还是没做过交易，分析师是绝对不做交易的。但分析师总喜欢说，因为他的工作身份，不可以做账户。不要再相信这种鬼话了。黄金、外汇保证金行业，在相当长的时间内，在中国大陆地区都是民间行为行业。没有个真正的政府权威监管部门会来查你的行业从业界限的。再说，就咱们这正式的不能再正式的股票行业，又如何。我在这行业见过很多人，稍微接触一段时间，就立下志向，要成为优秀的分析师，远离交易操盘。这些人都是有点聪明气的。我在走公司的时候就遇到几个这样的人。本来是做业务的，觉得拉客户太难。做交易，他就没见过几个真正取钱走的，最后发现分析师真是个好活儿。这是个很荒诞的事实，不会游泳的人在教人学游泳。但倒过来想，如果你能做交易了，同时你是根据自己的分析来做交易的。你会把你的分析公布出来吗？不会。如果你有根金条，你绝不会按铜块的价格出售。如果一个人的分析建议操作下来是能稳定盈利的。那么这份文字，咱们谁也看不到。这是一个常识性逻辑。另外还有理论性逻辑。如果你分析预测了一个价格，比如黄金会涨到1988。那么你手头的多单，就会在1988以下的位置平掉。如果所有的人都这么做，1988这个价格就到不了。这个理论逻辑需要脑子稍微转转。想明白了，就能理解趋势价格的预测是悖论。实际上，我所见到的职业交易员都是采取的跟随趋势的操作方法。这跟预测是完全两个方向的思维。

其次要说的就是，很多分析师是机构所豢养的，严格来说分析师这个岗位是这些机构的配置。这里的机构包括平台商、代理公司、财经网站、投资公司等。依附于这些机构的分析师并不是中立的角色，他们有帮助雇主烘托气氛，唤起投资者的交易热情的任务。这类分析师写出来的东西，比较模式化，套路感很强。他们每天做的事情，就是一大早打开电脑，整理搜集下数据，做个发布工作。然后再看看当天有什么新闻，找出个什么热点题材，尽量弄个语不惊人死不休的题目，赶紧把汇评写好，发出去吸引眼球。所以我们经常能看到把行情写的跟《三国演义》一样的汇评。有时候我都可惜这些人没去写小说去。这类分析师最担心的就是自己写的东西没人看，没法挑动投资客的神经。总的来说，这类分析师本身并无害人之心，他们就是混饭的。真正让投资者迷失方向亏损惨重的原因，是一个系统的问题，不是某单一片面因素造成的。

专业词汇

周骏峰

有一次，我正在和丁先生讨论一些事情。这时来了一个电话，丁先生开了免提接听。

"您好，我是小张，最近还好吗……"电话那头先是寒暄客套一番，接着说："我们这里可以做股指期货，还有一些其他的新品种。现在机会很好。"很明显，电话的那边是一名期货公司的经纪人。他把丁先生当成一个普通的交易者，极力推荐他开户入金做交易。丁先生回答他："股指期货我们也做过研究。用模型进行了反复验证。目前还达不到盈利的效果。"听了这话，那人就开始强调："我们的很多客户都在做量化交易，高频复利交易，效果很不错的。"丁先生反问他一句："你能解释解释什么叫量化，什么是高频复利吗？"那边一时语塞。丁先生接着说："我追求的是盈利，不是什么量化和高频复利。在我这儿，这些专业词汇就不要用了吧。还是拿出一些真实账户和交易模型更为实际。"那边继续沉默，无言以对。接着丁先生向他询问了一些他真正想要知道的事情。比如传说中的上海自贸区能源交易中心的原油产品何时开放，国内的期货有没可能联动外盘，形成24小时的交易机制等。

让这位经纪人如果得到消息了，及时通知他。经纪人忙不停地答应了。表示如果有消息的话，一定第一时间通知。

在交易中，很多水平一般或是初入行业的人，在谈论交易的时候都喜欢弄出一些"专业词汇"来显示自己的专业。不懂的人一听这些，马上就被罩住了，赶紧的把他们奉为上宾，尊称为"老师"。其实往往越是不专业的人，越喜欢弄出一些连他自己都不明所以的"专业词汇"，反而越是专业的人，越会把一些复杂的东西用通俗易懂的方法说得简单明了，化繁为简。丁先生就是这样的人。

一般来说，经纪人算是交易行业里，最为初级的一群人。他们大多在公司接受了一些关于交易知识的相关培训，学了一套话术，就开始找客户开户入金了。在大多数情况下，对于一般的普通群众来说，他们的话术还是很有作用的，闻者往往跃跃欲试，来交易场一显身手。尤其是其中的一些"专业术语"，仿佛更能显示他们的专业素养。然而他们对交易的理解毕竟是浅显的，所以当他们遇到像丁先生这样的职业交易员反问他们的时候，就不知道该如何应对了，只好沉默或者转移话题。

很多普通的交易者觉得自己始终不能做到盈利，是因为自己做的品种不好，品种里的机会不好。如果换一个新品种，也许机会就会多一些，自己就能做得更好一点。一听到新鲜的专业词汇，新鲜的品种，就被吸引过去。最后换来换去，结果并没有改变多少。很多专业词汇，是凭空创造的。关键就是要让人感觉，没听过，没听懂，不理解。既然自己不懂，那么懂的人，水平一定比自己高了。无形中对使用这些词汇的人就有了一种敬重感。而这种感觉，正是经纪人所需要的，接下来他们就可以顺理成章地推荐客户在他们的"专业指导"下，完成开户入金，然后进行交易了。如果经纪人不能搞定，还会有懂得更多的分析师前来助阵，他们的"专业性"，要更强一些。

分析师改行

分析喊单的和做职业交易的人到底有什么区别？面对这个问题，我就想到了一个改行的分析师Z。Z与我亲自打过交道，他的经历给我留下的印象很深很深。

Z是我在一个朋友老李的公司里认识的。老李是上海人，四十多岁，早年做过交易，后来因为种种原因，他放弃了走职业交易这条路。老李公司的运作模式就是代理一个平台，找几个电话销售，配上分析喊单师和开户经理组成团队，然后到各地去开拓当地市场。他不在上海开这样的公司，他和我说上海的市场不太好做。他专门去浙江的一些二三线城市开公司。他的一套班子走到哪里，带到哪里。他组合的这套班子确实是来之能战，战则能胜。到一个地方，很快就能打开市场。电话销售一天打几百个电话，被电话那头骂了后，依然热情激昂地继续打。那些开户经理很会察颜观色，都是谈客户的好手。

Z五十多岁，湖北人。据说他做股票多年，最后赔得每天只能买两馒头，然后在股票大厅边看盘边蹭免费开水就着吃。不知道老李怎么找到了他，发现他相貌好气质佳、口才好、思路清，跟旁人分析股票头头是道。老李稍加观察，觉得找到合适的人了，就把Z招致麾下。Z工资虽然才两三千块，但管吃管住。Z落魄多年，有这样的条件都乐坏了。此后，Z作为团队一员跟着老李走南闯北。

Z作分析师，那是相当成功的。很多客户经常围着他求计问策，左一声老师，右一声大师地叫着。他都耐心解答，客户明显很满意。我知道他的底细后，有一次问Z："你以前只做过股票，没有做过黄金外汇，怎么作分析喊单这么成功？"Z说："都是李总教的。"我接着问："李总教你什么了？"他嘿嘿一笑："李总是高人，把我的知识整理了一下，弄了个456，我现在就靠这456混饭吃呢。"什么456，Z当时没再细说，只说是三个不同的角度层次，全面应对客户一点问题没有。

这个"456"到底是什么，我一直琢磨不透。老李的公司我常去玩，有次跟Z一般人喝酒。酒后，别人都去唱歌玩了，Z跟我回公司侃大山。可能那天Z开心吧，当我问到"456"的时候，他突然从抽屉中拿出一个本子扔给我。我一看，封面上就写的"456"。翻开一看，前三页，分别就是4、5、6。我一看，很简单的总结。"4"就是蜡烛图形、均线断势、画支撑阻力线和多周期分析，也就是四种常见技术。"5"就是判断多空交易方向、寻找压力位支撑位、等待市场报价进入可交易区域、快准狠地开仓平仓和写交易回顾总结，也就是交易的五个步骤。"6"就是贪婪、恐惧、懒惰、恼怒、健忘和自大，这六个人性的弱点。4个技术是用来分析行情，5个步骤是让客户下单交易，6个弱点是从这6个角度来评点客户交易。

那本子不止这三张纸，后面还有更多的细节详解。我稍微看了一下，功课做得很足。但就凭这三张纸，老李就能把Z教成受欢迎的分析喊单师？我很怀疑。Z肯定的告诉我完全可以。他就是分析讲解前面两张纸的内容，让客户去自己做，尽量不喊单。客户实在不做了，他再诱导性地喊几单，都叮嘱严格止损，所以不会犯错误。客户做赔了，他从后面6个角度，或是宽慰或是数落客户，都能搞定。如果赚了，就让客户请喝酒。我后来观察，确实客户只要听Z按4个技术分析一下，面对行情时，就有信心做单了。有了那5个交易步骤，单子自然就做好了。公司的佣金就赚到了。而且客户亏了，也不会来责备公司，倒是Z可以责备他们因为自大乱下单，因为健忘不止损什么的。在Z的指点下，客户有赔也有赚，但很少出现大赔的现象。就算出现了，那肯定是没听Z的指导。最终客户账户往往是半年到一年逐渐赔掉，这样的结果客户也能接受。公司还赚到了丰厚的佣金。我不禁佩服老李，真是厉害。学过交易的老李改行培养分析师，开公司带团队，确实有一套。

Z跟着老李两年多，除了工资之外，还能在年底收获个大红包。有一次他在网上跟我说想自己开个账户做。我吃了一惊，赶紧劝他千万别开账户做，分析和做账户完全是两回事。况且也五十多岁了，已经过了做交易的那个年龄。Z却觉得做了这么久的分析指导，自己的技术已经炉火纯青了，想尝试一下。如果自己交易做得好，就可以赚更多的钱。我只能劝他再考虑考虑，要做也先开个小户。当时在老李的包装下，很多客户都很信他。老李经常在客户面前介绍 Z，说 Z 早年在国际知名的投资公司任职，是他重金聘请过来的。在这种环境中，Z 的自我感觉也颇为良好。最后 Z 还是没忍住，自己开了个 5000 美元的账户。

Z 做账户后经常在网上问我："我的单子套住了，这可怎么办啊？"我反问他："你不是经常说要严格止损吗？怎么没止损？"他焦急地说："这单已经亏了一千多美元，你帮帮我啊？！"我只好说："我哪知道怎么办，不是我下的单啊。"后来我发现他经常改 QQ 签名，大都是痛苦的宣言。给我印象最深的一条是"没想到啊！这么难！"很快我听说 Z 的状态一塌糊涂，不耐心地给客户做分析了。老李后来发现 Z 开户做交易的事情，大为恼火。老李是坚决不让公司人做客户账户的，没想到 Z 居然自己开账户做。结果，Z 只坚持了一个多月就爆仓了。Z 受到的打击很大，毕竟他亏掉了一年的收入。原来给人做分析的状态也完全没有了，人很消沉。最后回家休息了近半年才回来。这段时间里老李也很窝火，因为少了一员得力干将，没人做分析了。他只得自己上，结果效果还不如 Z。起码老李的外形气质各方面不像个专家的样子。老李当时总念叨："我第一节课就告诉 Z 自己别做账户，不听我的呀，他以为他是谁……"

Z 回来后继续做分析工作，解放了老李。Z 曾经跟我说，回到分析师的岗位做得还是不错的。因为他有了实盘经验，虽然是失败的经验，但也多了一些心得。做起分析师来更得心应手了。但是老李却和我说，Z 做分析远不如过去洒脱，脑子里自己交易那根弦，跟对付客户分析那根弦打架。经常是不敢分析或分析得不明确了，总想着如何自己做单回本。

老李是个很聪明的人，当初学了交易后，觉得自己不合适，果断放弃靠交易盈利的路。一番思考摸索，他教出了 Z，打造了自己的团队。在金融市场赚的顺风顺水。按说 Z 在市面上也是个优秀的分析师了。他只要不老糊涂了，可以凭那套"456"一直做下去。但他违背了带他入行的老李的交待，想改行做交易。结果交易没做成功，辛苦钱赔掉了。自己的思路还一时调整不回来，分析都做不好了。分析师改行做交易员，就好像说书大师单田芳改行当武将一样。单田芳就凭一张嘴，能把各种武打场面说得栩栩如生，让我们听得津津有味，仿佛身临其境。但单田芳如果自己提着宝剑上战场，恐怕就凶多吉少了。

后记：那套"456"功夫，我后来在别的地方也见过有人使用。还有改良版"455"和"567"，这些改良版的使用者在分析师、培训师的岗位上混得都不错。有意思的是这些使用者都一致地坚决不做交易！不知道是不是Z的遭遇教育了他们。

画线和数浪

分析师有很多种方法来解读行情，最常见的有画线和数浪两种。画线就是画各种趋势线，数浪则是根据波浪理论来数浪。

趋势线就是在蜡烛图上选取前期的高点和低点，再选取后期的高点和低点。连接对应的高点、低点，就可以画出两条趋势线，从而形成一个行情趋势通道或发散三角、收缩三角等。这样就会出现相应的支撑位、阻力位、黄金分割点等。

新人在看行情的时候，往往脑子里是一锅浆糊，无处着眼。当趋势线画出来后，新人们感觉行情瞬间变得清晰起来。这样的清晰和将账户做到盈利到底有没有关系呢？不好随意下结论，但分析师很喜欢这么做，因为趋势线对分析师的工作很有帮助。人们对分析师的要求就是希望他们能将行情分析得清晰，分析师们通过画趋势线，可以很好地完成这个任务。

然而趋势线有一个最大的问题。趋势线可以很容易的解释历史行情，因为趋势线就是按照历史行情画出来的。这里我就不画图了，网上找找，到处都是。但趋势线对未来的行情绝对不会有一个唯一的解。分析师都喜欢说："如果破了阻力位，就很有可能突破通道向上。如果跌破支撑位，行情就会继续突破下行。如果不突破，就会在区间通道内继续盘整。但有时候庄家会非常狡诈，也许先让行情突破前期高点诱多，再让行情急剧下挫。我们大家要非常小心这点，耐心等待，注意止损。"很多人听了后，都会说："有道理！学到了！老师的确经验丰富！"但是你知道吗？他已经把行情发展所有的可能性都说完了。行情无非向上向下或是盘整，他都提到了。遇到向上或者向下的行情就说要跟随趋势，顺势而为。遇到盘整就是要耐心等待。

这样的话一点用处都没有。但是新人们很容易被迷惑。

在上海，这种画线的分析师特别多。据我所知，他们的祖师爷都来自我国的某个地区。这些师爷到内地开投资公司招人，培训出了大量的擅长画线的分析师。慢慢的，推广到了全国各地。我曾经遇到过一个画线老师，这个画线老师是中学数学老师改行的，画线画得特别清楚，讲课也温文尔雅，很有条理性。这老师在南方某市学到了画线，到上海后遇到了一个同乡。同乡看他画线分析头头是道，就投资了个五万美元的账户给他做。他那个老乡是做实业的，刚接触交易，不懂。看他分析得那么好，以为遇到神了。没想到这个画线老师很快就爆仓，把五万美元全部亏掉了，当时的五万美元是个大数字。用这个人自己的话说，他当初恨不得直接就跳到海里去。但是他最终没有跳海，而是发挥他画线的长处，培养了很多擅长于画线的分析师。

其中一位，现在成了培训界的"明星"。除了画线说得圆满之外，还拉上了一个"**TV"嘉宾分析师做金字招牌。很多人以为这就是权威。其实越来越多的人知道，现在很多"**TV"就是广告台，根本没有观众的，特别是部分网络电视台。那上面，都是想包装贴金的人花钱去上节目，然后出来展示忽悠新人。新人不懂，一看这都上电视了，绝对权威啊，上这种当的，真是不少。如果不是你家里那台电视能收到的"**TV"，你最好别信。就算家里收到的那些台，其中也不少广告性质的节目。比如深夜11点左右的那些"还等什么，赶快拿起电话订购吧"。

画线对历史行情的解释，非常完美，无懈可击。有的分析师就靠画线这一招，就能忽悠到一辈子的生计。接触交易不久的人，很容易被他们绕进去。

说完了画线，我再说说波浪理论。波浪理论是由艾略特发明的，很多人根据这套理论，研究数浪的方法。数浪和画线很相似，就是可以对过去的浪解释得很清楚，但是对未来的判断，是模糊的。如何判断这个浪是否已经完成？没有一个标准。是完成了继续下一浪，还是会继续延伸？连艾略特本人都无法判断。波浪理论很复杂，大浪中有中浪，中浪中还有小浪。两个数浪高手在一起，数出来的浪完全不一样。职业交易员经常玩笑：十个数浪专家，能数出十一种不同结果。

我在教学员的时候也说过数浪的问题。当时有一个学员很相信数浪，听了我的解释，学到了鉴定方法。他就去问了一个投资公司里的一个数浪的老师，问的是股票的走势，老师就带着他数了一次浪。过了一个多星期，他又去问了一遍，老师就又帮他数了一遍。对于股票来说，一个多星期的时间内并不会有太多的变动，行情走得很慢。结果他发现，这个老师这次数的浪和上个星期完全不同。自此之后，他就再也不相信数浪了。

画线和数浪都可以全面而周道地解释过去的行情，个中高手，更是会总结出成熟的模式来套解历史行情。大家只要稍微留意推敲下，就会发现这种模式的痕迹。对未来的行情，这两种方法都可以在自己的理论体系中预测，但又都无法做到唯一性。最终只能让听他们分析的人好像知道怎么做，具体却又经常不确定。而交易员，要求的恰恰就是唯一性、确定性。职业交易员不可能同时用两种方法来操盘。难道一种做空，一种做多？那样的话，不是用自己的账户开玩笑么？分析师要求的是能够自圆其说，交易员要求的是唯一性。

分析师的百宝箱中最有力的两个武器就是画线和数浪。但是这两个武器只属于分析师，不属于交易员。分析师就是会自己说，但是不会自己做的人。如果有人是通过画线和数浪来做交易的，我欢迎他们来和我进行操盘比赛。我相信这样的人是从来不做盘的。我从来没见过职业交易员使用这两种根本不属于交易员的武器。如果有，我想见识一下。

虔婆的话

《水浒传》第六十八回"东平府误陷九纹龙，宋公明义释双枪将"。里面的一个片段让我感触很深。原文如下：

宋江见打了两个，怒气填胸，便要平吞州郡。先叫郁保四、王定六上车，回山将息。只见九纹龙史进起身说道："小弟旧在东平府时，与院子里一个娼妓有交，唤做李睡兰，往来情熟。我如今多将些金银，潜地入城，借他家里安歇。约时定日，哥哥可打城池。只待董平出来交战，我便爬去更鼓楼上放起火来。里应外合，可成大事。"宋江道："最好。"史进随即收拾金银，安在包袱里，身边藏了暗器，拜辞起身。宋江道："兄弟善觑方便，我且顿兵不动。"

且说史进转入城中，迳到西瓦子李睡兰家。大伯见是史进，吃了一惊；接入里面，叫女儿出来厮见。李睡兰引去楼上坐了，便问史进道："一向如何不见你头影？听得你在梁山泊做了大王，官司出榜捉你。这两日街上乱哄哄地，说宋江要来打城借粮，你如何却到这里？"史进道："我实不瞒你说：我如今在梁山泊做了头领，不曾有功。如今哥哥要来打城借粮，我把你家备细说了。我如今特地来做细作，有一包金银相送与你，切不可走漏了消息。明日事完，一发带你一家上山快活。"李睡兰葫芦提应承，收了金银，且安排些酒肉相待，却来和大伯商量道："他往常做客时，是个好人，在我家出入不妨。如今他做了歹人，倘或事发，不是耍处。"大伯说道："梁山泊宋江这伙好汉，不是好惹的；但打城池，无有不破。若还出了言语，他们有日打破城子入来，和我们不干罢！"

虔婆便骂道："老蠢物！你省得什么人事！自古道：'蜂刺入怀，解衣去赶。'

天下通例，自首者即免本罪！你快去东平府里首告，拿了他去，省得日后负累不好！"大伯道："他把许多金银与我家，不与他担些干系，买我们做什么？"

虔婆骂道："老畜生！你这般说，却似放屁！我这行院人家坑陷了千千万万的人，岂争他一个！你若不去首告，我亲自去衙前叫屈，和你也说在里面！"大伯道："你不要性发，且叫女儿款住他，休得'打草惊蛇'，吃他走了。待我去报与做公的先来拿了，却去首官。"

且说史进见这李睡兰上楼来，觉得面色红白不定。史进便问道："你家莫不有甚事，这般失惊打怪？"李睡兰道："却才上胡梯，踏了个空，争些儿跌了一交，因此心慌撩乱。"

争不过一盏茶时，只听得胡梯边脚步响，有人奔上来；窗外呐声喊，数十个做公的抢到楼上把史进似抱头狮子绑将下楼来，迳解到东平府里厅上。程太守看了大骂道："你这厮胆包身体！怎敢独自个来做细作？若不是李睡兰父亲首告，误了我一府良民！快招你的情由，宋江教你来怎地？"

史进只不言语。董平便道："这等贼骨头，不打如何肯招！"程太守喝道："与我加力打这厮！"两边走过狱卒牢子，先将冷水来喷腿上，两腿各打一百大棍。史进由他拷打，只不言语。董平道："且把这厮长枷木送在死囚里，等拿了宋江，一并解京施行！"

却说宋江自从史进去了，备细写书与吴用知道。吴用看了宋公明来书，说史进去娼妓李睡兰家做细作，大惊。急与卢俊义说知，连夜来见宋江，问道："谁叫史进去来？"宋江道："他自愿去。说这李行首是他旧日的婊子，好生情重，因此前去。"

吴用道："兄长欠些主张，若吴某在此，决不教去。从来娼妓之家，迎新送旧，陷了多少好人。更兼水性无定，纵有恩情，也难出虔婆之手。此人今去必然吃亏！"

大概意思说的就是，宋江要攻打东平府，九纹龙史进说他之前在东平府有一个娼妓相好李睡兰，自愿潜入城内住在李睡兰家中当细作，之后里应外合攻打城池。宋江答应后，史进送了一些金银财宝给李睡兰，并答应她事成之后和她共去山寨享乐。结果虔婆知晓后，决定报官捉拿史进。一开始李睡兰还阻止说毕竟收了人家银子，这样不坑了人家么。虔婆却说，睡兰，你好糊涂啊，我们这行不就是以此为生么，千千万万的人都骗了坑了，哪里还在乎多他一个，没什么不好意思的。最后史进被官差抓了去，严刑拷打差点丢了性命。读完这段，我深有感慨，《水浒传》不愧为经典之作，把很多人性方面的东西，通过人物的语言，表现得透彻入骨，淋漓尽致。这让我想到我处在的交易行业，很多人做的就是这种行院人家的勾当，坑了千千万万的人。大多数想学交易的人还是很善良的，他们和史进一样重情重义。培训"老师"对他们的态度好一些，热心一些，嘘寒问暖的拉近点关系，他们就感恩戴德，完全卸下了防备，丧失了分辨能力，根本就不去做任何验证了。我们这个时代，在超市里买一块香皂，上面都会有防伪码。几块钱的东西都需要防伪验证，这只能算是我们这个时代的悲哀。但很多人在学习交易的时候却不去验证推敲，轻信了交易行业的虔婆。和史进的匹夫之勇不同，"智多星"吴用就说出了那么一段话："从来娼妓之家，迎新送旧，陷了多少好人。更兼水性无定，纵有恩情，也难出虔婆之手。此人今去必然吃亏！"吴用的话正好和虔婆之言对应。最后事情的发展，也如吴用所料。显然，他对人性的认识，对世道的认识，明显比史进深很多。

我开始只是自己做交易，并没有关注培训教学这方面的事情。后来我做培训的时候，发现当初我知道的一些做交易赔得一塌糊涂的人居然做起了培训教学。这些人我都是知道底细的，他们没学到真东西做不出来。到了教学领域，却谎称自己是盈利交易者。其教学的套路内容也是从迎合的角度编写的。跟了他们这种迎合的教学套路走，神仙也学不出来，只会被牵着来回绕。不过他们也是有优点的。首先是热情，态度好。然后是讲课勤奋，或定时定点，或承诺终身服务，一副孜孜不倦的态度。而且收费从低到高，既满足底层大众的学习要求，也做好高端学习者的 VIP 教学。这是前门笑脸迎客，接下来就是后门无情杀人了。当学员一直学不出来的时候，就说他们是学费交得不够，要继续交学费参加更高层次的课程。或者说学员悟性不足，还需要更多的指导和磨练。更有甚者，甚至说，你需要终身跟着他学，让他成为助你交易的拐棍，丢了就不会走路了。如此杀人不是一刀了结给个痛快，反而是钝刀子割肉，慢慢折磨，感觉还不如那位虔婆。

交易行业客观存在于这个时代，斯世多伪。请大家在选择之前，学学"智多星"吴用，多思考，多推敲，多验证。而不要像"九纹龙"史进一样，盲目相信别人，结果差点把命送掉。

致业内培训者的公开信

致战斗在培训第一线的你们：

我做交易，近期也在探索交易教学。一来教学相长能让自己提高，二来希望能培养出新人作为后备军，扩充自己的团队。自从我招学员后，经常有人来问我："现在外面的教学那么多，我该如何选择呢？你教的和他们有什么不同？"对这样的问题，我也不好多做回答，只好让他们自己多加比较，再行定夺。

我在网上发布了账户展示视频后，来找我学习的人多了。同时也出现了攻击我的人。我一直琢磨，什么人会来攻击我啊？直到一天，有个人在网上找到我，直接说："我看了你的视频，你是做交易的人，但你不会做培训。"我就很奇怪，我摸索了好几年，学员培训效果越来越好，怎么就不会做培训了呢？那人接着说："你这样才能招到几个人？！做培训要包装的，我在培训行业多年，你跟我合作，保你赚大钱！"我很直白地告诉他："你那些包装手段我了解，但我不需要。我的培训和你不一样，不需要招很多人，也不指望靠培训赚大钱。"那人听了后，丢下一句"傻×"，扬长而去……

由此我明白了，攻击我的人原来是做培训的，同行是冤家。但我不觉得，我和你们是同行，我们之间没有竞争，冤家自然也就无从谈起了。同时我们也没有合作可能，我们的出发点是根本不同的。就招学员的时间频率而言，我平时都是做交易的状态，每隔一两年才会做一次教学，将来收学员的次数可能更少。想跟我学，要等到我招人。经常有平时来找我想学习的人，我的助手只能告知耐心等待。而你们，是天天专职做教学，常年开班，学员随到随学。跟我学习，如果不是从头系统学起，半路根本跟不上。跟你们学，不存在这个问题。你们那套车轱辘来回转的话，老少通吃，我还说不来呢。所以，从这个角度而言，想学交易的人，更容易跟你们走。

你们的收费门槛是精心设置的。起步价定得很低，每月几百块就可以每天听几小时的课程。等到有了一定的学员基础后就开始进军高端培训。费用层层递进，越收越高。低档的课程，学员学的没效果，就推荐学中档的；中档的也没效果就推荐学高档的。要是高档的还没效果，就推荐大师的小班化教学。要是大师班也学不出来，那就是学员自己的悟性不够了，建议再从头学起，打牢基础，反正是终身复训。我这不一样，交易不是廉价的技能，我这只有一个相对高点的收费门槛，跨的过来才可能跟着学。金字塔结构的人群，底层的人数最多，大多数人还是会去找你们学的。这部分人群也是你们主要的财源。我这门槛不会降低，你们不需要担心我抢了财源。

对于学员的素质条件，你们是不问的。只要来学，来者不拒。年轻人可以来学，老大爷也可以来学；博士硕士可以来学，小学毕业的人也可以来学；经济条件好的可以来学，学费都要从饭菜中省下来的人也可以来学。我这不一样，我会全面考察一个学员的素质，再做决定。具体标准不便过多透露，不然以后想学的人都说自己是符合条件的人，我也没法一一验证。你们喜欢以培训过多少人作为标榜能力的资本。有的号称已经培训过上千人，目标教会十万人。这是我不能比的，我同时教二十人，就觉得累了。我无法想象如何同时教几百人，还能保证教学质量。大学里那种阶梯教室的公开课，讲不了交易。当然，你们从来不提接受培训的人当中，有几个人做到了真正盈利，更不会展示学员的账户。哦忘记了，你们自己的账户也不展示的。反正真正懂得要账户，看账户的人也很少，所以大多数人还是被你们广开的大门收了进去。

从根本上讲，你们的教学出发点是从迎合学员角度来的。你们会告诉学员，只要好好学，一定能学好。学员们跟着你们学，会感到很舒服。而我是从挑选培养交易员的客观角度来的。在学员来学习的第一天我就会告诉他们，他们会接受一套系统化的训练，但并不保证能学会。两相比较下，很多人都去找包教包会的你们学。综上所述，绝大多数想学习交易的人，最终还是会成为你们的学员。盈利交易是一个缝隙中的职业，我招到的学员，也是从夹缝中爬出来的极少数人。所以你们完全没必要攻击我。大家井水不犯河水，亦可相安无事。

最后，我向所有从事交易教学的个人、公司、机构、网站等，发出邀请。希望你们来跟我进行公开比赛。我们用真实账户，约定比赛时间，到时候用账户结果说话。在有公证的情况下，一对一或者团体的比赛方式都可以。交易领域可以这么比。如果一年以后，我们约定的账户结算下来，你盈利120%，我盈利110%，不是大家脸上都有光么？这样的比赛，你们主动来，我欢迎，你不来，我也不主动找你。但如果你选择躲在角落里谩骂，那我只好主动点名请你出来比比。

3 似是而非的文字

似是而非

能让内心保持宁静的人，才是最有力量的人。"神静而心和，心和而形全；神躁则心荡，心荡则形伤。"一个人心浮气躁时，方寸已乱，必然会导致失常的交易行为，进退无据，会失去正确的判断力。反之，心静神定，泰然自若，你便听不到外界的喧嚣和嘈杂，交易决策就不会失于轻率。

交易，遗憾的艺术。月亮每月圆满一次，一年也只有12次，那其他的353天仍然美好，不是吗？在交易领域，不必追求完美，残缺也是美。懂得了这些，快乐交易从此开始，盈利的序幕从此拉开。

相信大家经常会在网上看到类似的段子。很多人都会觉得有道理，值得细细领会感悟。如果在空间、微博看到类似文字，会选择转载，甚至还去找段子的作者拜师求学。然而，这些话听起来也有道理，但是对你走向交易盈利之路，一点帮助都没有。我们仔细推敲一下，如果把其中的关键词"交易"换成别的词，一样也能适用。换成"下棋"也好，换成"战争指挥"也行。这种万金油似的段子，放到哪里都可以适用。有些人之所以被这些段子所蒙蔽，是因为不了解交易行业的本质和盈利交易者的成长条件与过程，没有相应的判断能力。很多人在平时挺清醒，但是一到了真金白银的交易场，判断力就大大降低了。这种判断力的下降是因为这些人急于获利。为了避免这种判断力的下降，很多人就想到弄点"名言""口诀"武装自己。

这类"名言""口诀"还是很多的，我们来简单分类分析解读下这些文字。

第一类：有用的空话。话是有道理的，但实际内容是空洞的，没有内在的东西，没有附着点。比如"严格止损，没理由执行""现金为皇，顺势为王，点位为相，止损至圣"。止损在交易中是需要的，止损是交易的一部分，止损属于交易体系。不同的交易体系，止损位置可能完全不同。这时候首先要弄通的是交易体系，而不是没理由的去执行止损。现金、顺势、点位、止损都很重要，它们是需要合力才能发挥效用的。皇、王、相、圣，这四个不同层次，似乎要把四兄弟做个排名。如果要强调这四点的重要，别这么分主次，它们同等作用。而且这四点同样必须放在一个交易体系中，互相协力。不然总是顾此失彼，做不好交易。

第二类：无用的真话。是真话，但无用，甚至直接是害人的。"胜率是最重要的，只要你把胜率做到位，靠小胜积累起来，账户赢利绝对可以保证"。胜率当然重要，但是你能做到单子百分百的盈利么？如果你能做到，那账户肯定是赚的。但没人能做到百分百的盈利单。那我们追求尽量高的胜率？80%？90%？是不是高胜率一定比低胜率好。这需要用账户最终的结算来作为判断标准。如果90%的胜率，赚了9单，赔了1单。但赔的那1单，把赚的那9单总盈利都抵掉了，结算下来还是亏损的。这样的高胜率有意义么？不知道是不是受了这类文字的影响，有人为了追求高胜率，单子有点盈利就平，亏损了就死扛。胜率是高了，账户却爆了。我们追求的是账户的最终盈利，不能用胜率来作为目标。职业交易领域中，胜率的意义也是有的，但不是外面说的那样。

第三类：美丽的废话。听起来很美好，但根本做不到。"该周期目前是震荡还是单边市？——单边，则顺势而为；震荡市，则在区间内上空下多，所谓抓顶摸底；处于中间不作。不清楚该周期是震荡还是单边，不作"。很多新人看到这类语言，就激动得不行，觉得说得太好了。其实这根本就是废话，行情没走出来前，你怎么就能判断是震荡或是单边？当然看着历史行情，用这样的话去套，会解释得很完美。实际操作中，这就如同老鼠想给猫戴铃铛。一群老鼠被一只猫追得狼狈不堪。老鼠集中开会讨论对策。大眼瞪小眼之际，一只聪明的老鼠建议给猫戴上铃铛。这样猫一靠近，老鼠就能发现逃掉。众鼠都拍掌称赞这是个好主意。但最后问题来了，谁去给猫带上铃铛呢？一些分析师的操作建议，基本就是这类话。

这类文字被反复加工转载太多，已经无法推断具体是谁原创出来的。原创者可能是自我摸索学习的菜鸟，也可能是希望别人一直钻研领悟下去的交易商。但成功的职业交易者不会弄这种文字，因为任何离开实际交易操作的文字都是空谈。职业交易员在谈到交易时，都要以实际的账户交易记录为出发点，用的都是平实、浅显易懂的语言。不会空，不会大，更不会玄。

九段高手

一段：

你刚进入市场，对市场里的一切只不过有个大概的了解，各种规定你也不太清楚，要买什么要卖什么你也没什么主意，你的交易主要看各大网站上的评论，或者听听朋友的建议，你总觉得他们说得都有道理。你的交易主要是日内的短线，赚点钱你就急着平仓，生怕到手的利润飞了，亏了你就抱着，想着总有解套的时候。

二段：

你开始在盘中就不断游览网站信息，看各种消息。你也知道了一些技术指标，MACD、KDJ、RSI 之类的，总觉得它们有时准，有时又不准。你也关心基本面情况，你总是第一时间上网查查看。你的交易比较频繁，时赚时亏，但总的来说，账户是亏损的。

三段：

你在市场上已经交易了一段时间了，但总的来说账户是亏损的。你觉得要在这个市场赚钱真的很难，你急着想翻本，可你不知道该怎么办。你看了一些关于交易的书，可你觉得他们说的是一回事，拿到这个市场中实际操作又不是那么回事。你觉得还是指标不够精确，于是你试着调整参数，可它们仍然是有时准有时不准。你上论坛，希望得到高手的指导。可他们也是有时准有时不准。

四段：

你有过大亏或者暴仓的经历了。你知道要在这个市场上生存不能听信那些评论。于是你开始系统地学习，你把能找到的相关书籍都看了，希望能从中找到一个战胜市场的法宝。你也学习了波浪理论、江恩的测市法则、混沌理论之类的。你也知道了要顺势而为、亏损了要止损。可你搞不清这个"势"是怎么确定的，止损设在什么地方才好。你觉得要准确地知道市场何时反转真的太难了，你不相信在这个市场有人可以赚到钱，因为聪明的你都觉得面对市场束手无策，他们怎么可能赚到钱？

五段：

你开始明白要在这个市场上赚钱必须有一套交易系统。可你对这个交易系统具体都包括哪些东西还搞不太明白。你试着将几个指标组合成你的系统，根据它们提供的信号开平仓。可它们经常相互冲突，让你搞不明白此时到底该相信哪个。你试着长线交易，可有时你搞不清到底是回调还是要反转了。你也试着就做日内短线好了，每天赚个三五百块钱，一年下来应该也不少了。可关键是经常今天赚了三百，明天却亏了五百。你的账单仍然是亏损的，你觉得做黄金外汇真是太难了，实在不行的话，你考虑是不是该放弃了。

六段：

你开始明白在这个市场上你没法预测价格走势，你不行，别人也不行。你开始有一套自己的交易系统，你知道自己只要严守纪律，长远的来看，你应该能够赚到钱。你开始用概率来考虑问题，每一次进场，知道风险和报酬的比率各是多少。错了你会止损，盈利的单子你也开始能拿得住了。你的账单时赚时亏，盈亏基本相当。有时你能按自己的系统交易，有时你不能。但你开始相信这个市场上有人可以赚到钱。你开始能够开出好单，在论坛上你也开始成为大众关注的焦点。

七段：

你开始能够稳定盈利，有自己的一整套交易系统。你已经解决了交易理念的种种问题，开始有了自己的交易哲学。对于技术性的东西你不太关心，你知道只要理念正确，即使是使用简单的移动平均线你也可以稳定获利。你知道哪些是关键的点位，你可以从容地进场，虽然你看不清以后的走势到底如何。某一天你可能先赚五百又亏了三百，但你能正确地执行止损，你知道这些亏掉的钱迟早又会回来。你的心态基本平静，但偶尔面对行情的剧烈波动还是会有些起伏，特别是有单的时候。

八段：

这时候赚钱对你来说是家常便饭，就像一名驾驶老手开车一样，遇到红灯就停、绿灯就行。交易对你来说完全是无意识的。你不再需要对着图形精确地定义止损的位置，拿着笔或计算器计算着风险和报酬的比率。你完全不关心各个国家的政治经济形势，因为基本面对于你来说毫无用处。

九段：

这时候的你对世界经济了如指掌，你可以提前预知下一轮的经济走势。一年你只交易几次，也可能一单一拿就是几年。你很少有看盘的时候，多数时间你在打高尔夫或是在太平洋的某个小岛钓鱼。你从不和别人说起交易的事，因为你知道没人能明白！

九段高手（点评）

在我的学员培训过程中，当我觉得这些学员已经入了门以后，就开始让他们把自己看到的认为不错的文章拿出来讨论。最初的时候我是不敢让他们这么做的，因为拿出来的文章都是不上路子，不入门的文章。我怕被气到，雷倒。这篇《九段高手》是学员们拿出频率可以排到前三的文章。很多人都拿出这篇文章来和我讨论，问我："老师，你看我达到几段了？老师，您是第几段？八段还是九段？"

这篇文章我也看了几遍，我问他们："你们觉得这篇文章写的对不对？"大多数学员都说："对啊！说出了我的心声，我就是这么一步一步的往前走的。"我接着问他们："你们觉得自己到了第几段？"大多数人的回答是："我觉得我是六段，已经往第七段走了！"

确实，七、八、九三段都已经到了稳定盈利的阶段。第七段的时候，表现可能还有一些起伏，到了第八段，已经很完美了。至于第九段，那就是交易之神了。我又仔细推敲，琢磨了一下，并和职业交易人进行了讨论，发现这篇文章是一篇害人不浅的文章。

我们来思考一下，这篇文章到底是什么人写的？是一个做交易的人写的，还是一个不做交易的人写的？是一个能达到稳定盈利的人写的，还是一个不能达到稳定盈利的人写的？后来我们得出结论，这是一个不做交易的人的写的。

如果一个东西是真的，它必须全部都是真的。就像古玩一样，如果有一个地方假，比如色彩假，用料假或是铸造造型假，那么这就是一个假东西。这篇文章也是如此。我们来看第九段，"你从不和别人说起交易的事"，那么达到这个水平的人就不会写这篇文章了。只有达到九段水平的人才有资格写这篇文章，不然他怎么能知道九段是个什么状态呢？如果九段的人不说，这篇文章也就不会出来，那么究竟是什么人炮制出了这篇文章呢？肯定不是一个做交易的人写出来的。经过研究，这篇文章极有可能是一个不做交易的平台商这么一个"棋牌室老板"的角色写出来的。他写的目的就是希望你拿着这个做标准，照着这个标准往前走。看看自己到底到了几段了。很多人就会轻易的把自己想成五段到六段的水平，看起来离稳定盈利就差一点点了。其实前六段都不难达到，就像一张100分的试卷，考到六七十分并不难，但从70分到80分，从80分到90分的过程中会越来越难，至于从90分到100分，更是难上加难。

我们再来推敲下第七段。"你开始有了自己的交易哲学"。这完全是误导人的话。这句话就是要引导着交易者自己去悟，自己去摸索。像转载的那篇博客里的博主一样，什么都是靠自己摸索自己悟，下场很惨。任何的学科都是前人将积累的经验传给后人。后人能完全掌握前人的精髓已经很难了，偶尔出现的天才，才能做到丰富提升。完全凭空自创，几乎是不可能的。还有的人说，别人的东西我用着不合适。那为什么别的知识技能还要去学校学习呢？交易也和其他学科有着共通之处，并没有特殊到一定要有"自己的交易哲学"。

我们来看看第八段，也有问题。"你不再需要对着图形精确地定义止损。"怎么可能止损不需要精确定义？不精确定义的话如何执行止损？这里已经开始玩起类似"大道无形"这样虚无缥缈的东西了。我做职业交易到现在，和其他的职业交易员总结出来，我们彼此的交易记录，惊人的相似，大家都差不多。不仅仅是师出同门的人，即使不师出同门，在面对大趋势的时候，进仓的点位和平仓的点位都是极其相似的。因为我们用的是共通的顺势理念。求同存异，大家能殊途同归基本上还是同，异只是很小的一部分。

这篇文章能广受推崇，也是有道理的。前六段也确实写的具有迷惑性，很多人确实是那样，一步一步地往前走。但通过自我摸索走到五六段的时候，很可能就走不动了。和登山一样，距离顶峰的几百米是最难的。通过分析推敲后，我们一目了然。

这篇文章高明之处就在于暗合了求学者的心理。求学者总想知道自己到什么水平了，离最终成功还有多远，此文正好迎合了这个心理诉求。人总是高估自己，相信有利于自己的东西。一般人稍微一对照就会觉得自己已经走了好几步了，还差几步，坚持坚持吧。此文就是希望你不断进行交易，不断摸索着追求八段、九段的人写出来的。第九段完全是虚的，什么人能够"提前预知下一轮经济走势"？即使世界上最顶尖的那一拨人也做不到，能做到的，大概只有神了。

真正的职业交易者不是按这个步骤走出来的。进入职业交易训练后，你很快就能入门。就好比你能跟世界冠军一起学习训练。但是否能到冠军的水平，还要看很多方面。

投资者要学会的几种常见心理技术

心理技术可以帮投资者完成交易的目标和寻找解决问题的方法。尤其是在实盘交易中，投资者可以用下面常见的心理技术阻止自己在某种状况下犯错。

(1) 学会关注目标，这样你就能积极地关注你想要的，不是你害怕的。

(2) 学会如何识别出对交易者有用的技术并掌握技术，不是关注钱，钱只是技术的副产品。

(3) 学会应对基本面的变化。

(4) 确认你可以接受的风险——你可以接受范围内的亏损数字——然后学会客观地看待市场并采用相应的止损。

(5) 学会看见了机会时就要立即行动。

(6) 学会让市场告诉你是不是到头了，而不是用自己的价值系统去判断是不是到头了。

(7) 学会采用适当的信念，控制你对市场波动的认知。

(8) 学会采用客观的态度。

(9) 学会识别"真正的"直觉并学会持续一致地采用真正的直觉。

投资者要学会的几种常见心理技术（点评）

我一见这个题目，就觉得这是个不靠谱的文章。仔细一看，果然是的。就这样的文章在网上各种转载，到处可见。论坛、博客、空间，很多地方都看到过这篇文章。

首先，心理技术是个什么概念？世上有驾车技术、钓鱼技术等能以结果差异来判断高下的技术能力。心理技术，管什么用？在交易中找不到方子的人想出这么个名词。心理层面而言，只有一个承受能力可能与交易相关，也就是心理素质。心理素质好与不好，确实会影响交易。心理素质相当部分是天生的，有的人天生就一副没心没肺的样子，但这种人还就适合做交易。赔点钱就一副放不下、舍不得、不依不饶的人，远不如那些赔了就认的人适合做交易。本书所摘抄的博客的博主就是个典型的心理素质不好的人。赔了不认，死都要找补回来。

除了先天的因素，心理承受能力是可以通过讲解训练来提升的。而且，对职业交易者而言，通过训练出来的心理承受力比先天的更为可靠。当然，如何保证交易者的心理平稳，还要靠很多生活纪律和约束来进行。这些属于职业交易训练和运作的范畴，这里就不多说了。

具体点评一下此文。整篇文章都是虚的，学会学会，如何学会，什么渠道，什么方法？不讲这些，那我听你这些空话有什么作用呢？

（1）目标是想要的，害怕是客观存在的。职业交易人也害怕，只不过掌握了在害怕的同时如何不走样地做好交易动作。

（2）你能识别技术有用没用，那你肯定已经是成功的盈利交易人了。

（3）废话加空话！

(4) 废话！

(5) 这是通过训练来达到的。

(6) 什么是到头？信号当然是由市场来发出的，但交易动作和结果是我们的价值系统、交易系统跟市场信号共同作用的产物。

(7) 空话，什么是适当？控制认知？

(8) 废话，谁不想客观，可主观往往就跳出来了。

(9) 彻底让我无语的话，直觉还得分真假。

综合判断，这篇的作者应该是个领悟能力一般的自学交易的人。他在思考，但属于脚下无根，胡思乱想的人。这样的人，市场上很多。

3 似是而非的文字

为了赢，坚持

许多刚踏进交易大门的初学者，非常用功地在学习，刻苦努力地想让自己成为一名能够获利的成功的交易者，不过一个在成长过程中的交易员，他通常还在亏钱。

亏损就如同种下了成长的种子！我们这样来看，在某一段时间，交易者的外部成功也就是说获利的交易似乎没有表现出来，尽管巨大的进步已经在悄悄发生了，这是因为最初的成长是秘密的、逐渐的在我们的内部集结，这就好比埋在地下的种子，从外部是看不到它的成长过程的。

不幸的是，很多交易者从来没有意识到成长恰恰是在他们痛苦的亏损中发生的，他们没有意识到每一笔损失都在推动他们向最终成功的目标更近一步，并且这种短视让很多人恰好在他们的进步过程之中退出。所以说，通过外部的获利来判断你内部的进步是错误的。

初学的交易者应该做的是把每一次的亏损经过记录下来，看看有多少次是犯了同样的错误导致亏损的，当你通过记录看到你犯了一个新的以前从来没有犯过的错误而最终导致亏损时，你不应该感到沮丧和失望，而是要松一口气，因为在你通向成功的道路上你又发现了一处陷阱；当你通过记录发现同样的错误以前经常犯，而最近一次也没有犯过，即使依然还没有达到获利的阶段，你却应该为自己感到庆幸和骄傲，因为你已经克服了最难克服的弱点，成功就在不远的前方！

交易记录上的负数并不代表你没有进步，只要处理得当，吸取教训，加以改正，负数最终会变成让你欣喜的正数。如果你的记录表明你正在少犯同样的错误，每次都是因为不同的新的错误而亏钱，你完全有理由对自己充满信心，成功的希望就在你的眼前。但是永远不要忘记成功不是天生的，它是培养出来的，它不会立即出现，它需要一个孵化期，在这个期间来集聚爆发的力量。

　　要想成为一个成功者，首先要成为一个有才能的失败者。听起来似乎不可思议，但的确是这样——亏损是交易者通向成功的门票！很多人不知道我们称之为成功的状态是需要付出代价的，而且是很高的代价。他们一直认为投机市场门槛很低很低，低到不需要任何的准备就可以介入。然而，市场要求所有想要学习它的方式的人支付一定数量的学费。我们作为交易者，很不幸要以亏钱的方式来支付学费，但是伴随着损失的钱一同到来的是一种充分的教育，如果正确运用这种教育，它会最终产生越来越少的损失和越来越多的富裕。因此，每一个还处在亏损状态中的交易者都要问自己这样的问题："你对亏损做了一些什么？它们是丝毫没有被用到，还是被用来当作通向成功交易殿堂的垫脚石？""你从你的错误里学到了什么？""你分析了你每一次的错误了吗？""你找到了每一个交易错误中的宝石了吗？"我真诚地希望你能这样做，因为这是精通市场所要花费的代价，一个从我们的亏损中获得的最宝贵的教育。

　　其实，并非是交易者，从事任何行业的人在通向成功的路上都要经历这样的过程。成功的种子需要时间发育，一旦发育了，一个神奇的成长过程就开始了。起初，它几乎是肉眼看不到的，但它不能以获利交易的形式被看到并不代表它没有发生。或许你们会和我身边的一些朋友一样在这个过程中变得很气馁，变得很绝望，那是因为你们看不到美妙的事情正在你的内部发生的事实。如果你正处于这个状态之中，我希望你不要长时间地让自己失去信心，只要你能平息你的紧张，缓和你的恐惧，坚持足够长的时间让这个过程完成，一个闪光的交易者就会诞生。这就是"坚持到底就是胜利"最好的诠释。

3 似是而非的文字

为了赢，坚持（点评）

这篇摘自一个空间，空间的主人钻研交易多年，好像一直也没起色。经常发一些文章，或是总结经验教训，或是感慨交易之难。据我观察统计，一个人接触交易后，真正投入进去。如果两年没学入门，下面就很学出来了。一天，我在他空间里看到了这篇。我担心他被误导了。

第一段：正常。

第二段：第一句就是误导的。亏损如果是在职业培训学习中，可能是成长的必须。这就跟职业军人训练射击一样，子弹钱是要花的。但如果是自己在家蒙头乱学，你亏再多，也是白亏啊。错误的方向，走得远，错得多。

第三段：更夸张了。完全是自欺欺人了，不通过获利来验证，难道要亏光了算么？

第四段：这段说的好像有道理，其实是最具迷惑性的一段。错误犯了，记录下来，就可以保证不犯了？没有一个登上山顶的人指引方向，你怎么知道你不是在迷宫里兜圈子。很多人就是在交易的一个误区里蹉跎多年，始终出不来。本书中，就有这样的例子。

第五段：亏掉的钱，就是亏掉了。负数变正数，也就是说能赚回来。但最终做到的只是极少数人，绝不是处理得当就可以做到的。孵化期？多长？赔多久，就可以学出来？根本不提放弃的思维，让你忍着赔到精光的那天。

第六段：成功必须先失败。哪有这样的道理？如果一个人天生谨慎，再有机缘遇到职业选手的点拨，完全可以很顺利地成为稳定盈利的职业交易员。我本人就是如此成长的。很多人都不相信，那是因为你谨慎不够。亏钱给市场，不是交学费。学费就是交给能教你真正技能的人。反复咀嚼自己的亏损，确实有收获。但这跟你能一步一个脚印地走向成功，是两个概念。

　　第七段：把交易跟别的行业同等比较，这是个偷换概念的手法。交易跟别的行业几乎没有可比性。交易的资金运转逻辑，决定了大多数参与者都是亏损离开，只有凤毛麟角的人能在缝隙中盈利。告诉亏损中的人，你没发现自己成长，其实你成长了。这怎么去验证呀，怎么证明成长了。按此文的说法，你亏损了，就是成长了，离成功更近了？坚持到底就是胜利。那亏完了，亏到底了，就是胜利？如果自己的钱全亏光了，还没做出来，怎么办？继续借钱，继续亏下去？

　　这实在是一篇害人不浅的文章。交易是一种博弈，跟普通行业不好比，跟搏击倒有点像。这世界学拳脚的人很多，但真正能靠拳脚功夫养活自己的人很少。不管你是去做职业拳手，还是武打明星。能吃搏击这碗饭的人都不可能是大部分人。就拿职业拳手来说吧，那些吃上这碗饭的人，都是从小训练，不断淘汰，最终出来几个拳王收入还可以。别的普通拳手最后也就做个教练，带带小学员而已。但要成长为拳王，不可能一个人是天天上台挨打。打完了自己总结领悟，然后再上台挨打，还总觉得被打疼了就是进步吧。那最终只能被打死。想成为拳王，你得有机会接受职业教练的训练指导，你不接受训练怎么可能打的过训练有素的选手。

　　这篇文章是什么人炮制出来的？这本书看完，读者肯定心中有数。文章作者希望别人看了，就去坚持做，不怕亏损，直到最后，用心险恶啊！

2013.12.05

以下文字摘自网络，大家平时都能见到。

昨天的外汇市场，美元呈低位震荡的走势，美指最低下跌到80.54，最高上涨到80.91，收盘在80.62。欧／美最高上涨到1.3605，最低下跌到1.3528，收盘在1.3585。

欧洲方面，欧元区11月服务业活动扩张势头放缓，欧元区三季度经济增长放缓，受出口和消费拖累，欧元区10月零售销售月率为下跌0.2%，不及预期持平，意大利11月Market服务业PMI终值跌至47.2，创6月以来新低，欧盟委员会将因一些银行操纵指标利率而开出17亿欧元的创纪录罚单。另外，加拿大10月贸易帐由赤字转为盈余。

昨天公布的美国ADP就业数据一度提振汇价盘中走高，但由于美国非农数据公布在即，投资者在这一重大风险事件之前进行仓位调整，这令美元指数快速回落。数据处理公司ADP周三公布的数据显示，美国11月ADP就业人数增加21.5万人，远好于市场预期。数据显示，美国11月ADP就业人数增加21.5万人，预期为增加17万人，前值修正为增加18.4万人，初值增加13万人。投资者在美国非农就业数据发布之前进行的仓位调整操作，是推动美元走低的主要原因。即使非农数据确实向好，投资者也不应盲目乐观，因为近期的非农就业人数状况可能受到季节性临时工聘用增加的影响，这意味着实际就业状况并不见得真的有表面的数据显示的那么好。

从技术上来看，美指在80.50左右支持仍然有效，但日线图的下降趋势线所在的位置81.00～81.10的阻力仍然压制美元的反弹。美指只有站稳在81.00以上，反弹的目标将会指向81.20～81.25甚至81.45～81.50。美指若经过整理之后跌破 80.50 的话，下跌的目标将会指向 80.40～80.45 甚至 80.20～80.25。今天美指的阻力在 80.80～80.85，短线重要阻力在 81.00～81.05。今天美指回调的支持 80.45～80.50，短线重要支持在 80.30～80.35。

今日需要关注的经济数据：

20：00 英镑官方银行利率 0.50% ★★★

20：30 美元 11 月挑战者企业裁员（月率）+13.5% ★★★

20：30 美元 11 月挑战者企业裁员人数（万人）4.5730 ★★★

20：45 欧元欧洲央行再融资利率 0.25% ★★★

21：30 加元 10 月营建许可（月率）+1.7%+1.0% ★★★

21：30 美元第三季度年化实际 GDP（十亿美元）157901 ★★★

21：30 美元第三季度实际 GDP 修正值（年化季率）+2.8%+3.0% ★★★

21：30 美元第三季度 GDP 平减指数修正值 +1.9%+1.9% ★★★

21：30 美元第三季度最终销售修正值（年化季率）+2.0%+2.0% ★★★

21：30 美元第三季度企业获利初值（年化季率）+3.5%+3.3% ★★★

21：30 美元第三季度核心个人消费支出物价指数修正值（年化季率）+1.4%+1.4% ★★★

21：30 美元第三季度个人消费支出物价指数修正值（年化季率）+1.9%+1.9% ★★★

21：30 美元上周季调后续请失业金人数（至 1123）277.6282.0 ★★★

21：30 美元上周季调后初请失业金人数四周均值（万人）（至 1130）33.2 ★★★

21：30 美元上周季调后初请失业金人数（万人）（至 1130）31.632.5 ★★★

23：00 美元 10 月工厂订单（月率）+1.7%-1.0% ★★★

两份操作建议：

操作建议（一）：

欧元：1.3630 附近空，1.3660 止损，目标：1.3560，1.3490；

澳元：0.9090 附近空，0.9120 止损，目标：0.9020，0.8950；

英镑：1.6430 附近空，1.6460 止损，目标：1.6360，1.6290。

操作建议（二）：

欧美：建议回调至 1.3545 附近做多，止损 40 个点目标看 1.3605，1.3685

镑美：建议回调至 1.6330 附近做多，止损 40 个点目标看 1.6420

澳美：激进者反弹至 0.9090 附近做空保，守者反弹至 0.9145 做空，止损 40 个点目标看 0.8975

美日：建议在 103.20 的上限和 101.60 的下限高抛低吸，止损 40 个点互为盈利目标

黄金：建议在 1251 的上限和 1230 的下限高抛低吸，止损 5 美元互为盈利目标

2013.12.05（点评）

　　一二两段的内容是昨日回顾，这种信息各大财经网站每天都有发布，摘抄整理一下即可。

　　第三段文字值得推敲了。"ADP 就业数据一度提振汇价盘中走高"，你怎么能证明当时的波动是 ADP 就业数据公布造成的。汇价走高，是哪个时间点，到底是美指跌了还是涨了。非农前，投资者调整仓位会造成美指回落？如果这是个被你发现总结的规律，你有多少次的数据来证明？如果这个规律成立，那每次非农前你做空美指就可稳赚咯！美指走低是客观事实，但造成的原因，这可是百家争鸣，无法证明的东西。后面的"意味着实际就业状况并不见得真的有表面数据显示的那么好"属于典型的格林斯潘句式，纯粹糊弄人没方向的废话。

　　第四段文字。前面基本面数据说完了，分析观点并不明确的判断也出来了，技术面也拼盘登场。"美指在 80.50 左右""指向 81.20～81.25 甚至 81.45～81.50"。左右、甚至，这些文字跟具体数字组合，再让交易者据此去实际操作，都是害人不浅的。"美指回调的支持 80.45～80.50，短线重要支持在 80.30～80.35"。这更是个无厘头的指示，行情的转换如果由具体的支撑位置来做标的，这样的位置还分中长线和短线？那你到底是让交易者做中长线还是短线。支持还分重要和不重要么？

　　这里公布的经济数据这么多，全关注评估下，一天什么都别做了。最根本的是研究基本面和研究技术面，对交易而言其实是矛盾的。这就如同你戴了两块表，就无法知道准确时间的原理。基本面的变化是以月度年度时间为节点的，有多少交易者能按这种时间框架来交易。保证金交易的放大性决定了交易者不可以看太大的时间框架。所以，我在交易的时候只看K线图，任何基本面和数据都不看。很多人都不相信。有机会了，我可以用实盘操作演示来证明。

这两份操作建议来源不同，大家可仔细对比推敲研究。

首先建议都是模糊的，"附近"这样的字眼为将来他自圆其说留下了空间。目标都是分阶段的，这样你根据建议操作的时候会混乱，而他最后结算建议成绩时方便了很多。

其次两份建议在具体品种的操作上有相同和不同，这样他们中总有一个人会说对了。长期下来，做这种建议的人总有说对的日子。

最后，根据一个区间来做高抛低吸，实在是难以把握。但如果想用模拟账户弄点截图盈利单，就有很大空间了。模拟账户可以随便下单的。

以上文字的作者每天全职做基本面数据分析，包括操作指导。坚持数年，在网络局部有一定人气，关注量挺多。从他坚持数年的状态看，他养活了自己。另外，他经常贴出自己盈利单的截图，但不包含账户号和平台号。

4 普通人学习局限分析

自学者

很多接触到交易的人，刚开始都是自学一段时间。这是一种很正常的思维，先了解尝试一下嘛。自学一段时间后，有人发现交易不简单，就会选择找老师或者放弃。还有部分人，选择一直自学下去，认准可以通过自我摸索达到稳定盈利。然而，长期稳定盈利的交易技能不是通过自学可以掌握的。很多人还没意识到这点，就已经赔光了所有筹码，甚至倾家荡产。我很难证明交易成功无法通过自学做到，但从来没有一个盈利者说自己是自学的。这里我从几个方面来谈谈吧。

（一）

自学是一个好想法，起码不需要过多的投入，最多买几本书看看。所以那些打着"交易密码""交易进阶""交易圣经"旗号的书，总是卖得很火。通过看某一个方面的书籍，从而掌握某种技能，不是没有可能。但这种技能必须是简单的，大众的。比如学做家常菜啥的。如果你指望买两本菜谱，就成为五星级酒店的大厨，那就可笑了。买本书可以学点日常小知识，也可以看点文学故事。但想通过看书学会交易，不可能。不说别的，就拿高考来说。市面上那么多高考辅导书，而且这些书都是绝对的名师写的。但有谁会让孩子就在家自己看这些书，然后去参加高考呢？大家都是把孩子送到学校，跟别的同学在一间教室共同学习。哪怕教材还是市面上能买到的书，但有老师讲解辅导，有同学一起学习提高，效果完全不同。

市面上的高考辅导书，都是教学能力优异的教师写的。交易书可就不一定，很多交易类的书根本就不是做交易的人写的。这些本身不做交易的作者，写的书还特别高深玄妙。有的把吐故纳新、心性系统都写进去了。只要起的名字足够大，销路还不错呢。因为自学的人很多，买两本书自学是最好的渠道了。世界上公认的成功交易者，比如索罗斯等，他们也有书出版，但其书中最多写点故事和理念，从来没写过自己具体的操作方法。很多自学者说，我读懂大师的理念了，我现在就照着做呢。但最后，还是失败了。你真正读懂大师的理念了么？这点需要大师来通过你的账户判断，不是你自己说了算的。

具体的操作方法没写在书里的原因，这是众所周知的。这种东西没法写到书里去。你让我现在用文字表达我所有的教学内容，我做不到。其中的很多内容，好像真的只能通过口耳相传来进行。起码，交易中每个人的表现都是不一样的。我要根据你具体的表现来教你，让你或坚持、或放弃、或改变。没有绝对的写本书就把大众教会的可能。有的自学者，认为只要拿到了赢家的交易记录就能学会。这是最无聊的思路。最简单地说，围棋我们都知道。公共的棋盘，每人一个棋子，一轮一个地放到棋盘上。有谁觉得自己看了世界冠军走的棋谱，就能成为围棋世界冠军呢？棋谱大家都能看到，世界冠军的奖金那么丰厚，为什么不去学棋谱做冠军呢。

（二）

自学者也容易自己找方向，希望开垦出一条通往交易的路。这时候，交易仿佛就变成了一个筐，啥都可以往里装。佛学、易经八卦、奇门遁甲，这些玄学都被很多自学者拿来武装自己。我认识一个人，原本好好的工作放弃，执拗地钻研起交易来。他不找师父也不买书，就网上到处看。然后自己整理材料，思考领悟。最后他认为自己把易经八卦、奇门遁甲和交易完美地研究结合了。弄出了一套东西，每天自己占卜行情走势。还时不时跟我说自己已经到了什么什么境界，卜算很准，很多人都找他算命，也要帮我算。我赶紧让他歇会，结果他发了几张图给我，让我参考。我这里发出来两张，大家看看。

4 普通人学习局限分析

六合 生门 丁 天任 己 巽四宫	太阴 伤门 庚 天冲 癸 离九宫	螣蛇 杜门 己 天辅 辛 坤二宫
白虎 休门 壬 天蓬 庚 震三宫	小雪上元 阴遁五局 马星在寅 戊 中五宫	值符 景门 癸 天英 丙 兑七宫
玄武 开门 乙 天心 丁 丑空 艮八宫	九地 惊门 丙 天柱 壬 子空 坎一宫	九天 戊 死门 辛 天禽 天芮 乙 乾六宫

#分享图片 #黄金一周走势入占：黄金今落宫帝旺之地，天盘所临之星处于废地，所临之门为吉门受制。值使门破。以上综述可见，黄金上涨力度几近枯竭之势。未来七日能否以自由落体之势一泄千里，等技术面出现较明朗的配合后可安全进场持有。

就这种东西，蒙一个新人，估计是有市场的。这位给人算命的，自己的交易做的啥情况，我不知道。因为每次他都是信心满满地告诉我，自己已经弄通了，下面做一段时间，给我看账户结果。可过一段时间，他又告诉我，账户暂时先不看，他还要再研究研究。如此这般，已经两年多了。

还有人自己搜集一大通万金油的理论，然后套到交易上。比如：交易节奏决定交易者的盈亏，交易技术好坏在于踏准节奏。何为节奏，请看下图。结果是张国庆阅兵时的动态图片，一个方阵的士兵迈着整齐的步伐前进着。这群风华正茂的年轻人，确实步调一致，节奏统一。但"节奏对了，事情才能做好"这话放哪儿都可以呀，学习、工作、生活，都要把握好节奏。部队的一套东西，确实让人向往。但那是在特定的环境中，挑选特定的人训练出来的。那些参加阅兵的礼仪方阵战士，都是提前一年就选好人员，然后每天训练同样的科目。就是列队、走正步这些。他们一年多的时间，几乎就是为了那几分钟努力的。你能做到么？你一个人在家自我训练一年，然后直接到军营里，能参加阅兵方阵么？很多人都看过国外的礼仪兵换岗时漂亮的接枪动作，却不知道那像杂技般的流畅动作，是多年反复训练的结果。

提到部队战士这些，我就想到很多人总是把做交易跟狙击手放一起。说自己要像狙击手那样果断、沉稳、冷静地做交易。狙击手思维的交易类文章，真挺多。问题是狙击手不是普通人可以自己练成的啊。在部队里，狙击手也是从枪法好的战士中挑选，再加以系统针对性的训练。而且，现在我们能得到的信息，一把狙击枪就价值几十万元，一颗专用子弹就五十元人民币。普通人一天打掉几百发五十元的子弹，晚上你还睡的着么。让你成年地练习枪法，你早破产了。另外，从来没有一个人是自己练成狙击手的，更没有练成世界射击冠军的。离开那个专业的环境，你就达不到那个专业水平了。隔行如隔山，不要把不搭边的东西扯在一起。部队的狙击手也没法到奥运会拿射击比赛的金牌，你考虑过其中的道理么？

（三）

自学者最容易被各个交易商推出的"专家"收走。自学者的基本出发点就是少花代价，最好不花代价。因此，交易商豢养的"专家"就出现了。因为你要做交易，总要选个平台。打开各种财经媒体，都能看到各平台的专家。他们或是点评财经事件、分析预测数据，或是官方套话描绘一通交易的美好前景。最后主持人来一句："嘉宾观点不代表本台观点，投资有风险，入市须谨慎。"当然这句，很多人都忽略了。

专家、资深分析师、华尔街高手，这些名词都不属于交易领域，最多属于媒体领域。交易领域中，只有赢家和输家，一切都要用当事人的账户来说话。这里我就不再分析专家了，因为这个词已经变味了。我们来谈谈资深，能用这个词的应该是在行业内有段时间的人。在交易领域，如果你能做三年，账户连续交易，哪怕不赔不赚，你也是够一定水平的了。可以用资深这个定语放在名字前面了。但现在交易领域内的资深人士，往往都不是做交易的，都是做分析的，做培训的。相当于骗了很多年，坑了很多人，回头还可以说自己是资深分析师、资深培训师、资深虔婆！

文无第一，武无第二。交易领域没有别的，只有盈利和亏损两种人。所以我这本书的书名就叫"盈利者谈交易"。我希望将来可以用《千万美元盈利者谈交易》这样的书名再版，跟大家分享交易的心得。当然，到时候你可以看到公开展示的盈利千万美元的账户。

沉没成本

沉没成本，又称沉淀成本，是指由于过去的决策已经发生了的，而不能由现在或将来的任何决策改变的成本。人们在决定是否去做一件事情的时候，不仅要看这件事对自己有没有好处，而且也看过去是不是已经在这件事情上有过投入。我们把这些已经发生不可收回的支出，如时间、金钱、精力等称为"沉没成本"。

我经常看到一些在交易中苦苦煎熬的人。交易已经将他们的生活搞得乱七八糟，甚至到了连基本生活都举步维艰的境地。他们在交易里花费了大量的时间、精力、金钱，仍然毫无起色，一点希望都看不到。可是他们抱着毫无根据的必胜信念，声称要以交易为生。方法上却丝毫没变，还是靠自己慢慢摸索。再苦再难都咬牙坚持着，心里想着，我都已经为交易付出了那么多，就一定要成功！不然之前的心血不都完全浪费了吗？

人们普遍都有着"浪费恐惧症"。然而这些已经花出去的成本，不能由现在或将来的任何决策改变了。如果处理不好，对"沉没成本"过分眷恋，继续原来的错误，造成更大的亏损。举个例子来说，假如你买了一张电影票去看一场电影，看了半小时后，你觉得这部电影实在是很烂，再看下去简直就是浪费时间。这时你会选择马上离开还是会因为怕浪费了买票钱而继续看完呢？实际上无论是去是留，买票的钱已经花下去了，所以在决策的时候完全不需要考虑买票钱，只需要在乎自身的感受就好。吃饭也是这样，有时我们在餐厅点了一些口味不好的菜，但是为了不浪费，勉强自己吃下去。在餐厅吃饭和在电影院看电影一样，应该是一个享受的过程，如果因为害怕浪费，给自己带来了不愉快的体验，就完全没有必要了。

沉没成本的启示不仅对个人有用，对大机构大公司同样有用。英特尔公司2000年12月决定取消某芯片整个生产线就是这样一个例子。某芯片是英特尔公司专为低端PC设计的整合型芯片。当初在上这个项目的时候，公司认为今后计算机减少成本将通过高度集成（整合型）的设计来实现。可后来，PC市场发生了很大变化，PC制造商通过其他系统成本降低方法，已经达到了目标。英特尔公司看清了这点后，果断决定让项目下马，从而避免更大的无效支出。巨人成功转身，避免更大的亏损，给世人留下了一个惊讶的背影。

　　对交易学习者而言，了解沉没成本的道理相当重要。在追逐人生梦想的时候，包括学习交易在内的很多事情，我们做起来不可能保证百分百成功。比如成为职业歌手，成为职业球员等等。这些都是我们在成长的过程中可能去尝试，去为之付出努力的。在做这些事情之前，我们应该对自己的条件有个综合判断，我能为此花多少钱、多长时间。等自己能承受的限度到了，如果还没达到预期的目标，就该果断放弃。在追求目标的过程中，也应该适时客观的审视自己。看自己是否具备追逐梦想的综合条件。每个人都有自身的局限，目标应该是"跳一跳，够得到"。如果面对目标，已经尽最大力量跳了，自己能找到的辅助物都尝试了，还是够不到，那就接受沉没成本的事实，及时放弃。

　　本书提及的博客文章中，我们能看到那位博主为了学习交易弄得倾家荡产。但就是这样，他仍然不考虑放手。如果他能早点知道沉没成本的道理，可能就不是现在这个结果了。

低门槛高门槛

在我教学试验的阶段，我觉得那时和我学的步骤还是很简单的。也不需要什么费用，只需要自己开一个 5000 美元的真实账户。但就是这样，还是有人来说，跟我学的门槛太高了。我觉得很惊讶："这也叫门槛高？那你觉得什么门槛比较合适呢？"他们就开始说，哪里哪里都是免费教学，只要 500 美元开户就可以了。我听完后就觉得这些人把交易看得也太便宜了，还不如一个好点的手机的价格。我就问他们："那你觉得交易是一门什么样的技术？和其他行业相比的话，你觉得用哪门技术可以作为参照物？厨师？理发？还是汽修？你可以先去看看学习这些技术需要的时间和费用。"他们听了这话，若有所思。那个阶段，我的教学还不是很成熟。但就教授的内容来说，那一批学员可以说真的是用卖铜块的价格买到了金子。现在我的教学模式已经建立，试验效果也不错，提高门槛是自然的。高门槛其实不是一件坏事，有时过低的门槛，往往会把人害死。

我早年做语文老师时，我们的办公室里有一位老教师。他的一个学生高考落榜，复读了一年，还是没考上。这个学生有一个特点，就是相比于其他的学科成绩，他的语文成绩还行，作文也算不错，结果他就产生了一个"作家梦"。他把他写的作品拿来给他的老师看。他的老师也请我们帮着看看，提提建议。我有点兴趣，拿来看了一下。看了几页，就实在看不下去了。因为他的文笔，离一个作家实在是太远了。但这个学生的热情很高，之后什么都不做了，就在家做"作家梦"，一心一意搞创作。最后还真的写出了一部三十几万字的小说。然而因为质量太差，投稿后都是石沉大海，最后搞得人特别消沉。

这就是低门槛害人的地方。文学爱好者的作家梦，仿佛触手可及。任何人好像只要有纸笔，就可以实现。但是能成为作家的人，其遣词造句一定是有天赋的。而且，作家通常也有着不同于常人的经历，才能有不同于常人的思考和感悟。更重要的是他们所读的书，所下的功夫，也不是一般人能够想象的。文学青年实在太多了，好多人书都没读几本，走过的地方也只有自己的家乡和周边的一些城市，经历的无非校园生活。就开始动笔创作大部头作品了。我的大学同学中也有做编辑的，他们经常收到文学青年的投稿。往往看了几页，就不会再往下看了，因为已经确实没有再看的必要了。

任何行业都是有门槛的。高门槛的行业，反而不会害人。因为达不到行业的门槛，你就会自觉地绕道而行，不会在上面白白地浪费时间和金钱，最后把生活搞得一团糟。比如想成为钢琴家的人很可能因为买不起钢琴和支付不起昂贵的学费而放弃；想成为职业高尔夫球员的人，很可能因为买不起一整套球杆和支付不起年费而放弃。尽管钢琴家收入很高，高尔夫球星常排在运动员财富榜前列，普通人还是不追求这个职业的。这些领域成才的概率太低，高门槛造成大多数人放弃反而是件好事。能跨过这个门槛的人，即使最终不能在这些领域成才，也可以纯粹地当作兴趣爱好，并不会给富足的生活带来太多负面影响。

假如保证金交易的门槛定在开户一万美元，就没有那么多低收入的投资者在里面亏得那么惨了。很多低收入投资者一下拿出一万美元有点困难，但很多人在第一个几百美元的小账户爆仓后，想方设法地不断追加资金以求翻本，却不断爆仓。最后陆陆续续亏掉的，经常超过一万美元甚至更多！相较于文学来说，交易的门槛并不算高，文学对于天赋的要求远远高于交易。学习交易不需要太高的天赋，只要符合外部条件，再经过系统的训练，30%的人都没问题。这里的30%主要从综合智力角度来划分的。简单说就是小学和初中没经过挑选的班级里，如果你能总分在班级前15名，那你的头脑学习交易是够的。50个人的班级，考不到前20名的，尽量不要对交易太上心。

低门槛更多的时候不是帮人而是害人。如果觉得跟我学习的门槛高，你就要谨慎了。因为我这边设定的是真实交易领域的门槛。连门槛都觉得高，就不要往里走，还是做自己条件够得着的事情吧。

学费的高低

周骏峰

在和丁先生学习交易之前,我就一直想找个真正有盈利能力的老师学习交易。可找了半天,还是找不到。网上的各种信息鱼龙混杂,"高手"遍地都是。我自认还是一个比较理性的人,有着一定的判断能力。虽然也有被蒙蔽的时候,但是幸好损失不大。

偶然的机会,我在网上看到了丁先生的博客,当时的博客名字是"中国汇神"。我心想,开这个博客的人,还真是挺能自夸的。网上确实有很多自夸的人,有起很大名字的,死吹自己如何如何的;也有名字低调,有点淡泊名利、宁静致远的意思。我把丁先生的博客文章都看了一遍,发现他的博客和一般人的都不一样。一般人的博客都是转载经济新闻数据并进行分析,给出行情预测,写点技术,画图画线,再来一些心理类文章,大同小异。而丁先生的文章,主要说的是一些学交易的道理。文章中没有任何自吹、玄虚的成分。其中有一篇文章吸引了我,就是收学员的介绍。我一看收学员的条件,确实很低。只要开一个五千美元的账户,放在旁边先不做。然后他教你,如果觉得可以,就继续学;如果觉得不行,可以马上撤走资金。基本就相当于免费了。那个平台我查了一下,有可靠监管,就开户入金了。跟丁先生我学了一段时间,觉得他确实是有真东西的。期间也给我展示了一些他做的账户。大概学了一年的时间,我也做到了账户翻倍,这在之后先生的博客相关视频里也有所展示。

当时我觉得,找个老师也不贵么,基本没有任何费用。我曾经问过丁先生:"学费怎么定得那么低?几乎就是免费啊。"丁先生告诉我,那时还在团队发展初期,教学目的更多的是想找一些志同道合的人共同发展。所以只是定了个门槛,并没有收取什么费用。总结几次教学经验后,在 2012 年的教学中,费用也才不到一万元。当时丁先生的师父辈、师兄弟辈的几个人都跟他说:"费用定得这么低?太丢人了啊!"丁先生回答说:"只是试验教学阶段,以后完善了,会提高的。"2012 年学员结果出来后,先生终于说,体系完备了。今后,如果先生再招一批人来教学,门槛相较于之前的试验阶段，肯定会提高。

对于有人抱怨学习交易的门槛太高，学费太贵，我是这么理解的：人人都想去高档的餐厅吃饭，想住豪宅，想穿戴奢侈品，想开名牌跑车。可是如果经济条件达不到，就只能选择放弃。而不是抱怨价格太高，要求降价。即使拉菲卖到了国产红酒的价格，也会有人觉得贵；爱马仕打对折销售，依然会有人觉得消费不起。在我所在的城市，即使是保障类住房，很多人拿到了指标却因为觉得贵而选择了退房。尽管周边的商品房，价格要贵一倍以上。总而言之，只要不是免费，世界上总会有人觉得贵。任何东西只能满足相对应的那个层次的人，而不可能满足所有人。对于学习交易也是一样，如果条件不符合，就应该放弃，而不是想着如何想办法获得"物美价廉"的培训机会。那样只会被掌握并迎合你这种心理的老江湖收了去。

我在学习交易之前，对学费是有一定的心理准备的。我上的中学是当地一所私立国际学校，很多同学朋友都出国留学了。我因为家庭条件有限，没有选择留学，而是拿着家人资助的几十万，准备在社会上做点事情。在跟丁先生学习之前，我也被骗过几次，幸好损失不大。我对学费的心理预期就是，不能超过我手中拥有资金的一半，也就是二十万元以内。超过我的心理预期，我就接受不了了。人只能做力所能及的事情，如果条件达不到，我只能选择放弃。

很多人觉得学费贵，首先是因为他们对于教学没有一个正确的客观认识。大多数人认为教学非常简单，就是这么一个过程——老师把自己知道的东西告诉学生，学生记下来回家自己做，就可以了。其实完全没有那么简单。教学必须由老师手把手地教，教一些做一些，做不好再纠正，纠正了再继续做，很费心力。作为丁先生的助手，我是希望丁先生多做教学的，因为我也能从中得到一部分收入。在收入分配方面，丁先生对搭档和助手，都是很慷慨的。从我的角度出发，自然希望学员多多益善，但这是做不到的。先生对学员素质条件是筛选的，控制数量。跟我们交流时，先生曾经说："我再完善教学，也无法做到百分百教出来，没学出来的那个人，也投入了费用、时间、热情，最终如果没能吃上交易这碗饭，不容易啊，交易这条路凶险。"我能看出来，对于丁先生来说，每一次教学都是巨大的消耗。这就是真正做交易的人做教学的情况，跟那些糊弄人的培训者没可比性。

其次，中国人没有购买软件这个概念。在国外，软件普遍都是要付费的。如果侵害了他人版权，进行盗版，惩罚力度非常大。而在国内，大众很少使用正版软件，用的都是盗版或是下载的破解版，这是环境土壤的问题。技术也算是一种"软件"，很多人觉得，既然是软件，就应该廉价甚至免费。有的人甚至提出，能不能先教会他技术，等到他赚了钱后，再来报答。这样的人大概是武侠小说看多了。

关于学费的事，有一次丁先生给我讲了一个故事。在他跟一位前辈学习交易的时候，也有个年轻人通过关系介绍到那位前辈处，想学交易。沟通交流后，前辈觉得可以收这个人，就直接说，交学费吧。那位老师的学费报价是一万美元。折合当时的汇率，大概是七万多人民币。结果那个年轻人说凑个整数，七万人民币行不行？就是还了几千块的价，那个老师当即就表示不收他，因为他和老师讨价还价，就是对老师缺乏足够的尊重。更深点说，就是对技能本身不尊重。在交易行业做到真正盈利后，然后又做教学的人，普遍不缺钱，大都是出于兴趣。不像外面有的培训班，因为竞争激烈，老师是求着学员来学，你还还价，老师看差不多，也就答应了。在真正的职业交易领域，还价根本不行。在丁先生这里，每次教学的费用都是不停地涨。对于要求便宜点的，先生对助手的嘱咐就是，让他去找便宜的。教学对于丁先生来说，是一种交易之外的调剂，他也绝不会因为想多收些学费，收下那些他不喜欢的人。

丁先生写作本书的一项意义在于，让达不到条件的人趁早放弃交易，免得抱有不切实际的幻想，最后被骗得一无所有。我之前也在外面的市场观察了很久，还没有任何一个人能做到像丁先生这样，直接展示三年连续交易翻15倍的真实账户，并能让学员的账户也做到盈利。大家可以多做一些比较。丁先生自信地说，如果在他这里还学不出来，那么他到了市场上其他的任何地方，也不可能学出来。至于学费的问题，如果你达不到条件，最好的办法就是放弃，说明你不是学交易的材料，和交易无缘。交易就是谈钱的，学费都交不起，那就远离这个领域。金钱社会的金融领域，谈钱不丢人。举个最简单的例子，哈佛大学学习的费用，每年近十万美元。很多人根本就考不上哈佛，即使考上了，又有几个人交得起学费？所以哈佛不是普通人读的学校，能从哈佛毕业的人，都是多才多金，那个校友人脉层次比国内山寨的MBA强多了。交易也是如此。交易是一门小众的技能，注定了只能是极少数符合条件的人有学习的机会。

　　回想我当初能几乎零成本跟先生学习，真是人生的运气。这样的运气可能仅在那一瞬间出现。

自身的原因

在学习交易的过程中，失败的人很多。究其失败的原因，客观因素占一部分，但大部分还是他们自身的问题。

很多人把交易看得过于简单。认为看几本有关交易的书，上网下载点相关资料，用模拟盘练习练习，就可以做交易了。他们都不会想到去找一个真正能做到盈利的老师学习，而是以自学为主。想以自学为主，就是自视甚高的表现。他们觉得，交易有什么难？不就是"做好止损，顺势而为"吗？很多东西听起来容易，做起来难。就好像高尔夫球比赛一样，所有的球员都是用的一个动作，但就是这么一个动作，想做好就很不容易。在交易里广为流传的一句话"截断亏损，让利润奔跑"，大多数人都耳熟能详，真正做到的，能有几个？

大多数人之所以想做交易，是因为他们觉得做交易赚钱快。好像只要开一个账户，点点鼠标，就马上可以赚钱了。结果往往是赚钱不快赔钱快。在我这儿学习的学员，一开始是不让他们做实盘的。必须先进行大量的基础工作和训练内容。等到他们开始做真实账户的时候，就等于上了擂台。这时他们已经到了相当的水平。并且如果他们在做实盘的时候出现了偏差，我会帮助他们及时纠正，实在不行还会让他们停止。这样一来，他们偏离轨道，交易失控的概率就很低了。

很多人发现自学实在是不行，也开始找地方学习了。有的人兜兜转转，辗转多处，最后找到了我。但是他对我抱着强烈的怀疑态度，对我说："出来做教学的都是骗子，你是不是？"我问他为什么会这么想，他说："我之前在很多地方学过，都被骗了。"在我看来，交易行业没有骗子，人家能骗你，说明人家比你高明，至少你当时没有看出来他在骗你。从另外一个角度上来说，也算给你上了一课。后来才发现别人在骗你，说明你的水平，已经有所提高了。我还希望有人来骗我呢，如果有人能骗到我，说明他比我高明，我还得向他学习。

为什么交易行业里存在那么多自己做不到盈利交易，但还在做培训的人呢？这些人之所以能存活，就是因为他们善于迎合大众的思维。如果你的价值观都正确，就不会去选择那些包教包会的老师。"包教包会"非常迎合初学者的心理。很多人想，既然我都交了学费了，如果不包教包会，我还学什么？不是浪费学费么？但世界上确实有很多东西不是可以包教包会的。而且交易不是个会的问题，交易是博弈是要用账户说话的。你希望交易越简单越好，学得越快越好。那些培训者就告诉你，交易确实简单，只要跟着他学，保证学得又快又好。如果你觉得自己被骗了，那可能是因为你有个错误的出发点。

有的人还喜欢问："老师，有多少人跟你学？"有的"老师"说："我教过几千个人了。现在还有几百人在同时跟着我学。"还有的"老师"甚至宣称"要教会十万人做交易"。这种话正是很多想学交易的人喜欢的。既然这么多人都能学，我也一定能学！其实这怎么可能呢？几百个人同时跟着他学交易，即使他的每个学员每天只和他交流五分钟，他也就什么事都不用做了。更别说还要自己做账户了。做培训不是比你教过多少人，而是你教出过多少人。如同铁匠和铸剑师。铁匠一辈子打出了无数把刀，但那都是菜刀。铸剑师打造一把剑可能要数年，但那是削铁如泥的宝剑。学交易的人都是想自己成为宝剑，不是想当菜刀。

总是把自己的失误归咎于别处，就永远不会有提高。我希望那些学习交易失败的人，在总结失败教训的时候，多考虑考虑自身的原因。如果自身存在问题，那么即使外部的条件再合适，也是没法学好交易的。

现实中的难

很多人做交易失败，很大程度上是因为自视甚高，同时把交易看得过于简单。不找能够真正做到盈利的老师学习，不按照客观规律接受系统严格的训练，一味地追求免费和廉价的教学或是蒙头自学。这样学交易做交易肯定是要失败的。但是当很多人意识到要花时间、金钱找一个老师接受正规训练的时候，现实中的各种难处又摆在了眼前。

这些难处中，最主要的就是经济条件的制约。家境贫寒的人，是不适合学交易的。学习交易需要投入一定的时间和金钱。在此期间，很有可能有一段时间会没有收入。一天两天还行，一两个月也勉强能接受。要是一两年，很多低收入的人就坚持不住了。学习交易最基本的条件，就是需要资金来开设一个交易账户。很多低收入的人连这个最基本的条件都达不到。就更别提交学费了。再让他两到三年没有任何收入来源，无疑相当于要了他的命。人穷志短，越穷的人越对金钱看重，急于赚钱。稍微赔点钱就令其心痛无比，总盘算着这亏损要打多久的工才能赚回来啊。在这种急于赚钱，想赢怕输的情况下，心态很容易失衡。

中产阶级相对而言是比较适合学习交易的，但是他们想学交易也会面临着很大的压力。学习交易的黄金年龄也就是大学毕业，工作三五年，二十六七岁的这个阶段。在这个阶段，年轻人往往刚刚进入社会，没有什么经济基础。同时又面临着这个年龄段的诸如就业、定位、婚嫁，这些现实紧迫的问题。如果想学交易，一定要得到家庭的经济支持才行。中产阶级的家庭是可以付得起用于学习交易的费用的，但是大多数父母是不会支持孩子学习交易的。他们更倾向于让孩子找一份相对稳定的工作。中产家庭中的父母普遍有着不错的工作，以他们的经验来看，找一份较好的工作踏踏实实地做下去才是最佳选择。即使他们勉强同意了让孩子学交易，通常也会定下一个期限或是一个资金底线，到了什么时间或是亏了多少钱后，如果还没起色，必须退出，然后去找工作。这样一来，学习者往往有着很大的压力，对心态也有很大的影响。我见过不少原先学得不错的人因为家人对其失去了耐心，中途退出了学习，很是可惜。如果他们多坚持一段时间，很可能就会有飞跃性的突破和成长。

　　至于富二代，大多数也是学不出来的。因为学习交易是劳心劳力的，不是赌博寻刺激。"苦其心志"往往比"劳其筋骨，饿其体肤"更加让人难以忍受。富二代在离开学校之后，就不会有那种对学习的压力了。曾经也有富二代找到我，想要学习交易。一遇到节点，就提出是不是可以再交点学费，让我教他一些可以盈利的绝活。但是交易是没有捷径可走的，有些工作我觉得很容易，其实训练还是很枯燥的。富二代往往没有这种耐心，一心想着交点学费，赶紧的把绝活学到手。

　　总的来看，还是中产阶级更适合学习交易。但是他们在顶住经济压力的同时还要顶住旁人的舆论。所谓的"旁人"指的是身边各种各样的人。主要是父母以及各路亲朋好友。很多言论带来的影响是不容小视的。有些人往往因为周围人的一句话，彻底改变了前途。

　　可想而知，想要学成交易是多么得难。首先要找到一个能够真正做到盈利的老师，指导你接受系统性训练。同时还需要你的家庭给你经济上和精神上的支持，用足够的耐心等待你成长。即使这些问题都解决了，也只是个方向对了，在正确路上了。接下来要面对的，还有很多很多……

父母的影响

学交易的人会受到身边各种人的评论指点。中国人就是喜欢管闲事，亲戚、邻居、长辈、同事等一干人等都会来打听你的境遇。这些人，你穷了，他不会资助；你富了，他也不会指望你给予。但他们都喜欢说一句，交易不能当工作来做吧。学交易的人，要求心理素质强大点，也许我们可以不理这些人，但我们的父母却不能不理，他们也会担心。这里我就来谈一个父母对孩子学交易的影响案例。

Jason 是 2009 年 10 月份第一批跟我学习的学员。在那批学员中，他的天分是出类拔萃的。做盘的稳定性也是很好的，是我最看重的一个学员。现在我可以带出来一起做交易展示的学员和 Jason 是一期的，但是各方面素质还不如 Jason。Jason 本科学历，在广州的电子厂打工，做技术人员。对交易很有兴趣，之前投了一个 1000 美元的账户，做爆仓了，不过对他的信心打击并不大。他也对自己充满信心，跟着我学习了两三个月后，做单也比较扎实。在初期就能做到职业交易员的感觉，这对一个初学者来说，已经是不容易了。

一切的变化都发生在 2010 年他春节回老家后。他的老家在福建漳州的一个小镇。回家没几天，他很苦闷地告诉我，他们村里的某某在某公司工作，已经买了房子，准备结婚了。还有一些当初没考上大学的，现在工资也比他高。他自己在东莞的电子厂打工，一个月也就两三千块。学习交易短期内也看不到什么回报，前面投入亏损也很大，家人很不理解，总说他。让他觉得很烦恼。当时的我也没经验，只能让他尽量和家里人解释。谁知道经过他的解释后，他的家人更反对了。举出了无数例子，说某某做这个亏得一塌糊涂，某某倾家荡产什么的。父母坚决反对他做交易，说这个是歪门邪道，还是想让他回家找一份正经稳定的工作。

年后，他很快回漳州上班了。我发现他对学习交易的热情大大降低了，也没有什么动力了。最后他也就在工作的同时，晚上有空的时候带着看看盘，业余做一做。但是这样的效果非常差。慢慢的，他就很少做账户，后来干脆出金销户了。他的交易之路，就到此为止了。在 Jason 离开后，我心里有些难过，在我收了后面的学员后，我就感到更加的难过。因为我再也没有遇到一个人有着 Jason 那样的天分和思维。他是很适合学习交易的，可惜只差了那么一点点。那时我也不可能给他发薪水，行业里也没有人这么做。以他的素质，也许做到一年后可以领薪水，可他已经等不到一年以后了。后来，他确实过上了他父母期望他过上的生活，在当地找了一份有编制的工作，买了房子，娶妻生子。

但是他的现在与他曾经的梦想相差太远了。他的梦想本来是有机会实现的，可惜被父母无情地扼杀了。在这里我想说一句，任何的家庭都是由开拓者来改变命运的，往上数几代，也许大家都是农民。父母生养了子女，但并不代表着他们可以决定子女未来的命运。在干涉子女人生的时候，应该先想想自己的人生奋斗到了哪一步？是不是有足够的见识为下一代指引道路？如果没有把握，就不要随随便便安排别人的人生。对一个家族来说，如果下一代人都要局限在上一代人的理解范围之内发展，那么这个家族永远不会有突破。这个世界实在是太大了，有太多的事情是为人父母不懂，没见过的。人的一生有开拓热情也有开拓能力的时间非常短暂。就交易而言，适合学习交易的时间只有那么短短几年。如果背负了家庭的重担，肩上的东西太多了，就没法放开手脚做事情了。

就 Jason 而言，他的父母的一个决定，把他孩子的人生完全改变了。总结经验教训，我现在收学员的时候，都让对方充分考虑自身的客观条件，跟家庭相关成员沟通。争取一两年时间来踏实无干扰的学交易。当然，我们也积累些许经验，在让自己不受干扰，全力在钻研交易的道路上前行。

不幸与幸运
周骏峰

　　相较于 Jason 的遭遇，我就幸运得多了。我的父母从来不会把他们的思维强加在我身上，而是尽可能地支持我，让我去探索一些新事物。就学习交易而言，他们对我的支持是很大的。无论是从资金上还是精神上。我父亲当时是做实业的，做实业的往往受到三角债的拖累，现金都很紧张。他还是想办法给了我几十万。并告诉我不要有太大的压力，实在不行亏掉了，也就算了，毕竟尝试过。正因为有他们作为坚实的后盾，我才可以完全没有后顾之忧地投入学习。在我学习期间也会有亲朋好友问我的父母，为什么我天天在家也不出去工作？父亲说我在学习交易。大多数人都不懂，只是说，这个不能当工作呀！还是找个正经稳定的工作好。我的父亲也不懂交易，但是他在接触了丁先生后，觉得丁先生是个有才能并且能踏实做事情的人，所以让我好好的跟着他学习，争取在交易行业能有一番作为。我的母亲也很相信我，支持我。在我丝毫没有收入的时候，她有的朋友的孩子和我同龄，已经有了七八千块的月薪。她从来不会像有的父母那样，把我和"别人家的孩子"进行比较，而是把我在家里的日常生活照顾得很好，让我有着良好的身体和状态进行学习。在此要感谢他们。

　　我的家族的创业历程是从我父亲那代开始的。他就是一个不安于现状的人。这种基因遗传给了我，让我也想做一个开拓者。父亲原来是一个国营工厂的工人，后来不顾家里的反对，辞职创业，在九十年代初，算是小有所成。可是后来由于有几次好机会没把握住，加上父亲生了一场大病，生活水平就大不如前了。即使遭遇了很大的打击，父亲也是没有放弃，在病愈后想尽办法筹集资金又搞起了实业。经过几年的苦心经营，好不容易有了一些成绩，然而因为当地政策的变动，再次遭遇了重大损失。这对他的打击很大。现在的他已经五十几岁，身体和精力已经大不如前。想再做些事情已经很难了。他感慨，他这一生都在想办法创业，在积累了一些资金后，没有考虑买房，而是想办法把事业做的更好一些。结果到了最后，辛辛苦苦经营多年，也没赚多少钱，不如当年买房划算。他也总结自己的人生，觉得好多机会没把握住还是由于没有长远的眼光，没有把握住时机。当时的信息是比较闭塞的，他们这代人的创业，大多数是凭着感觉和经验，摸着石头过河。

虽然父亲最终没有作出辉煌的成绩，但是他的一些经验和思维，对我还是有一定的帮助的。他鼓励我尝试新的东西，要多向优秀的人学习，并告诉我不要过于在乎他人的看法。因为世界上大多数人都是平庸的，如果听取了大多数人的意见，很可能就会变的和他们一样平庸。他坦言现在的他已经跟不上时代了，对很多新事物，也没有学习能力了，未来还是要看我们年轻人的。

如今的我还算幸运，算是比大多数同龄人稍微领先了一小步，我也有信心在未来和丁先生一起，踏踏实实地把事情做好。

模拟账户

无论是我自己招学员还是以前帮助投资公司招聘的时候，都会询问来人之前有没做过真实账户。很多人表示，真实的账户没做过，做过模拟账户，特别强调自己是当真账户做的，成绩不错。我告诉他们，模拟账户毫无意义。他们感到疑惑，模拟账户和真实账户相比，除了资金是虚假的以外，其他不都是一样的吗？用模拟账户来证明过往的战绩，有何不可呢？在此我要说的是，模拟账户和真实账户，相差太远了。

模拟账户和真实账户，用的不是相同的服务器。在模拟账户下单的时候，往往非常顺畅，成交很快。而在真实账户下单的时候，也许会有一些延迟。不要小看这一点点的区别，有时一个小小的不顺利就会在内心掀起波澜，从而影响状态。做交易时，心态平和是很重要的，能否保持冷静从容的状态，对结果的影响很大。如同一场九十分钟的足球赛，也许一次小小的不利判罚，就会对球员的心态产生影响，决定比赛的进程。

做模拟账户的时候，人们经常忽略失败的过程，只看到成功的结果。模拟账户数量可以无限制的注册，做爆仓后可以申请新账户接着再做，并不会对生活造成实际的影响。只要懂一点技巧，总有一天行情配合，就能做出一个连续盈利的账户。这是没有任何意义的，并不能代表交易者的真实水平。如果是真实账户，多次的爆仓造成的经济损失是很大的，一般人难以承受。离开交易市场的原因无非两种，一种是内心不堪折磨，一种是钱包不堪重负。希望没有了，自然就离开了。钱没有了，想留下也留不下了。

如果有人能像我做真实账户这样，拿出持续三年以上的模拟账户记录和良好的资金曲线图，那就是另外一回事了。不过这是不可能的，模拟账户通常也只有一个月的使用权限。我的账户并不是临时做几笔单拼凑出来的，而是三年多前在我才开始做账户的时候，就请人开始关注的。之后投资人交给我管理的账户，我也是以同样的方法进行操作，除了仓位根据资金规模略有调整外，开仓平仓的点位，都是一样的。这样的账户才有意义。为什么那么多人喜欢用模拟账户取代真实账户来进行操作，展示？说白了，还是经济窘迫。用虚幻的模拟账户，进行自我安慰，获得心理满足。

我讲一个有关模拟比赛的故事。之前一个朋友，是某平台的工作人员。有一天他通知我，说平台要举办一个模拟大赛，问我有没兴趣参加，冠军有5000元现金奖励。当时我的学员里有两个大学生，我就想，那两个学员各自所在的班级里有六十多个学生，两个班加起来就是一百多人。如果把人分成两拨，一拨全力做多，一拨全力做空，做对的那拨再分成两拨如法炮制。这样下去，最终的那个人，账户能做到60倍以上。这样是不是就能拿到冠军了？

我把想法告诉了我这位朋友，朋友笑了笑说，这样是拿不到的，会有人做得更好。后来我没有参加这个模拟比赛，但是稍微关注了一下。没想到，最后的冠军就是我的那位朋友。这个人接着被平台大肆宣传，到处搞讲座，说是因为成绩优异，被吸收进平台工作。这让我感到有些意外。这里所说的只是我所经历的一个事情，并不代表所有的平台都是这样。

模拟账户和真实账户，看起来只有一墙之隔，实际上这堵墙的厚度，甚至超越了天与地的距离，用"天壤之别"形容，可谓恰到好处。

6分钟

2011年4月28日下午,上海财经大学金融工程系硕士Z从上海常熟路171号总部大楼外楼梯的安全出口跳下自杀,年仅33岁。跳楼事件发生前,有同事多日看见其在安福路徘徊,面色凝重,有心事的样子。事后,人们得知Z是因操作股指期货出现巨亏导致自杀。Z在4月上旬看到股指的上升行情后,决定将自己贷款买来的房子抵押,通过关系换得180万元加手头的20万进行股指期货交易,并建立多头头寸。随着沪深300主力合约在4月中下旬的暴跌,其浮动亏损达到了30万元,他却因赌博心态一直没有及时止损。直到4月28日下午2点,沪综指跌破2900点,他已经没有资金可以追加保证金,只能应期货公司要求进行强平,多头合约全部卖出,账面上曾经的200万元最后只剩下了150万元,不到半个月亏损了50万元。原本计划的半个月55万元收益瞬间成为泡影,欠下的高额债务加上每月的房贷压力,让这位风华正茂的年轻人最终选择了轻生。

Z就职于沪上知名券商,该券商的一位员工表示,Z是自营部负责策略研究的员工,平时忠厚老实,为人很好。虽然2007年才加盟申银万国,但Z的研究成果颇丰,其中包括与他人合作发表了《基于蒙特卡罗模拟的可转换债券定价研究》。在中国证券业协会2008年度科研课题候选获奖研究成果公示公告中,Z与他人合作完成的《股指期货与现货联动操纵及反操纵研究》《基于非对称策略的绝对收益基金构建研究》都有入围。而且,Z很早就考到含金量很高的CFA证书。

这个事情出来后,在上海引起很大的反响。说的最多就是:这么一个学金融的高材生,学术研究功底很不错,怎么就在实战中败得如此彻底,连生命都搭上了。

当时很多人就此判断，看来股指期货不能做。Z学的专业其实跟交易没有直接关系，但我所了解到的学金融的学生，很少有不尝试下交易的。很多大学现在都有交易方面的社团。我相信Z很早就接触过保证金交易。他选择做当时刚推出一年的股指期货，也肯定是深思熟虑，反复模拟过的。但他还是输得这么惨。我一直在寻找他交易失败的原因。作为券商的工作人员，交易机制他都明白，交易风险他也都知道。到了止损位置的时候，他应当止损，却没止损。导致后面亏损越来越大，被强行平仓。Z最后只能以赌博的心态，等待行情回头。

如果Z当时果断止损，并根据行情反转的态势，顺势开空仓。那么他收获的可能就是一笔大盈利。但这里没有"如果"。其实，我们现在根本找不到原因了，我们只能找到他失败的时间，那就是6分钟。6分钟很短，但已经足够打开电脑，打开交易软件，开仓和完成一次错过止损的全过程了。换言之，6分钟就足够Z走到他生命的尽头。这就是保证金交易的残酷。任何人，不管你是交易菜鸟还是多年历练的成功交易员，头脑短路6分钟，都可以造成不可挽回的结果。但在实际交易中，很多人别说6分钟，经常20分钟，甚至30分钟的让账户处于失控的状态。什么叫失控？开仓了，不设置止损，就是失控；空仓的时候，不看账户没有预备单，也是失控。职业交易员为了防止这6分钟悲剧的发生，从训练第一天开始就有专项的练习。到实际管理账户的时候，也有操盘机制来保证不会发生这种悲剧。然而，新手菜鸟或者那些蒙头自学的高手，却往往败在这6分钟内。

Z研究的都是宏观面上的大东西。大的东西很容易看到，所以自学交易者一下就朝大的方向去了。谈宏观，说方向，怎么都是头头是道的感觉。而职业交易员的训练却是从小的地方着手，力图做好每一个6分钟。若干个6分钟连贯起来，这就是交易。谈宏观的东西不会出致命错，但具体到执行细节上，小地方一错，就能让你全盘皆输。保证金交易中，6分钟的失误，足够当事人跳楼了。

5 WJC 博客

WJC 博客

以下文字摘抄自我 2009 年偶然看到的一个博客。博主叫 WJC（字母简写），是个立志自学成才的交易人。他的交易经历很特殊，我一直关注。期间，我介绍给很多人看过，包括部分想跟我学习的人。我想听听他们各自的观后感。结果他们的观后感很不一样，各种角度的评论都有。经过我们讨论后，有些观点所有看过博客的人是一致的，有些观点则属于个人角度。有些人看完博客，说自己收获很多，能少走弯路。有些人看完博客，直接就放弃交易了，这点让我很惊讶。今天把这个博客在此做分享，是想给大家一个借鉴。他是个体，同时也是一个群体的代表。他身上的特质，有些是独有的，有些则在广大的交易者中普遍存在。很多人能在他身上找到自己的影子。

博客上的文章有八百篇左右，其中大部分是转自网上人云亦云的那种文章。在此按时间顺序精选了七十二篇他自己写的类似于交易日志的文章，后面有我们简单的点评。大家先看他的博文，自己思考后再看我们的点评。希望读者朋友能耐心、用心看，因为这些文字凝结了一位追求交易者的汗水、泪水，甚至鲜血。博主文章中时而用第一人称我来表述，时而用第三人称"他"来表述，有点乱。有时候一篇文章中也这么来回转换。各位读者阅读时要留神。为了保持博客的原貌，我们没做任何改动。

以下文字摘抄自 2008-11-06 17：36 博文《走过那年那月那一天》
今天我心情最痛苦的一天，因为我今年做生意亏了几十万元，然而八月份我又开始投资20万元炒黄金，到现在又亏了17万多元，本来对金融这一行充满信心，没想到对我却是一个残酷的打击，现在做黄金远远不是我想象得那么简单，这里面的水太深了，然而我我却当时是那样自负，有盈利的单子最后又变成亏损的单了，不按做单纪律来严格执行，结果就这样惨败，心里的那种自责就别提了，如果刚开是就好好地去做的话，也不会有今天的这样结果，难道上天真的要把我折磨成一个惨败者才甘心吗？如果是这样的话，我决不会认输的，我一定要坚持走过去，我不会被你们打败的，那只是暂时的，总有一天我会让你们抬起你那高傲的头来看，一个人是如何用剩下的**2000多美元来翻到2000万美元的，再有2000万美元又是如何翻到2000亿美元的**，你们等着看吧，未来这个一鸣惊人的金融失败者，是如何渡过那种常人难以忍受的各种痛苦的打击和折磨的，再看他是如何坚强勇敢地走过那年那月那一天的，最后他又是如何成功的，他一定要创造下一个传奇金融杀手，因为所有的失败经验他都尝试过了，每天做单他都要分析市场和技术分析，用冷静理智的头脑去做单，用良好的市场心态做老师，用正确果断的行动来去实践自己的梦想，绝不再犯同样的错误，我一定要改变自己，要超越自己，一定要成为真正的命运主宰者和成功者，因为我走过了那年那月那一天……

以下文字摘抄自2008-11-06 17：39博文《别了，我曾经心爱的车》

今天下午和我的债主去二手汽车市场，我决定把汽车给卖掉，因为生意经营失败，欠别人的钱，只有忍痛割爱了，去年16万元买的，现在要亏4万多元卖掉，并且我对它已经有了很深的感情了，当价格谈好后，明天就要过户在其他人的名字下面去了，心里那种痛楚实在是无法形容。我好伤心，看到自己心爱的车子，就这样归别人了，真是有一种我出卖了朋友一样的难过，今年是我人生第二次最残酷的失败一次，我发誓有一天我一定要重新站起来，我不会就这样任命运来摧残我，我一定要坚强勇敢地走过今年这段艰难的岁月，虽然我做错很多事情，从今以后我每天都必须检讨我自己，我不是任人宰割的羔羊，我一定要努力，我更不会因为我今年的失败就相信命运，我只相信一点，成功是给与那些常人难以忍受的痛苦的打击和折磨的人，只有面对所有苦难的人，才会去努力，才会去拼搏，才会去找自己的方向和坐标的，终有一天**我要开飞机来遨游世界**，我一定要成为**第二个史玉柱**，一定要实现自己年少时的梦想，我不会服输的，我要把苦难当朋友把痛苦当恋人来对待，而不是自暴自弃。

以下文字摘抄自 2008-11-11 19：52 博文《内心的感叹》

因为今年的做外贸生意的惨败，和炒黄金的失策也导致巨大的亏损，让我从一百来万的私营者，一下子变成亏损十几万的失败者，那种心灵的感叹无法形容，今天面对我的人生，我才真正懂得什么是三思而后行，我才明白人生的真谛。从2002年一个人来广州跟着我堂哥做生意到今天，我的人生确实潮起潮落，人家现在身价几千万了，而我却是如此的失败。看来老天是很公平的，只要你做错事情就一定会受到惩罚的。因为我在广州这几年犯过很多错误，也做错很多事情，所以现在我在接受老天的惩罚。所以我现在必须重新做人好好做人，不能再胡来了，我的路今后的好坏就看自己如何去努力了，我不想再自欺欺人了，我对天发誓，在以后的每一天里我一定要勤奋地工作，一定要干出成绩出来，不达到自己的目标誓不为人。我没有选择了，只有在逆境里坚持超越苦难，才能生存下来。

以下文字摘抄自 2008-11-21 23：54 博文《我今天终于爆仓出局了》

正是因为自己的固执和不会随机应变，而导致我最后一个仓，在今晚也给爆掉了，我无法形容自己的不幸和现在的心情，也许这几年我赚的钱可能就不是属于我的。这几年在外贸生意赚了一百来万，然而在今年七月份全部亏掉，后来向堂哥借了十几万，自己还有几万，共计凑了 20 万元资金，八月份开始来做黄金。我 20 万元的资金如今已经一无所有了，这就是金融行业给我上的最残酷的一课，让我明白这一行的水深不可测，也让我知道自己所学的东西根本就不值得一提，在亲朋好友面前我已经食言了，我真的是不知该说自己是多么鲁莽，当初朋友劝我少投资一些资金去炒黄金，结果我不听朋友的话，把借来的钱一下子投进去，结果在今天晚上终于爆仓出局。这就是我做错事情的惩罚，老天对我的打击和折磨，非得把我逼上绝路才甘心，**我看来真是成了第二个史玉柱了**，他当年从十几亿的资产变成负债 2 亿元，我现在从一百来万的资产变成负债十几万，比他比起来我们输得比例差不多，他就能坚强地走过去，**我是一名退伍军人，更有军人的那种特质勇敢地来面对现在的一切**。所以我也不必灰心了，我就不相信老天要把我害到哪种残忍的地步，他才会放手。我想告诉老天一句话：只要我还没有倒下，我就不会这样被你打败了。我一定会从头再来的，现在我没有得到我想要的，以后我一定会得到更属于我的。我为成功而活，不会让失败把我给打死的，除非是我自己死了，只要我还有一口气在，我一定会卷土重来的。我终有一天会让你对我刮目相看的。我不会因你的打击和折磨而就此罢休的。我一定会更努力地去奋斗，我已经无路可走了，我必须突破种种困难，去获得新生，否则我将死无葬身之地。在临死前我必须去成就自己的理想，否则我的灵魂将不在……

以下文字摘抄自2008-11-22 09：29博文《我做单爆仓的原因》

一、自己判断的趋势是对的，但是在行情回调之时，就把握不住了，然后就去**锁单**，结果解锁时总是没有解好；二、做单时刚开始是顺势而为，当行情突然发生变化之时，没有及时改变做单策略，总是那样的固执，导致惨败；三、每次做单时**都没有设止盈和止损，这是最大的失败**。

以下文字摘抄自2008-11-22 15：52博文《喝酒之后发生的事情》

那天公司到天河派对KTV去唱歌，他喝了很多酒，回来之后就再看行情做单，也许是**酒后的冲动吧，他把行情的趋势给做反了，结果他的仓给爆了**，并且是眼睁睁地看着，就那样给爆掉了，这就是他喝酒的代价。他这次是最后的资本也没有了，他的心情乱极了，他没想到老天真是这样给他开玩笑。让他输得是那样得赤裸裸，他无话可说了，再也不想说那么多的话来原谅自己和惩罚自己，因为已经没有机会了，一切都太迟了……他只能从负数开始去拼搏，他明天要比任何一个人都要努力了，他也告诫自己从今以后不到娱乐的时候，一定不再喝酒，因为这个**酒后发生的事情的代价太大了**……

以下文字摘抄自 2008-11-23 02：15 博文《KTV 的那番肺腑之言，让我永远不能忘记》

昨天我们在 KTV 唱歌喝酒，我最好的同事朋友兄弟，给我说了这些话让我感动终生："兄弟你是一个干大事的人，而不是现在你把自己定格于业务员，你有领导和管理的才能，干吗不发挥出来呢？要成功就带一个团队出来，把它管理好领导好，毛泽东再厉害不也是靠团队来获得成功吗？我们要把自己的定位给找对。知道吗兄弟？你要给我加油，我知道这段时间你很压抑，因为今年遭受的潮起潮落，给你的打击太大了。不过没有关系，我们从头再来拼搏！"他的拳头打在我的胸口上，告诉我，只要我们兄弟在一起就一定能干出成绩出来的。他说这话时眼泪在他的眼睛里打转，说的都是肺腑之言，我也一样很感动。不过我的泪是滴在心里的，这么多年他是第一个给我讲这么真诚的心里话，我心里当时真的很感动，这也是让我感动终生的一次肺腑之言。我永远不会忘记他给我讲的这些话，因为正是这些话让我把我的潜能完全的给开发出来。他是我在金融行业教我最多的知心朋友。认识他就是我好运的开始，也是我共同成功的开始，我们一定不会辜负那些亲朋好友的祝福和祈祷的，我们也一定会在金融行业干出一番成绩出来的，否则我们誓不为人。

以下文字摘抄自 2008-11-30 19：33 博文《退伍回来十年了，我的人生是那样的潮起潮落》

十年前的今天，当我们全营集合宣布退伍名单的时候，我的心在热血沸腾，毫不亚于当初来部队当兵时的激动，而此时此刻我的心终于解放了，也终于自由了，我终于可以带着理想和梦想告别了我两年的军营生活。去奔向我自己的天空了……我回来的第三天就背起了行囊开始追寻我的人生之路。那时候我觉的天底下没有我干不了的事情，于是到洛阳开始找工作，当我真正开始去找的时候，才发现我竟然是如此的渺小，在那 20 天里，我换了十几份工作，那个都不是我想要从事的工作，于是我开始迷茫了，在后来的两年多里我几乎是毫无成绩，就那样随波逐流，突然有一天我发现自己不能再那样碌碌无为下去了，后来才开始在步步高做业务。慢慢的开始不断地学习努力，我的前景开始渐渐明朗起来，我也开始逐步地在提高自己的能力，直到 2002 年的 6 月份，我在洛阳的的业绩也是很理想的，没有让我失望。在 6 月下旬的时候，我接到我堂兄的电话，说他在广州做生意，做得很不错，让我过来帮忙。于是我辞掉了洛阳的工作，当我离开洛阳的那一刻，我突然有一种依依不舍的心情，这里发生的一切都是那样的清晰，那么的难忘。为了我新的理想，我匆匆告别了亲爱的故乡洛阳。在我告别洛阳的那一刻时，我发誓说下次我要回洛阳发展的时候，一定会投资一个 7000 万元的公司，否则我绝不会来。于是我带着美好的憧憬来到了广州，也开始了我人生的潮起潮落……

我堂兄在广州是做鞋材批发的，当时生意很好做。我到了之后就出去跑跑业务，想把生意做得更大，终于在三个多月后的一天，我谈定了一个大客户，也给我堂兄带来了可观的收益，当然我堂兄也没有亏待我，我的付出也带来了很大的回报。第二年也就是 2003 年因为很多原因我被我老表利用，把他带到广州也开始做鞋材批发生意，那一年我帮我老表赚了 30 多万元，到年底的时候说好给我一万元作为报酬，然而最后给我的却是区区的三千元人民币。在那一刻我终于想明白了，人不要把希望寄托在别人身上，让我也明白人世间亲情的冷暖和虚伪，**这一年是我最伤心的一年，因为自己好心帮助他，结果还被他说得一无是处，真是应验了古人的一句话："飞鸟尽，良弓藏，狡兔死，走狗烹。"** 于是我自己在 2004 年出来做了，但是以前我跑的业务还是归于我表兄，我是重新开始的，也凭我自己的努力从 2004 年到 2008 年我赚了有一百来万元，可惜的是我赚到钱之后，没有好好的去理财规划，在北京投资保健品也是以失败而告终。在今年八月份我以前赚的钱快亏完了，后来又开始投资 20 万元来炒黄金，结果因为自己的种种失误在前几天也是全军覆没了，并且还负债十几万元，这十年来我犯的错误太多太多了，也做错很多事情，我一直在想也许这是老天对我的惩罚吧，这十年了也许是我人生的一个残酷的考验吧，让我学到很多的人生知识。有一点是那么的让我感叹，人世间最复杂和最险恶的是人心，每个人都是生活在虚伪的现实里，而谁又能摆脱这个虚伪的现实呢？而谁又能做到对朋友真诚义气，而对恩人会百倍地回报呢？谁对老婆永远是那样的忠诚呢？人何时才能走出真正的自我呢？我希望自己同样的错误也不要再次去做犯。自己以后做事情一定要好好地分析分析了，不能再人云亦云了，我希望自己在下一个十年里，一定是一个成功的金融投资专家和一流的投资公司。十年已过去了,我开始新的十年人生的计划和规划了,也开始更加清醒了……

以下文字摘抄自 2009-02-22 23:17 博文《这次我永不再食言》
我曾经不止一次地发誓一定要做到自己所说过的事情,可结果就在前天还是没有做到,其结果必定是很糟糕,所以从下个星期一开始我每天都要在博客里写下每天的黄金操作策略,每天都必须写,否则自己就是再干十年还是没有进步,所以要写,这次不再食言。我要战胜懒惰战胜自己的弱点,一定要成功。希望自己别再言而无信,以后我再食言的,每次**自罚 100 个耳光**。

以下文字摘抄自 2009-02-25 01:42 博文《我这辈子都无法原谅自己的过错》
今夜的**行情**又是按照自己分析的点位走的,结果到那个点位之时,我又心软不够果断,就错过最好的解单机会,但是还是有机会解单的,我还是没有解单,眼睁睁地看着自己分析正确的行情就这样溜走了,我的心态彻底地坏了。我无法原谅自己,我也已经真的输不起了,可是还是这样的糟糕和悲惨,我无颜面对我的亲朋好友,更对不起我的家人,难道我真的就不该从事金融行业?我再给自己三天时间,如果成功了就继续,否则就滚蛋离开这个市场。因为你没有这个命来赚这个钱,干吗还要死坚持呢?你还有什么资本继续做呢?我好想把自己给杀死呀,我活得太窝囊了,想做的事情却做不好,不想做的事情却做得那么好,真是想不明白,这一切都是为什么?我曾经信誓旦旦地说自己要创造金融行业的神话,就我这样的心态去创造,简直是痴人说梦!我无法原谅我从去年 8 月份到现在犯下的那么多错误,正是这次错误让我输得一无所有,并且还负债 15 万多元,我从一个成功的生意人,到金融市场结果是这样的惨败,我的心情好像已经快崩溃了,精神打击太大了,我本来是有很多次机会要翻身的,结果就是**输在自己的心态和性格上**。

以下文字摘抄自 2009-02-2521:36 博文《今天我的梦想再次彻底的破灭了》
今天记不清我是多少次告诉自己,一定要在金融行业里好好做,一定要把以前

亏的20多万元，一千万倍地补偿回来，给赚回来，我一定要创造一个神话出来，直到此时此刻我才发现自己是多么天真可笑。

　　自己凭什么能把亏的钱给赚回来呢？今天我唯一最后的一个希望也破灭了，因为今天下午当黄金下跌到957的时候，我是在2月17日时967.8做空黄金然而行情感觉不对时，我在970时做**多把它给锁住了**，其实有机会这张单可以好好地解出来的，可是我一再错失良机，在黄金到999.5时我把多单砍掉了，按道理我做的很对，但是我又犯了一个这次又让我爆仓的致命错误，就是黄金再次冲破1000时，我心虚了害怕了。在998.9时，我又把它给锁了，但是还是有机会解得呀，可惜我又错过了，在黄金开始注定要下跌的时候我应该在995—990—880—970时，应该把多单砍掉的，可结果我却没有，反而在966那个非常不好的位置上把空单给砍掉了，正好是方向砍错了，而此时应该砍掉的是多单，我却把空单给砍掉了，正是这样错误的做法，我再次被爆仓出局，这已经是第六次了，如果前几次爆仓我还可以原谅自己的话，然而这次我真的是无法原谅自己了，因为是自己**从信用卡里透支的26000元钱来炒黄金**，本想有前几次爆仓的原因和错误加以总结，我一定会谨慎地做单的，这次我一定不会再向前五次那样爆仓出局。其结果我依然没有逃脱宿命的安排和痛苦的打击，我的心情好像进入一个让我无法窒息的寒冷冬天一样，内心的自责和愧疚，无法形容，我的心在滴血，我热爱的金融行业就这样一次又一次的让我失望，让我心痛。我从去年接触金融行业之后，我被这一行的魅力深深的吸引，因为这一行只要你技术、心态够好你就可以随便的赚钱，赚钱的速度是很快的。它是一个很公平、公正、公开的一个全球市场，没有人可以操纵它，我很喜欢这种行业，因为它也不需要看别人脸色，也不需要关系，它需要的是精湛的技术和良好的心态，你就会很好的生存下去。可惜我对这份工作的真诚执着和热情，却被它无情的打击和拒绝，让我如此惨败，惨败得让我连最后的一点期望也破灭了，我的心在流血，为什么老天会这样折磨一个那么真诚那么执着那么敬业那么热情积极向上工作的人呢？为什么我会这样的糟糕和惨败呀，是我的运气不好还是我本人的问题？冷静过后，想来想去还是自己的错，这个金融市场没有错，错就错在自己没有按点位严格去做单，总是和市场的趋势做反，我不失败谁失败呀？更重要的是锁单的错误，**锁单可以呀**，问题

关键时机会来的时候，我却不去解单，当机会错过最佳点位时，再去解单，这是致命的错误。

  这次我连信用卡透支的 26000 元也彻底地给输了进去，我无话可说了，我的心情乱到了极点，因为我已经没有资金在这个市场上拼搏了，机会来的时候我却没有子弹了，眼睁睁地看着翻身的机会溜走了。心里的痛苦和难受伤悲无人可以知晓，我更对不起我家里的老婆和儿子，因为我把所有的钱都给亏光了，我的心好像已经掉进万丈深渊一样，我真是无脸面对面对家人，我对不起他们。

  悔恨自己该有魄力的时候却不去执行，不该有魄力的时候却那么盲目地去做，我爆仓最重要的原因就是输在心态和锁单上，更重要的是没有做好严格止损，总是心存侥幸，我难道就这样真的被亲人、朋友、同事给不幸言中了，我被市场无情地给淘汰掉了，我把最后的一线希望也给毁灭掉了，按道理我的仓是完全有机会翻身的，错就错在自己！

  今天我的梦想再次彻底的破灭了，我的路究竟在哪里？我究竟该如何从头再来？我该如何来还 16 万元的债？我该如何来养老婆和儿子？我现在该如何来翻身？我现在该何去何从？我该如何向我的家人来交代？

  风无情地刮过来把我的心给刮碎了……在这血雨腥风的金融市场，从 2008 年 8 月份到 2009 年 2 月 25 日，我输得太惨了，输得自己赤裸裸的……

  今天我的梦想再次彻底地破灭了……

以下文字摘抄自 2009-03-09 22：19 博文《金融——资本市场就是给有魄力的人来赚钱的》

  在 2 月 19 日我说过现在如果有资金的话，最好的投资机会就是买原油，当时的价格是 34~35 美元左右，当时有 70000 美元的时候，可以**大胆的全仓杀进去**，一手保证金是 350 美元，可以揸 200 手，**如果留到今天再平仓的话**，现在原油的价格是 48.2 美元，那么你现在就赚 200×（48.2－35）×1000=2640000 美元。也就是短短的 20 天时间，你就可以盈利 264 万美元，如果你想赚得更多的话，你就等到原油涨到 85 美元时，你再平仓那么你就可以赚到 1000 万美元，这个时间也就是半年左右，这就是金融市场的魅力所在，以最小的资金来获得最大大收益，当然你最重要是要有良好的市场心态，精湛的技术分析和对宏观经济得真确判断，以及充备的资金，和果断正确的下单，那么这个市场你就是赢家，你就会快速地获得资金的积累。去年的金融危机到现在其实每天都是投资者最好的机会，尤其是现在的原油，是我今年最大的失误，**我明明知道那是个机会**，却没有想办法去筹备资金来做原油，眼睁睁地看着这个千载难逢的机会，**今年机会一错过，明年就再也没有这样的机会了**，因为当金融危机过后，就是原油大涨的机会了，我在金融这一行和其他人一样也没有逃脱亏钱和破产的宿命，但是我不会和其他人一样，就这样被市场打击下去了，无论我的路有多么艰辛坎坷，我都会勇敢坚强地朝着自己的理想和计划去努力，因为金融市场是全球经济的先驱者，它永远是走在世界的第一位，我一定要在金融市场成为真正的胜利者，而不在是失败者！从今天起我一定要好好地努力，我相信总有一天我一定会成为金融市场的真正的主宰者，而不是再次后悔错过机会......我相信只要是人心所想，只要坚持自己正确的方向的去努力的话，总有一天会梦想成真的。而不是好高骛远，而是永不言退，直到成功的那一天。

以下文字摘抄自 2009-05-22 03：56 博文《要成功就要先战胜自己》

昨天所有的成功激情与失败都已经过去了，昨天的所有一切不代表今天就不会改变，昨天已经是昨天，今天已经是今天了，既然是今天了，那么就不再回忆昨天所有的一切了，不要把昨天的悲伤留到今天，今天我应该总结昨天失败的惨痛教训，更加努力，而不是自暴自弃，只有自己再次成功的时候，世界才会再次属于你的，否则的话自己将死得更惨，所以我不能停留在昨天，我应该好好地控制自己的一些行为，来好好地工作，而不是想如何就如何，我应该懂得自爱，世界上的芳草多得很，得不到我想要的，我以后一定会得到更好的。今天我将好好得控制自己的一切，说话做事绝不再食言，否则我自己必须去死，不想死的话，就不要自欺欺人，就不要再食言。要成功就要超越自己的一切，用理智战胜情感，用理智，冷静地好好工作，昨天已经彻底地过去了，今天是新的一天，我也将在新的一天里，重新自我，**今天是我最后一次警告自己，我不改变的话，永远不会成功的，为了以后的成功，今天**

我一定要彻底地改变自己。

以下文字摘抄自 2009-12-10 00：13 博文《不遵守交易纪律的结果——爆仓出局》

一直想通过做单炒外汇、黄金、原油来改变自己的命运，从去年 8 月份真正开始踏入金融行业，三个月就亏了二十多万元，后来不甘心就这样亏损了，一直想把它给赚回来，于是今年三月份我把房子抵押出去的资金，打入自己的交易账号里 10000 美元开始交易，不曾想到自己的交易账号被他人恶意登录并亏掉，后来自己又想法入金 2028 美元，但是因为自己过于心急，在不该做单的时候猛做单，该做单的时候又在观望，错过了许多次完全可以翻身的机会，结果还是以爆仓亏损出局。在 10 月份的时候我透支信用卡的钱，又往账户里入金 1008 美元，在今天晚上又再次的爆仓亏损出局，从去年到现在为止我已经爆仓了 10 次了，总共亏损已经有三十万了，我无法形容我自己的惨败，**每次我都是败在锁单上，没有合理的止损**，导致屡战屡败，每次都心存侥幸，觉得自己锁单一定会把它解好，可是每次都是爆仓亏损出局，我也多次警告自己不要锁单，但是每次都没有做到，我真的是该死了，这样的错误我竟然连续犯了这么多次！我不死谁死呀？这就是不遵守交易纪律的结果，亏损爆仓出局，我对不起自己，也对不起我的家人……**我要重新来过了**……

以下文字摘抄自 2010-03-03 19：11 博文《在行情来临之时要控制好情绪》

在外汇市场当中有一个老话，如果你想赚钱的话，就要知道是怎么赔钱的。当然你不能指望每单交易都是盈利的，你要去做好承受亏损的准备。作为控制情绪这一点来说，我认为最重要的、最关键的并不是说控制好你的情绪，而是说在你情绪来临之前你要做好你的判断。例如，你想交易，开仓之前，你是有自己的道理和原因的，但是在这之前，你一定要设好你的止损和限价，设好之后就不要再去管它了。在你情绪来临之前，你要做好你的重大决定，因为当市场真正开始的时候，有可能是有利于你，也有可能是不利于你，这个时候你的心情就变得很激动，很难控制。所以一定要在来情绪之前做好这个决定。**就这一点来说，是我个人的经验**。

以下文字摘抄自 2011-10-21 07：34：46 博文《外汇交易关于止损设置的心灵感悟》

外汇交易市场朝着你开仓方向的趋势而行，让我们看对了趋势，然而却错过很大的盈利空间，因为你害怕让盈利的单子变成亏损出局，所以你选择了手动平仓，于是你落袋为安，只赚这波趋势的 5%~10% 左右。这种交易行为，经常发生在我的身上。所以我到现在虽然有好的交易系统和技术分析，但是依然没有稳定的大空间盈利，所以，从 2011 年 10 月 20 日 11：28 分钟开始，以后绝不再犯这样低级的错误。

所以**每次入市开仓把止损设置好之后，绝不再轻易改变，除非市场行情已经彻底发生反转，方可出局**。以后绝不在行情未达到止损，而心理恐慌、恐惧，而开始手动平仓。这样做的话，也就类似于敌人还没有把我杀死之时，我自己却选择缴械投降，认输出局，如果这样做的话，我不但没有机会战胜敌人，而且还要被敌人、被市场灭掉，永远没有机会生存下去。其实就像军队一样，更像军人之间的搏斗和拼杀，这是非常残酷无情的，也更像一场充满硝烟的战争。而在外汇交易市场止损的设置，就类似于每次战争，就意味着要牺牲士兵的多少，而牺牲士兵的多少，在于战场上指挥战争的将军，将军的每一次下达作战的谋略，就是战争输赢的关键所在。

此种情景也就是类似于外汇市场上的交易员，交易员每次下单的时候，应该首先考虑的是止损该设在哪里？一旦止损设置好之后，就绝不要轻易去更改，如果一旦更改止损，或者市场未到止损价位就手动平仓的话，很多时候我们会失去很好的盈利空间和利润。也就像战场上打仗的士兵一样，在双方激战的拼杀之中，敌人还没有把我们的，头颅砍掉的时候，那么我们就还没有输，如果敌人把我们的头颅砍掉的话，那么我们就认输牺牲，否则绝不投降。

有时候我们看对行情，盈利了一小部分，行情稍微有个反弹或者回调，我们就拿不住盈利的趋势单，或者把止损设置空间较小，结果我们往往是扫到盈利部分的止损之后，行情开始急速反转了，所以**不到最后一步绝不投降认输**，一定要坚信自己每次在外汇市场上那个下达的交易策略方案，也就是说自己每次入市做交易的时候，一定要坚信自己的对市场趋势判断的分析和交易策略的制定，绝不再受市场的假象迷惑，而要有自己对市场正确的判断和市场行情分析！

宁可止损被扫，也绝不随便改变自己的开仓的止损价位，止盈更是如此。这一周的市场走势已经充分说明，做外汇、黄金交易要想真正的赚钱盈利，就要做行情的趋势和波动交易，而不是频繁交易做小分时的行情结构。开仓价位好，不如拿单拿得好，拿单拿得好，不如止损、止盈价位设置得好，所以一定要坚定自己，不能让心态、交易纪律坏了自己的交易行为，好的建议行为，必定会持续稳定盈利。所以，**从今天起，从此时此刻起，我必须做到，永远不再为亏损找没有借口，为盈利找理由，自己每天只能按照自己的交易策略执行，绝对执行，绝对服从！**

以下文字摘抄自 2011-10-21 07：56：12 博文《几年的交易生涯感想和反省》

做外汇、黄金、原油目前已经好几年了，但我自己知道，我在这个行业几经沉浮，付出了残酷的代价。因为从事黄金、原油、外汇交易，让亲朋好友不理解，让家庭伤痕累累。让我从一百来万的个体外贸经营者，沦落为倾家荡产的黄金、原油、外汇交易者。并且目前变得一无所有……

夜深人静的时候，看着儿子上床睡觉，自己却在床前电脑旁，看着黄金、原油、外汇行情走势而不愿休息，而想怎么能做到一波盈利的行情再去睡觉。每个交易日都是这样。 目前的处境让他无法言说自己的苦恼和他人的不解。但是他始终坚信只要坚持自己的目标奋斗，既然付出了残酷的代价，那么总有一天，他一定会把我、失去的财富和快乐补偿回来。

总有一天他一定要成为世界上顶尖一流的交易员！因为他不断学习专研，他不断反思，他不断反省，他不断向前辈请教学习， 他相信今天失去付出的一切，总会有一天会回报回来的，只是时间问题而已。他坚信这一天不久就会到来。**最迟不会超过 2016 年，一定会名扬四海。** 到那时他的家人和亲朋好友对他所从事的职业，一切的误解，都会随风而去。一切都会重新开始，曾经失去是财富和快乐，都一定要一万倍地补偿回来。

以下文字摘抄自 2011-10-21 08：08：03 博文《自我管理——交易法则》

1. 每天上午在 9：00～10：00 之前必须在本博客上面发布自己的今日交易策略

分析，主要交易分析交易品种：黄金、白银、原油、欧元。做好交易计划，黄金、白银、原油，不做小波段，以做大波段，大趋势为主。**只能等最佳机会入市交易，一般小行情坚决不做，除非行情非常明朗之时再去做，外汇以做欧元 EURUSD 为主。**绝不盲目随便入市交易，一定严格按照自己在，本博客上面发布的交易策略去严格执行。

2. 自己下单同时必须设置止损和止盈，否则绝入市做交易，因为多次的爆仓已经是血的教训了。

3. 永远不做亏损的对冲交易单，只有止损出局，**永远绝不做锁单处理。**否则只有爆仓出局。做亏损的《对冲交易——锁单》其实是自欺欺人，自我安慰罢了。

4. 严格止损，顺势而为，永远不再多头市场做行情回调的空单，永远不再空头市场上做行情反弹的多单，宁可放弃一部分空间，也绝不去抢空间。

5. **每天连续亏损 10% 的仓位，或者止损被扫 2 次，那么立刻关掉电脑停止交易，否则只有爆仓出局。**

6. 每天不要频繁地做交易，等到行情，等到的价位比你自己，去追随的行情的价位更加安全，决不可盲目追涨杀跌，更不可重仓交易。

7. 资金管理、仓位控制比好的入场点位更重要，永远要轻仓。

8. 交易纪律第一位，交易理念第二位，仓位管理第三位，风险控制第四位，入场止损止盈第五位，切记！

9. 心态是交易之中的首位，但是只要自己严格止损，那么心态就不会那么重要了，心态往往是对行情未来走势的无知而恐惧。

10. 永远不抗单，不飘单，不锁单，做错了就止损被扫出局，绝不让亏损加大，**宁可输在技术上，绝不错在纪律上。**

11. 永远不让盈利的单子变成亏损的单子，盈利 50~100 点之后，止损必须设在建仓价位上。

12. 人生失败并不可怕，可怕的是自欺欺人，言而无信。做交易亏损并不可怕，可怕的是每次亏损都不去反省检讨自己的错误，而是抱怨市场的残酷无情。市场是非常公平的，只有自己的判断是错误的。

13. 做交易要学会逆向思维，不可随波逐流，人云亦云，要有自己坚定的立场和观点。**要知道自己的技术分析已经有 80% 的准确盈利率，只要坚持不赌气、意气用事做交易，那么亏钱的概率只有 20%！**

14. 每天晚上休息之前，必须写当天的交易记录，交易心得。每次下单之后。立刻写建仓理由，止损止盈设置的点位原因。以及随后平仓亏损，盈利原因，以及自我检讨。

15. 冷静，忍耐，沉着，静观其变市场，等待时机成熟——果断勇敢出手，坚定自我，放手未来！

16. 以上所有规则，我在 2011 年 10 月 17 日 0：58 分钟对天发誓必须一定要严格遵守，一定要严格执行以上交易规则，永远不再为交易亏损找借口，也永远也不为交易盈利而沾沾自喜，**一定要严格止损，顺势而为**！否则誓不为人！

以下文字摘抄自 2011-10-26 13：34：52 博文《家庭之战》

自从他踏上资本市场上从事黄金、原油、外汇交易，他输得是一塌糊涂，倾家荡产，原本是一个幸福美满的家庭的个体外贸经营者，后来**被一个金融界的朋友忽悠进去，炒黄金，炒外汇去了，没想到后果是如此得不堪设想。**以那以后他的家庭每天基本上都在争吵和打架之中，尤其是第二个儿子的出生，目前已经两岁半了。这第二个儿子在这两年多以来，是在每天他们之间争吵的岁月里渐渐长大的，他和太太之间的争吵、打骂，也深深伤害了儿子，因为他在资本市场上的亏损造成生活质量的降低，造成家庭的不和睦，造成家庭的伤害……

家庭痛苦和现实家人、亲朋好友的不解，现实的无奈煎熬着他，折磨着他。为了家庭，为了两个儿子，他一直忍让着，一直拼命地在支撑着，可是太太的咄咄逼人和出言不逊，让他忍无可忍，终于在今天下午爆发了家庭之战，他和太太因为生活琐事而争吵，往日的争吵而演变成打架，两个儿子在一边哭一边看着他们的爸爸和妈妈两个人在互相厮打，他和太太也顾不上儿子在墙角那里哭啼，在那里各自把这几年以来的怨气开始彻底的发泄出来……

打完架之后，他太太送大儿子去学校了，结果一去不回，他太太是真的伤透了心……

小儿子在家里哭哭啼啼地要找妈妈……

他的精神几乎要崩溃了,因为没有任何人可以理解,他现在的所处的环境和黄金、外汇实盘交易工作。为什么一个人要想干出一些成绩出来,总是这么难,总是这么要经受人生的各种打击和折磨,为什么必须经历生活的破碎,才知道生活的真谛,为什么只有分手,才会明白爱的无缘结局……

今天这一切的现实打击和折磨都是因为做黄金、做外汇交易的结局,难道这是黄金、外汇市场上的错吗?

自己因为过分的贪婪,导致爆仓将近20个交易账户,亏损几十万元人民币,这怎么能让家人理解?怎么能让亲朋好友理解?原本很好的生活,而现在却是天地之别。

他无语,他彻底无语,他也无法原谅自己对黄金、外汇市场的贪婪,他无法原谅自己对黄金、外汇市场的无知,他更无法原谅自己对目前处境遭遇的事情,他无法原谅自己总是在黄金、外汇交易市场上言而无信,导致他的交易水平没有提高多少。

今天的家庭之战,其实错不在于他**太太**,而在于他自己做交易做得一塌糊涂,如果他做交易做得非常有水平的话,早就翻身了,早就把亏损的资金给赚回来了,然而事实是他现在做交易做得非常不理想,非常不尽人意,他需要把头往墙上撞,让自己清醒一下,为什么?这几年以来,按道理他该是做交易会是非常不错的,**非常有自己一套的制度的**,结果他很少去遵守,不遵守交易纪律的结果,只会爆仓出局。

今日家庭之战,该是他命运彻底转折的时候了,因为他今天彻底明白了人生之黄金,外汇交易真谛,他突然反省过来明白了许多人生交易之感。

从此时此刻起,他真的要笑傲了,笑傲苍天对他的打击和痛苦折磨,让他更加坚强,他笑傲天下可笑之交易之道,他笑傲那些看不懂他黄金、外汇交易生涯的那些亲朋好友,他笑傲一切快乐,一切苦难总会随风而去,一切的一切必定会重新来过,过去不代表未来,只有现在做好黄金,外汇交易才会有未来。

从此时此刻起,他真的要放开自我,让他彻底地执着坚强地在黄金、外汇实盘交易账户走下去,他相信,他今天所遭受的各种苦难和打击折磨,总有一天会让成绩来说明一切的。

以下文字摘抄自 2011-11-01 15：29：42 博文《2011 年 4 月份至 10 月份做黄金、原油、外汇交易所犯的错误》

我真的对自己非常的不满意，自己常常说到，做交易一定要严格止损，顺势而行，一定要执行自己的交易规则，可是遵守了 99 次，仅仅一次未遵守自己的交易规则，结果牺牲了 99 次的获利，并且还要亏损本金，这就是资本市场上的残酷无情，让我无法原谅自己，无法形容自己的过错。

2011 年 4 月份至 10 月份所犯的致命错误如下：

1. 未严格止损，频繁交易，赚小钱未平仓，结果亏大钱。
2. 亏损的对冲交易，在最高价位挂单成交之时，发现错误，并没有及时修正，造成本来亏损的单子可以盈利出局，**结果因为在高位做了对冲的锁单，行情一路狂跌，没有反弹机会，那么也就没有解单，导致心情极度自责和无奈和仇视市场。**
3. 很少按照自己的交易规则去做交易，往往是随机做交易的次数最多，亏损也是随机交易的时候，从来没有彻底的冷静，没有彻底的耐心，没有彻底的沉着。
4. 对方向和趋势的判断基本到位，但是**看对趋势看对方向，做错点位**，照样亏损。因此点位也是非常重要的。
5. 仓位管理得也不好，总想快速盈利，结果赚小钱，亏大钱。
6. 做交易心态不够坚定，不够狠心，不够果断。
7. 交易行为的极度差劲，心浮气躁和市场对抗是严重的赌博行为，交易心态极为脆弱。导致亏损加大，很多次不该亏损的单子，因为自己的这些致命的交易缺点导致交易做得非常糟糕。
8. 做交易有时候，往往害怕错过行情，而慌慌张张入市交易，结果风险大于收益。
9. 做交易胸怀和格局定位太小，情绪控制能力极为差劲，很多时候看对一大波趋势，因为行情来回反复，而过早的获利出局，结果只赚到这波行情的 5%～10% 左右。这也是非常错误的交易行为。
10. 很多时候我写的交易策略，根本就没去执行，而是随机交易，更可气的是看对趋势看对方向，没去做没去执行，在观望，在等待，在徘徊……在验证自己的判断是否准确，结果行情在 80% 的时候，就是按照自己的交易策略去行走的，这个时候行情已经走得差不多了，才急急忙忙进去交易，结果赚小钱，行情一旦回调或者反弹，又被套进去了，这个缺点就是致命的原因之一。

以上所有错误在此时此刻起，绝不允许再犯同样的错误，否则……

以下文字摘抄自 2011-12-28 17：41：27 博文《外汇交易中怎样战胜自我》

虽然从事外汇交易已经有几年了，该明白的我都明白了，也常常和汇友和金友在一起交流探讨，按道理来说虽然先前赔了很多钱可以说是倾家荡产，在多年的外汇市场和黄金市场上摸爬滚打历经风霜之后，而应当十分富有，因为已经形成了自己的交易风格，交易系统，交易体系，掌握了正确的思维模式和交易方法，建立了理论上十分完善的盈利模型，虽然自己在每个交易日的上午 10：00 之前就把黄金、白银、原油、外汇交易策略给发在网上了，准确分析盈利率在 70%～80% 之间，但实话实说，我并没有像大家想象的那样是个成熟理智的交易者，相反我的交易也做得非常糟糕，为什么呢？俗话说得好，知易行难，做分析和做交易是两个完全不同的概念，尽管我知道淘金的方法，但还是无法战胜自己，人性中许多弱点在我身上还在起作用，使我目前还无法克服掉！

我不能完全做到将输赢置之度外，面对亏损，我不能保证做到每次都能做到"壮士断臂"，面对盈利，我不能保证每次都做到尽可能的用止赢的方法使利润最大化，相反，多数情况下都是自以为应当获利了结而平仓离场，失去了更大的获利机会。

对于我来讲，影响我盈利的最大敌人不是市场，不是别人的汇评，也不是因为孩子生病和与妻子吵架，而是我自己，是自己人性中最黑暗的东西，那就是恐惧和贪婪以及情绪的失控和抱怨牢骚等。

因为恐惧，尽管自己心里清楚上升趋势线被突破后会有一波大行情，但面对一日高过一日的汇价，就是不敢果断追买，指望着价格回落到自己认为的安全位置后再买，结果踏空很多次最佳交易机会。

因为贪婪，尽管自己知道已经判断失误了，但面对帐面余额的减少，总幻想着能够段时间内"扭亏为盈",不忍心下手止损,结果被长期套牢甚至形成大的亏损。

　　人性的弱点我不可能没有,但我决不能因此而原谅自己,我相信自己掌握了盈利的方法,我尽可能地去按照它来指导自己的操作,我知道自己能够做到多少就能够收获多少。我也希望大家能够清醒地认识到自己人性中的弱点,战胜弱点多一些,获得利润多一些。

　　那么究竟该怎么样才能战胜自我呢?以下是我个人观点!

　　1. **要有足够的耐心来等待最佳机会**,或者在你预测点位一线挂单设置好止损,止盈就不再手动随意随机地改变你的初衷!

　　2. 不可重仓交易,不可随机交易追涨杀跌!在交易之前就要做好仓位管理,仓位布局,风险控制的规划和谋略!

　　3. 交易之前写好自己的交易计划和交易策略!

　　4. 在区间震荡行情之中要学会做对冲交易!

　　5. 在单边趋势行情之中,要顺势而为,千万不能做趋势回调或者反弹交易,更不可做对冲交易!否则亏损爆仓即将到来!

　　6. 交易系统是在不同趋势行情之中,运用不同交易系统,且不可死板硬套,否则再好的交易系统也只是纸上谈兵罢了!

　　7. 建仓之后,就一定要严格执行交易策略和交易规则,即使亏损也亏损得心安理得,即使赚钱也赚个明白!

　　8. 记住**要大胆、敢作敢为,敢于止损出局,敢于获利了结**,敢于坚定自己的交易策略,敢于在看错趋势行情之时,而认输出局,重新来过,而不要瞻前顾后、畏首畏尾,一定要有大无畏的精神气概。一定要有大格局大空间的交易手法,而不要局限于单一的交易手法!

　　9. 从明天开始,在每个交易日早上写交易策略的同时,就开始挂单或者直接开仓,而不再等交易策略全部写完之后,再去挂单或者开仓,或者等待行情,只有这样交易策略对自己才最有效,若是等交易策略全部写完发布出去之后,再开始挂单或者开仓的话,往往是错过不错的交易点位和空间!

以下文字摘抄自 2012-01-23 20：26：30 博文《中国春节：走过匆匆，往事匆匆》

走过匆匆，往事匆匆，往事更不堪回首，每当回首之时，总是伤痕累累，为昨天的失意而痛感不已，为昨天机会的错失而耿耿于怀，为昨天的所做所为而痛恨万千，时间似水，转眼间都已经32岁的男人了，然而现在还是处在拼搏奋斗之中，虽然前途光明，但是需要在黎明之前走出黑暗，才会见到阳光闪烁！

人往往能识破别人的谎言，却摆脱不了自己的谎言！人往往能看到别人的缺点，却看不到自己的缺点！

走过匆匆，往事匆匆，岁月这杯酒，让多少英雄竞折腰！

走过匆匆，往事匆匆，从此时此刻起，我要言行一致，不再食言，不再为自己交易失误而找借口，也不再为自己交易亏损而找理由，错误就是错误，没有什么可解释的！不再为自己交易盈利而沾沾自喜，交易市场上你连续盈利1000次，但是只要一次交易错误就足可以带走你的全部，所以骄兵必败！

从现在起我要严格约束自己的交易行为和交易习惯，这样才会有进步，否则一切只是空洞的幻想而已！我要做到以下几点：

1. 从此是此刻起把每天的交易记录必须总结一下，发布在本博客上面！
2. 每天要把工作，交易品种具体点位精确到10点到30点的误差，方可进行交易！
3. 每天要把事情分清楚，把最重要的、最要紧的事情先办理！
4. 每次交易必须在交易平台上写下建仓理由、平仓理由、交易感悟，否则绝不交易！
5. 每天必须培养自己好的建议行为，好的交易习惯！否则再好的分析也都是扯淡！
6. 敢于认输，敢于盈利，敢于屡战屡败，屡败屡战，要勇敢果断从容面对一切市场的打击和摧残！
7. 交易之前制定好交易计划，把各种市场的交易情况全部考虑到，全部计划到！

以下文字摘抄自 2011-02-17 19：52：58 博文《2012年必须加速度努力》

离家而外出发展走了几天后，儿子打电话哭哭啼啼，我问他为什么哭，他说："我想爸爸！"

我心里非常无奈地说声："儿子别哭，等爸爸赚到钱，就回来了……"

从我从事外汇、黄金交易把家里输得一塌糊涂，唯一给我动力继续活着下去的理由，就是我一定让儿子和老婆过上好日子，**我一定要东山再起，一定要一夜成名在金融市场上创造不可打破的神话，我一定要成为世界上最顶尖一流的外汇交易员**，而我为了这个理想，让我经历人生的各种打击和折磨，但是我绝不屈服命运的考验，**我一定要战胜自己，我一定要超越自己，一定要好好加油努力做事，绝不再食言！**

晚上每每看到儿子和老婆安然而睡，而我却依然久久地在两台电脑前，看着行情中的多空能量转换而寻找等待机会入市交易，至今已经有六年时间了，这六年多的时间里我经历人生的潮起潮落。

2012年我必须突破自我，2012年我必须加倍努力，否则我无法面对亲朋好友，更无法面对5岁儿子和即将三岁儿子期盼他爸爸成功渴望的眼神，也更无法面对我爱人……

2012年我必须加倍努力，没有失败的理由和借口，只有一条路可选择，那就是外汇交易成功之路！

以下文字摘抄自 2012-03-06 23：03：57 博文《今夜黄金已经再次N多次以上爆仓》

今夜无非常无语，因为从2012年2月13日来到浙江省宁波市象山县之后，石总于2月22日开了一个5万元人民币（7886美元）的外盘交易账户，交给我操作，因为自己未严格止损，又逆势而为做多单，在今夜3月6日终于爆仓出局，余额为1270美元，这个交易账户在短短的2个星期时间，就让我给做爆仓了，简直是非常无语自己的交易水平，简直就是一个真正的败家子！

黄金已经多次爆仓在逆势而为，爆仓在没有严格止损，爆仓于做亏损的对冲交易上，然而自己却是一次又一次的犯同样的错误，我真的是无法形容自己现在的心情，石总那样信任我，而我却把人家的交易账户给做爆仓了，我该如何面对……

以下文字摘抄自 2012-03-07 00：07：13 博文《今夜》

今夜彻底让我对自己失望，彻底对自己绝望，我不该这么形容自己最近一段时间，做黄金交易做得是怎么一塌糊涂。我实在是无法原谅自己了，交易失败意味着什么，交易多次在同样的错误是爆仓出局，还是没有教训，还是没有长记性，我还算是人吗？

为了交易我把家里一切都给输没了，为了交易我多次从信用卡上透支出来，而造成每月都是在害怕账单数目而担心，为了交易家人不理解，亲朋好友不理解，因为我一直都在市场上亏钱，所以他们不信任我，后来认识一个伯乐，他非常赏识我，在2012年2月13日来到他这里，他给了一个5万元人民币（7886美元）的交易账户，结果两星期就把账户做爆仓了，我的心里痛苦无比，无法原谅自己！

黄金交易爆仓起因：

黄金在前天1721.7做多，未止损，因为前十几次交易就是因为看对趋势行情，而止损出局的，所以这次就没有止损，我认为黄金今天必是多头市场，就是下跌也不会太大，结果行情开始慢慢下跌到1716-1708-1702-1693-1686-1680-1674-1663。

当行情下跌到1680之时，我自以为是的认为今夜就是极限价位，于是当时在1702做的对冲空单平仓。留着一手1721.7的黄金多单，结果当黄金下跌到1677之时，保证金为0的时候，系统自动平仓，当夜黄金最低下跌到1663之后，在凌晨03：20分钟开始反弹而上，当时我预测这一定是今晚低点了，不会再下跌了，明天，后天必定反弹至1700之上，可惜自己交易账户还剩余1721美元，可以做0.1手至0.5手黄金交易，但是此时此刻心里非常痛苦无助，也就不想再做了，开始彻底反省这一次又一次的致命爆仓错误……

还是**没有严格止损**，又是做了亏损的对冲交易，而导致自己一错再错！结果自己做解单的时候，过于急躁！过于急功近利，过于自以为是所以为爆仓已经埋下了伏笔！

以下文字摘抄自 2012-03-08 02：00：49 博文《未严格止损，而不断做亏损对冲交易，导致爆仓》

多次爆仓之后，第二天行情就回来了，开始按照自己预期的行情运行，可惜的是自己已经没有用机会翻本了，不得不思考自己交易手法上多的问题和交易习惯，以及交易纪律，交易规则，交易系统的反思和反省！

昨晚黄金爆仓之后，在后半夜行情开始上涨了，今天行情已依然是上涨，眼睁睁地看着机会错失，而对自己的交易失策，而要**做100倍的正确努力**，才可以挽回亏损！早知现在何必当初不严格止损，而非得要做亏损的对冲交易呢？

往往是交易的时候**太过于主观，去看待市场，而不会客观地分析市场**，造成自己固执心理，没有及时挽回错误的单子，也没有及时作出正确的处理，所以交易必定失败！

以下文字摘抄自2012-04-02 22：22：53博文《交易只能坚定执行，否则死路一条》

交易是极其复杂的心理因素的战争，有时候你盈利的单子因为没有及时保本止损，结果变成亏损，有时候保本止损，原本可以盈利300点左右的行情，结果因为保本止损就盈利20点左右就止损出局了，市场真是会造化弄人呀，让我们总是徘徊在坚定和不坚定的边缘之上，让我们错失一次足可以让账户翻番的机会！

交易必须用概率交易手法，就是一旦分析交易策略之后，入市交易就轻易不改变自己的交易计划和交易策略，否则总是与大盈利机会失之交臂，每次总是望洋兴叹，悲愤不已！

所以必须坚定自己的分析交易策略，否则每次入市盈利那么一点就急于保本止损，那么我们永远也赚不到大钱，只能赚一些小钱，那样就失去交易的本质意义所在了，要么止损出局，要么止盈出局，绝不轻易改变止损的位置，一个人分析的点位再准确，但是总是无法执行到底的话，最后还是必输于市场！

我的交易之路，从明天起，要么止损出局，要么止盈出局，在没有盈利100点以上，绝不轻易保本止损，否则只能是死路一条！人可以食言，但是不可以再而三的食言，否则就是小人一个，小人是无法成功大事情的！我必须改变自己，必须坚定自己，否则也是市场的牺牲者！所以我必须加油坚定自己的分析判断！

再好的分析点位，再好的交易计划，再好的仓位布局，再好的资金管理，再好的入场点位，若不严格去执行的话，那么一切都是浮云，一切只是美丽空洞的幻想而已！

我只要五个字：一定要成功！

以下文字摘抄自 2012-05-06 13：15：43 博文《他此生因一见如故而结缘交易，其结果是输得倾家荡产负债累累众叛亲离》

偶然的一次朋友聚会的晚宴上，一个炒黄金、原油、外汇的朋友向他介绍了一些投资理念和方法，于是他便一发不可收拾地热爱上了黄金、原油、外汇交易！结果六年下来，他本来在广州做外贸做得挺好的，因为做黄金、原油、外汇交易而输得一塌糊涂，后来他又背着老婆和儿子把家里的两套房子也给抵押出去，继续从事黄金、原油、外汇交易，其结果是倾家荡产负债累累，也正是因为他的这个朋友，让他从幸福的家庭沦落到现在贫困潦倒的失败交易者，这就是本博客的主人公！

他现在非常无语，因为在交易这条道路上，他不断地犯错误，不断地重复犯同样错误，不断地食言，不断地多次食言，致使到目前为止，虽然分析的成功准确率是可以达到 70%～80% 的，但是他交易却做得一塌糊涂，他经常问自己，这是怎么了，为什么说到总是做不到，为什么分析到就是拿不住单子，为什么看对行情却没赚到钱，看对趋势而止损出局之后，趋势就开始朝着开仓方向运行，这就是他的交易致命弱点？

他是一个非常不安于现状，非常不甘心平庸，非常不想碌碌无为的人，他是一个非常有上进心，非常有野心的人，但是能力跟不上，别人经常说他："心比天高，命比纸薄，真是好高骛远！"结果好高骛远的他竟然是一败涂地，不知道为什么？人有时候就是这样，你越是想轰轰烈烈干出些名堂出来，可是再怎么努力还是适得其反，你越是想怎么样，偏偏没怎么样！他越是想把交易做好，可是总是对不起自己的每次交易计划，总是半途而废，他很愤恨自己的无能和糟糕的执行力，他多想彻底盈利，让亲朋好友看看他是怎么再次东山再起的，可是目前他远远不具备这个交易盈利的执行力，有好的战法，有好的谋略，但是无法严格执行到底，就像一直军队有一流的指挥官，但是没有严格的军纪，那么再好的治军战略也是无法战胜敌人的！

他现在就像已经走在万丈悬崖的钢丝绳上的中间，已经走了一大半了，随时面临着粉身碎骨的危险，究竟是继续前进呢还是选择放弃往后撤退？**他很痛苦，因为他现在已经具备一个一流的指挥官的素质，但是就是缺兵又缺粮草，那么再好的指挥官又有何用？**假如韩信当年没有受到刘邦的重用，那么历史是否会改写呢？

一个非常热爱交易的人，要想改变自己的交易命运，那么就首先改变自己的性格和交易情绪，再改变自己的交易方法和交易系统的不断完善，克服自己交易的弱点，每次交易之前做好交易计划，就把自己每次犯错的每一条交易规则，写出来放在电脑跟前，来警告自己不可犯错，克制人性的贪婪和恐惧！

他此生因一见如故而结缘交易，其结果输得是倾家荡产负债累累众叛亲离，他会甘心吗？他会就此放手吗？**越是输得悲惨，他越是坚定地走下去**，否则以前的牺牲白费了，所以他此时既然为交易而生，那么此时就必须为交易而好好地活着，总有一天会在资本市场上一夜成名的，总有一天奇迹一定要发生在他的身上，他一定要让那些亲朋好友看看，一个总是不断食言的他，是否会永远食言下去，他食言无非就是告诉别人："今年一定会成功，一定会把亏损的钱1000万倍地给赚回来的！"

结果他说了六年了，六年都没有实现承诺。但是2012年必须要实现今年的计划和承诺，2012年必须一定要成功，一定要交易盈利而彻底成功！不能再次食言了！不能再失败了！

既然老天注定让他与交易结缘，那么老天必定让他苦其心志，劳其筋骨，饿其体肤，备受精神和经济生活的压力考验，必须经受倾家荡产、众叛亲离的人生考验，让他更加而坚强渡过，总有一天会因交易而一夜成名！

以下文字摘抄自2012-05-17 17：43：52博文《交易一定要诚实，分析一定要客观》

交易一定要诚实，一定要严格执行交易计划，不能朝令夕改，否则必定输得倾家荡产。分析一定要客观！市场永远是对的，它不知道做空和做多的人是谁，所以不必怀疑市场！

如果对交易不诚实，总是知错认错，但是就不改错，那么以后必定交易做得是粉身碎骨……

分析一定要客观，不要过于主观，但是必须有依据，而不是随波逐流，人云亦云，毫无主见，那样必定要伤害自己很深很深！

市场不止一次告诉我们，若无法让盈利的趋势波段单彻底地奔跑起来，那么总有一天也一样会输得身无分文，因为交易经常止损出局，或者亏损的单子希望能扛回来，亏损总是大金额，而盈利则是小金额，还怎么在交易市场上继续做呢？

做交易者如果是自欺欺人，对自己的交易单子从来都是无法彻底执行到底，那么对自己就是不诚实，对交易不诚实的人，最终依然是市场的牺牲者，所以从此刻起，我必须对自己诚实，对交易诚实，每一张交易单子入市之后，严格执行止损和盈利目标，绝不让趋势单过早的获利了结，不管昨天交易的好坏，已经过去了，就不要再想了，在下次机会来临的时候，就不要再犯同样的错误，交易只能纪律第一！做交易如果无法坚定坚信自己，如果不把交易计划执行到底，那么真的是死路一条，别无选择！

以下文字摘抄自 2012-05-22 18：02：34 博文《交易检讨自己的错误》

最近这一段时间以来的交易习惯，没有任何改进，错误的交易习惯、错误的交易行为依旧没有改变，依旧没有把交易执行到底，结果本来盈利的单子没赚多少，该盈利的单子亏损出局，我恨不得把手指给剁掉，**我太不争气了，太无能了！**说得很好，交易前的分析也非常冷静客观，但是一旦进入市场交易，就往往会在意金额的变化，而忽视了自己对市场的判断，心态就会有些其妙的变化，让我无法坚定持有波段单！现在起交易之前必须写交易计划书，或者把止损、止盈设置好之后，绝不再手动平仓，或者建仓之后关掉电脑，出去散步，如果再做不到，就不做交易，什么时候做到了，什么时候开始继续交易，一个交易者对自己的交易不诚实。知错认错，而不改错，那么结果也是死路一条！

从**明天起继续坚持写交易分析和交易计划书**，写在交易日记本上有空的话发在博客，目的见证自己究竟是分析的错误，还是自己交易心理有障碍，自己必须挂单交易！

以下文字摘抄自 2012-05-25 00：24：18 博文《交易心理恐惧症该如何解决》

1. 自己如果一直认为自己分析成功率在 70%～80% 的话，那么就不要交易，专业做分析，而不会受账面资金的亏损而乱了阵脚！

2. 挂单交易每天必须挂单，成交则成交，不成交就取消等待下一次，绝不要意气用事做交易，只能冷静！

3. 交易之前的交易计划必须对自己有 100% 的坚信，只要有任何的怀疑就不要交易，既然要决定交易就必须遵守自己的交易纪律和交易规则，不能随便改动！

4. 交易**一定要心有城府，不可急躁，一定要处之泰然，不能随市场的陷阱而入，一定要冷静对待市场的走势，不能随机交易，除非有开仓理由和条件**！

5，既然要决定入市，就不要优柔寡断，犹豫不决，那样往往会错过最佳点位而放弃一个波段交易，想好了就果断出击，勇敢坚定地持有波段趋势单！

6. **交易要敢于认输，敢于止损出局，敢于获利，敢于拿单，敢于坚定持有趋势单，如果做不到就不要交易**，因为交易的风险是永远大于其他任何一个行业的！

7. 交易一定要诚实对待自己，不可自欺欺人，不可言而无信，不可心存侥幸，否则迟早是要牺牲在市场上！

8. 交易之后就不要在乎数字金钱的变化，否则你会被金额的亏损和左右你，而让你无法客观对待市场！

以下文字摘抄自 2012-07-02 21：48：25 博文《人生简介——黄金、原油、外汇、交易生涯的潮起潮落》

他是一名性格开朗，为人善良正直、坦诚、直率、做事执着、认真负责、对朋友忠诚、仗义、豪爽的一名退伍军人。

1979 年 11 月 3 日他出生于河南省的一个农民家中。

1996 年 11 月他参军到北京市房山区某部队卫戍区防化学兵第一团。

1998 年 12 月他光荣退伍，当兵期间被评为优秀士兵、优秀班长。

1999 年 2 月至 2002 年 5 月期间从事家电销售，就职于海尔和步步高。

2002年6月至2008年9月在他堂哥的帮助下，去广州市越秀区广园西路国际鞋城，从事外贸羊剪绒的批发销售，期间赚103万人民币。业余时间随金融界的朋友投资一些黄金、原油、外汇、指数实盘交易！

2008年9月份，因美国次贷危机引起的全球性金融海啸，来临之时他全身而退！而后开始跟随朋友专业从事外汇，黄金，原油交易！

2008年9月份在广东省黄金公司黄金交易中心的金融界朋友的引荐下开始专业时间学习黄金、原油、外汇、指数交易。虽然广东省黄金公司是上海黄金交易所的综合类会员，但是当时也是以做外盘为主。以做上海黄金T+D为辅。

2008年7月份至2009年1月份期间累计投资42000美元做外盘现货黄金、外汇交易结果全部亏损，共计爆仓11次。期间因交易亏损把尼桑汽车抵押给朋友！

2009年2月份他背着家人把家里两套房子抵押出去筹备4万美元，开户入金交易后，很快只剩下45美元。这次的打击更加深深地伤害了他，他的精神极度崩溃失常，他陷入了极度的自责、愧疚、痛苦折磨打击和家人埋怨不理解的残酷现实之中……

直到2009年10月22日，他从极度的悲伤之中走出来，他从信用卡里面透支了3000美元分三次入金又再次做黄金、原油、外汇交易，因为他心浮气躁，急于求成，急功近利，又重仓做交易，又没有遵守他自己的交易策略去严格执行交易订单，结果在2010年7月12日，他又再次并且是第15次爆仓出局，他的黄金、原油、外汇交易生涯彻底地遭遇了"滑铁卢"之惨败，他从中也深深地体验到交易生涯的艰辛，深深体验到资本市场上真正的残酷无情和爆仓的痛苦的打击折磨。

在上海期间他曾经给一个非常好的患难朋友做交易，结果把这位患难朋友兄弟在两个平台分别开的一个1000美元和一个500美元的交易账户给做爆仓了，他心里更是惭愧万分，心里是无法形容的失落和愧疚，他暗暗发誓，若有朝一日，把交易做好赚到钱之后，一定N倍以上地偿还这位兄弟的亏损的资金。他把仓给做爆了，而结果朋友没有任何的抱怨，反而在不断地鼓励和鞭策他，这更让他感动，更让他心里感激朋友的这份情谊。

2010年8月至2011年3月在上海经他师指点教诲并深刻自我反省，而后自己开始彻底痛定思痛，总结这几年来自己爆仓亏损的原因，以及技术上形态的缺陷和技术指标上的陷阱的运用和避免，彻底地开始潜心研究出一套适合在资本市场上黄金、原油、外汇、指数交易的盈利方法技巧和战略技术分析，和自己的交易系统，交易定位。准确成功盈利率在70%～80%之间。前提条件是必须遵守自己的交易规则、交易方法、交易纪律、仓位布局、风险控制，理性做交易。不可赌气做交易，否则此交易系统没有任何价值。

2011年4月份为了见证自己的交易系统，用信用卡开了1800美元的交易账户，，做黄金、白银、原油、外汇。期间盈利金额曾经到过5100美元，然而在今年5月份做黄金和白银让他盈利的单子，因为过于贪婪没有平仓出局，最终在7月份的时候，他第16次又爆仓出局，原因在于，每次总是盈利之后不愿取出本金，总是认为资金越多越好操作，想赚到自己理想的金额之时再出金也不迟，可是其结果最后还是输给了市场，因为自己的贪婪，最后一无所有。每次总是说到分析到，却没有执行交易纪律，也没有严格遵守交易自己的规则，总是心存侥幸，期盼行情会回来，是的，行情有时候的确是会等回来的，但是你死在行情回来的路上，已经等不到秋天的早晨了。

以下文字摘抄自2012-07-03 21：22：46博文《因交易失利而没有进行仓位布局，结果错失重要翻身机会》

因交易失利而影响情绪和交易心态，而没有进行仓位布局，结果错失重要翻身机会！**这次的错误由自己心理方面和情绪方面的消极因素所导致，而未放开大胆去博弈，总是和市场斤斤计较，结果胸怀不够宽广，所导致犯的一系列错误！**

对于以上交易所犯的错误，和错误的交易行为，我将进行深刻的检讨，并规定一下交易原则，从明天起开始执行到底，若还是做不到就把自己的手指剁掉2个，我郑重向自己承诺一下：

1. 从明天起我的交易账户（除短线交易之外）趋势单交易和波段单交易只能看到止损或者止盈出局的界面，不能有任何一张交易是手动平仓的！

2. 入市前把止损点位和止盈点位必须设置好，盈利空间有足够空间之后，再选择保本止损，否则绝不入市交易！

3. 对于自己的交易行为和交易习惯的弊病一日不根除，就一日不交易！再好的技术分析和方法，若不去严格执行自己的交易策略，那么做交易有何用？

4. 现在起一定要给自己留一定的空间误差，不能再斤斤计较点位的精确，要把仓位精心布局，绝不一次把仓位做到位，否则看对趋势单，结果照样止损出局之后，就不再做了，这是犯的致命的错误，看对趋势而亏损出局，再次看对趋势，结果因为前一单止损而耿耿于怀不再交易了，结果错失翻身机会！

5. 说的和做的必须一致，必须诚实面对自己交易账户，绝不自欺欺人！**绝不食言，绝不再害怕亏损！绝不再害怕做错！**

6. 交易类型布局为：

趋势单：日线级别趋势单建仓之后，**不到趋势结束，绝不平仓！**

波段单：日线和小时级别波段单建仓之后，**把止损和止盈设置好之后，绝不随意改变！**

短线单：小时级别的短线单建仓之后，**绝不当作趋势单和波段单来对待来交易，除非盈利空间比预期的大很多**，行情走势也极其强悍，否则盈利之后，见到平仓信号而没有到达止盈价位的时候，**可见机行事获利出局，绝不贪恋！**

7. 既然开仓之后，就必须坚信自己的入市前的交易计划和交易策略，如果内心就不相信这张单子会盈利的话，那么就不要勉强入市交易，要学会等待时机在入市。如果不坚信自己，就不要开仓！不可被市场的假象所迷惑而否定自己对市场正确的判断！而被市场所欺骗进去，随波逐流！

以下文字摘抄自 2012-07-13 09：49：43 博文《我对自己交易失望至极了》

昨天做白银和欧元按照交易策略去做，结果看对行情止损出局，导致自己心情非常恼火，不做交易的时候，分析交易策略总是盈利，当你做的时候，止损出局之后，行情回来了，属于看对行情走势出局，比看错行情止损出局，还要痛苦！以下是昨天交易情况：

黄金因前两次交易失利而放弃继续交易机会，结果错过翻身机会，交易员性格的缺陷不改变，那么只能作为市场的牺牲者！

真正最佳交易机会和最佳交易点位来临的时候，又不敢开仓了，又害怕亏损，又害怕止损，如果不设止损的话，担心会走极端行情而爆仓出局，这个市场就是残酷无比，我非常恨自己，为什么重要底部和头部总能准确地看对趋势反转，但因为止损设置不当而止损出局之后，就心灰意冷，不想再开仓做交易了，结果错过翻身机会之后，自己又在埋怨自己，在悔恨，自己心理伤痛的极点，**为什么每天看盘十几个小时盯行情，还不如他人一天看几个小时效益高**，非常苦恼，非常郁闷！我对自己失望至极了！

我不想说现在自己的处境，**如果今年再翻不了身，我觉得自己已经死无葬身之地了**，因为自己一错再错。连自己都无法原谅自己，还有何面目苟活于世，若我交易性格不改变的话，我必死无疑，因为我辜负太多亲朋好友的期望了，我对不起他们太多了，我一次又一次欺骗他们，结果自己越是想把交易做好，可是偏偏做不好，我好恨我自己为什么如此不争气，为什么那么怕输，为什么在真正重要位置上又不敢去博弈，为什么会那么无能，为什么活得那么没有价值，为什么明明知道却做不到！我不会埋怨老天怎么样，今天的一切错误都是我自己一手造成的，我若不改变自己，那么只有牺牲于资本市场上，别无选择！我要为我的错误付出代价！

以下文字摘抄自 2012-07-21 18：29：39 博文《止损的无知，使自己每次看对行情，而止损出局》

我无法再向自己说什么了，只想告诉自己，此生为交易而生，为交易而死，别无选择，下次再看对行情而止损出局，**把自己的脑袋给砍下来，既然已经错了，就要错到底**，世界上既然这么多无辜，那么自己就做无辜的牺牲者吧，别再活在这个世界上，因为自己没有资格活在这个世界上，这几年做交易的水平和素质一直都没有提高，还那么痴迷于交易，热衷于交易超过一切，结果做交易是输得众叛亲离，倾家荡产，**再输就是自己的生命了**，这或许是老天的安排！

以下文字摘抄自 2012-08-22 19：29：58 博文《近 3 个月的交易检讨》

1. **执行力。还是依然断断续续在执行**，而没有自始至终在执行，导致交易计划做得精确，但执行力没及时跟上，再好的分析也是纸上谈兵，毫无意义！

2. 仓位布局还不是非常到位！

3. 空间感及空间计算还不够精确！往往相差几个点而错失行情或者只是出局！

4. 入场时机还不够精确！总是过早入场和过早离场，而错失趋势单的空间盈利！

以下文字摘抄自 2012-09-01 13：38：33 博文《8月份黄金交易所犯两次同样的错误》

起因：在8月13日12：00，黄金在1624价位做多，没有设置止损，结果8月15日22：00下跌至1589，而开始一波反弹，原本在1591加一单多单，想把开仓成本降低一些，结果心理不够坚定，不够坚信，就没有加多单，直到行情上涨至1613才加一多单，结果心理担心再次下跌至1603附近，于是盈利5美元就出局了，结果在8月21日行情上涨至1626附近，解套出来！平仓出局想等结果再次回调至1615附近准备做趋势多单。结局是趋势来临之时，没在场！

结果行情是一路上涨至1675，8月27日仅仅6天时间，没有像样的回调，所以也没有追多单，于是在1675上破之后，在8月27日上午追进去一多单，结果是追进去在最高点，而5天时间行情回调至1645，结果在8月31日22：00行情急速下跌至1645后，开始急速反弹，在1651做的亏损对冲单也没有平仓，空单止损于1664，当8月31日22：00以后上涨至1675附近，多单平仓出来，亏损30美元！

平仓之后2个小时后行情上涨至1692，**本来可以解套盈利的单子，可现实是自己亏损出局！**这就是我所犯的两次致命错误！

自我检讨：

1. 做多的时候**总是在行情回调之前买到最高点**，而且没有设置止损！

2. 在行情回调企稳之后，也不敢再加单把成本均价降低！不够坚信！

3. 等行情回调完毕，行情已经彻底反转解套的时候，就平仓出局了，结果趋势形成之时，再也不敢拿单！造成的心理是单子被套死等，当行情反转的时候，单子解套了，明明知道行情还要继续朝开仓方向运行，可是没有耐心去拿了，看对趋势不敢拿单，这是交易致命的弱点！

4. 当单子暂时被套而做亏损的对冲单的时候，不会在行情反转之时，果断勇敢地平仓逆势单！结果对冲单亏损，增加开仓方向单的成本！

5. 交易心理承受能力太差，往往单子被套之时，就不敢再做单了，只会盯住交易账户亏损金额，忽视了市场，结果浪费时间、浪费精力、浪费资金、浪费信心！

6. 以后做趋势单必须要布局好之后再入市，波段单和短线单必须设置止损，否则绝不再入市交易！

7. 行情把你心理和精力多次击碎之后，在我们绝望、失望、悲观之时，开始急速朝着我们开仓方向运行，并形成一大段趋势，回头再看当时被套的点位，是比较理想的趋势单建仓点位上，结果因为精疲力竭，就平仓出局了只能眼睁睁地看着行情朝着你平仓后的方向继续运行，让我们后悔莫及！这就是市场的力量，它可以让一个英雄的人变成狗熊，也可以让狗熊变成英雄！

8. 市场最怕你比他有耐心，市场最怕你比他坚信、勇敢、果断，市场最怕你能看透它，市场最怕你轻仓，市场最怕你的变化比他快一步，市场最怕你的随机应变能力！**而我从现在开始一定做到！**

以下文字摘抄自 2012-09-06 16：42：17 博文《最近对黄金市场的反思》

有时候明明你**看对趋势**，比如你要做多单，你也预测行情将会继续上涨，回调概率比较小，就像今天的黄金一样在 1693-1687 附近盘整了 2 天就是没有下跌迹象，**但是也不敢做多，就是因为指标不配合**（日线和 8 小时、4 小时 KD 都在高位，MACD 也在高位，并且背离几次），结果下午上涨至 1713，还是不敢做多，结果行情还是一路继续上涨，你更不敢做多了，因为怕在高位回调被套，所以一直**等在回调之后，再入市做多**，可是行情偏偏就是不回调，还是一路上涨！

2011 年 7 月 4 日到 9 月 6 日，行情涨了 430 美元（4300 点）就是这样的行情！很多人看涨不敢做多，结果行情不断上涨，那个心理后悔呀，真不是滋味，最后很多人在心理受到非常懊悔打击之后在 1900 附近追多，结果行情上涨 1920 赚了 20 美元（200 点）没平仓，结果黄金突然暴跌 1704，再反拉 1920，这期间无数投资者爆仓出局，今年是否还会继续演变去年那波行情，只有天知道、投行知道，我们散户永远是市场牺牲者，只能望洋兴叹，悲愤交加……

黄金有时候上涨和下跌其实是没有任何理由和道理的，虽然黄金、白银、原油市场上没有庄家，但是有投行操作，并不亚于庄家，所以这些品种交易难度非常高，非常高，没有外汇交易稳健！

做黄金、白银、原油这些高风险品种，只能分批布局趋势，否则很多时候，就算你看对趋势，照样亏损爆仓，比如5000美元在1690做多黄金，结过行情回调至1650的时候，你先爆仓出局，行情再上涨1780，那样的滋味非常痛苦，我曾经吃过这样的苦头，所以做黄金我会给自己立下好规矩：

1. **错过点位就不做，止损过大不做**，没有止损点的单子绝不入市！

2. **趋势的判断必须正确**，否则就不要轻易入市，黄金不能做短线，短线止损来回扫，你不设止损，突然来一个数据信息干扰，拉升或者下跌几十美元非常正常，所以黄金只适合做趋势和波段！

3. **入市之后，单子8个小时还没有盈利，只有一个结局就是做到回调浪里面了，或者看错趋势了！** 这时候必须出局，不可侥幸心理逗留！否则突然上涨或者下跌几十美元很正常，到那时候，才是真正痛苦！

4. **做黄金不可做亏损的对冲单**，否则爆仓即将来临，盈利之后一定要拿住趋势单，不要被行情的调整而吓跑。必选坚定信心！

5. **不要去看网上的黄金点评，毫无价值和意义**，只能加速你亏损的思维，做交易一定要靠自己的独立思考，否则永远也赚不到钱，即使你暂时赚到钱，最终还是要还给市场，所以一定要靠自己的独立分析，否则就不要做交易！

以下文字摘抄自 2012-09-08 09：26：44 博文《为 2012.09.07 周五非农数行情走势而反省》

1. **黄金**：周四黄金从 **1694 上涨至 1714 过程中诱多**之后，多头在 1710～1714 之间反手做空，使行情下跌 1696 附近，造成多头部分止损，部分被套，这时候很多分析师和交易者会认为黄金要对 1670～1650 区间会再次确认再上涨，结果行情在周五下午下跌至 1689，这时候行情在 1691～1697 之间盘整，当时从日线、8 小时、4 小时技术形态和指标全部显示是空头信号，会有很多人去做空，结果一直盘整至非农数据公布前，随后非农数据公布后利空美元，黄金开始发疯一样急速上涨，当时做空的人，有的止损，有的爆仓，有的被套，这个市场的变化实在是非常之快，让人不寒而栗，这个市场是看不见的战争，和和战争一样残酷无情，让很多英雄落寞，让很多人倾家荡产妻离子散，交易这个职业要害死多少人？！

在非农数据前 1692 做多单，**因为是小仓就没有设置止损**。后来一直在 1693～1797 盘整，就在 1694 平仓出局，来回避非常的行情，结果非农公布后行情走的是单边趋势多头，只能眼睁睁错过，这就是心态问题，若当时把止损设置好，就一直拿着，就不会错过了！

事实告诉我：做交易不要怕，不要怕亏损，不要怕做错，市场是做交易做出来的，不是去验证的！做交易也不要悔，虽然错过了，已经无法改变的事实，那么下次就不要再犯同样的错误！

2. 白银：走势和行情和黄金一样诡异，周四行情从 32.12 上涨至 32.99，晚间至周五下午下跌至 31.90。先诱多，再杀多，晚间非农数据公布后，急速从 32.23 上涨至 33.72，这期间做空者又牺牲于市场上，**市场之变化**，很多次往往是大部分人看下跌的时候，行情往往就是按照大部分人的意愿下跌，让你放松警惕，而后突然朝反方向运行，就是想让这些大部分人亏损，**市场的变化是无法统计的，变化之快是无法跟得上的，只能牺牲**，除非在行情变化之前，你已经做好各种对策来应对它，并严格跟上市场步伐，否则最终还是市场的牺牲者！

在非农数据前在 32.23 做多单，之后行情一直在 32.17～32.28 盘整，于是就在 32.24 平仓出局，非农数据公布后行情急速上涨，也是眼睁睁看着行情一路上涨而不敢追多，还是输在心态上。没有稳健坚强多单心态，再好的建仓点位也没有用，市场爆发之前，就把心态给震荡出去了，当市场了留下的全部是真正的交易者之时，行情开始急速运行，市场只会奖励那些有空间感的、有毅力的、有耐心的交易者，而不会奖励那些建仓完之后，就急于行情朝着开仓方向运行的交易者，趋势单和分析单绝不会一天就把行情走完了，在这期间一定会非常诡异，但是市场再诡异，也无可奈何与强者和智者，只能会对付那些弱势者，没有信心者！

3. 原油：**非农数据公布后，先做假象上涨 0.4 美元之后**，原油突然急速下跌，我认为这是场有预谋的下跌！目的是扫多头止损，让人追空，结果行情再急拉，再去扫空头，这样一来一回，走个 V 型形态，是让很多交易者要牺牲于此，我在周五上午原油 94.60 价位做一手多单，止损 94.20，在非农数据公布前行情上涨到 96.20 盈利 1600 美元，我的止盈目标是 97.60，于是就继续持有，也没有把止损设置在机场价位，结果非农数据公布后行情急速下来到 94.12 后，单子先止损出局后，行情又急速上拉 96.75，盈利的单子没出局，结果亏损出局，这样的行情，岂不是造化弄人？为什么行情要这样运行？行情的动机在哪儿？

后来悟出来了：这个市场都是盈利的话，那么钱从哪里来呢？这个市场大部分人都看对行情。做对行情的时候，那这个盈利的分配该怎么分？这个市场虽然没有庄家，但是有投行操作。他的厉害程度不会低于庄家的！要想赚钱，首先要考虑保本，等待机会，而不是一厢情愿地用大众心理思维方式去对待交易，去对待市场分析！行情往往很多时候我们都会说："没想到会上涨怎么多，没想到会下跌怎么深……"这是我们失败亏损的原因所在，每次没有拿到一波趋势，每次失误都是有借口和理由。这样的交易者若不加改进的话，必死无疑，尤其是我，我没的选择了，必须 100% 相信自己每次入市的动机和分析，否则就去接受之间犯的错误而付出代价，我已经没有退路了，只能博弈成功，否则死路一条！

4. 欧元：**非农数据公布前和公布后，欧元一直非常稳健地上涨，没有像黄金、白银、原油行情走势那么诡异**，我还是认为做外汇比做黄金、白银、原油要稳健，风险较小，外汇受投行操作概率较小！

以下文字摘抄自 2012-09-08 17：47：54 博文《上一周交易所犯下的十宗罪》

1. 耐心不够，信心不够，毅力不够，恒心不够，决心不够！
2. 看对行情不敢放手一搏，害怕亏损心理影响心态！
3. 仓位布局没使用好，更没有把资金使用率提高！
4. 黄金、白银一直是计划要拿趋势多单，结果是点位到的时候，还是再想等低点位，结果行情突然急拉，再也没有机会了，而在那里抱怨自己的懦弱和无能，精神极度痛苦，痛恨自己的执行力，痛恨自己这几年来，屡屡爆仓，屡屡亏损还是没有进步提高自己的交易能力，说明自己内功修炼不够，心态不够健全，心理承受能力非常弱，单子暂时被套，总是会抱怨自己，而不会想办法去客观非常市场的变化，该怎么去做对策，这样的我再不改变，年底必定要付出残酷的代价……

5. 做趋势单交易的时候，总被短期结构和技术形态左右，而放弃之前最佳建仓点位而平仓出局，造成盈利的单子拿不住，波段单拿住了，结果盈利不走，最后保本或者止损出局！造成心理懊悔，总是在赚钱不走，亏损出局，下次赚钱平仓出局，结果只赚到行情5%，那样的交易痛苦无法言语！

6. 短线单和波段单总是把握不好，盈利的时候，好出场，不出最后保本出局，对短线单和波段的的市场结构和技术形态，抱有侥幸心理，结果是徒劳无功！

7. 看对趋势有时候却被止损出局，造成下次交易不敢设置止损，害怕再被止损出局后，行情就回来了，而又害怕行情走极端，加大亏损造成心理负担想法太多，而不敢果断出手而迷茫彷徨，说到底还是心态问题，心理和思想情绪有问题！这个问题必须解决，否则……

8. 对分析正确的趋势，点位要求过于精确，造成错过最佳建仓机会，导致眼睁睁看着行情朝着趋势方向运行，而因为点位不合适而放弃建仓机会，结果错过一整波趋势行情！而抱怨而后悔，这个问题若不解决掉，还是无法生存与市场！

9. 每天看盘时间超过16小时，导致精力透支过大，反应速度缓慢跟不上市场突变，而无法随机应变！从以后开始每天看盘最多在10个小时，建仓完毕之后，就不要再去盯盘，要么止损出局，要么止盈出局，途中不改变任何策略！交易不能有："除非，可是，但是，也许，或者，可能，再看看，再等等……"这些字眼只适合分析者，若要是做交易必须做到铁令如山，绝不朝夕令改，**宁可输在技术分析上，也绝不输在交易纪律和资金管理上**，否则永远只是市场的牺牲者，不会有所作为的！

10. 分析非常客观，做交易也要客观对待账户盈利和亏损，若交易之后总盯着自己交易账户资金的盈利与亏损的话，是永远也做不好交易的，因为心思不会放在市场变化之中，而是在担心单子亏损怎么办，结果是无法反败为胜，只能是**市场牺牲者**！

以上是最近犯的错误，从此时此刻起必须一定要全部改正，因为已经没有其他可以选择了！交易是我的灵魂，所以必须**超越自己，战胜自己**，去实现自己的理想和抱负！

以下文字摘抄自 2012-09-27 09：22：30 博文《黄金和白银的诡计多变，让交易者防不胜防，所以我们必须要会布局》

黄金和白银的多变，没有任何一个交易者可以避免，因为行情走势当时从日线到小时级别周期以及指标全部显示空头格局，多头被止损出局后，很多交易者都会去"顺势追空"结果追空没赚几个点，行情突然急拉，再次扫做空者的止损，这样行情有几个交易者可以避免？很多人无法避免，除非做多的交易者当初入市的时候，就非常坚定自信看对趋势和方向，给自己留有三次加仓机会，比方说你在1767做多黄金，你可以在1737再加一单，在1702在加一单，止损全部设置在1695，那么只要行情不到1695，假如行情跌倒1700开始反弹，那么做多黄金的三个单子的均价在1767+1737+1702=5206/3=1735.4，只要行情反弹至1735.40就不亏损了，超过这个价格就盈利！前提条件是必须看对趋势和方向才可以，而不是让我们逆势亏损加仓！

当然如果行情下跌至1694后行情开始反弹而上，那么我们三单亏损的资金将非常大，那不是错了？若行情真是这样运行的话，那么止损出局后，再做多进去，止损设置1692，盈利目标看行情运行的方向！市场再多变，也总会给你一次对的机会，只要一次就可以把亏损的资金给赚回来！

如果在1767做多黄金，止损设置在1750或者1740，那么结果是止损后行情回来了，趋势和方向依然没有改变，只是盘中的小结构而忽悠了我们，结局是顺势行情走势而我们却止损出局，我们是非常痛苦的，所以以后做白银和黄金允许自己有100美元（1000点）的误差，分三次布局！

白银也是在53.30做多，在34.50加一单，在34.00再加一单，止损33.90，只要不到33.90，那么交易结果就不会亏损，因为方向和趋势没有改变，只要行情反弹至34.60就不亏损，再看当时行情走势动能选择保本出局，还是继续持有！做这些品种若每次都设置0.30～0.50止损的话，可以说被市场玩弄概率是95%，市场有时候就是长着眼睛看着我们的止损价位,**所以我们必须要会仓位布局,不给市场留有足够的空间让它去折腾去扫止损,这样我们才能在市场上真正可以生存下去**,否则我们一次次看对趋势,看对方向而因为止损太小而出局后,行情回来了,到达预期盈利目标,可惜我们已经不在市场上了,那种痛苦是无法形容的!

所以必须学会仓位布局、点位布局、空间布局,级别布局只有这样才不会无辜牺牲在市场上!

切记这不是逆势亏损加仓法,逆势加仓法是死路一条!

以下文字摘抄自 2012-09-30 20:52:01 博文《光阴似箭转眼间十年已过,心中无限感叹万千》

又是一年中秋节,看到秋夜朗朗乾坤,郎朗星空,心中无限的感叹和悲愤伤心!

十年了,十年之前我是那么有理想、有抱负,做什么事情也都是信心百倍,当年从5万元人民币起步,去广州做外贸批发,几年时间完成了人生的重要事情,结婚,有孩子,当时我是多么幸福和开心呀!可是自己的无知和愚蠢却被朋友忽悠到资本市场上,去炒黄金和外汇去了,结果是几个月时间把几年辛辛苦苦赚来的几十万元钱,全部输在资本市场上,因为我的固执不服输,结果背着家人把家里的2套房子抵押出去,继续炒黄金和外汇,**希望把亏损的钱给赚回来,就金盆洗手不再干了,结果是再次输掉**,自己还是不甘心,又从信用卡里面透支6万元人民币,继续炒黄金和外汇,结果依然是资本市场上的牺牲者,我的精神彻底崩溃了!

因为我无法面对孩子和家人、亲人、朋友!我的心深深地谴责自己的无能,为什么总是亏钱?有多少次机会呀,为什么赚钱不及时出金,结果是徒劳无功又还给市场了,还是自己的贪婪?

资本市场上的游戏规则看似简单,其实复杂之极。

今夜秋夜萧萧,夜风吹过,把我心中的忧伤一起吹走,十年时间我从一无所有到成家立业拥有百万资产,再到亏损得倾家荡产,让我走过人生的风雨之路,让我更加明白人生之艰辛,在以后的道路,**我会洗心革面重做人,一定要再东山再起!**

以下文字摘抄自 2012-10-02 09：17：20 博文《盲目止损，盲目短线交易＝慢性自杀》

有时候虽然你严格止损，严格遵守交易纪律，可是往往是止损出局后，行情回来了，就是我经常认为盲目止损，没有任何空间感，有时候看到市场几根 K 线的急拉和急跌就去追，结果没赚几个点，一旦行情急速回抽和反弹，就是被套或者止损出局！这样的交易者是市场上最常见的，我也其中一个，但是现在我必须认真反思，4 年时间里，为什么还是不能稳定盈利，为什么还是要亏损，还是不断地交学费？

回顾我的交易记录，发现我犯了一下主要致命错误：

1. 盲目止损，不知道在什么点位，什么空间止损最有效，往往是看对方向，看对趋势，止损出局后，行情回来了，这样的止损出局占到整个交易亏损记录里的 90%，只有 10% 的止损是的确看错趋势，看错方向了！

2. 频繁短线交易，有时候非常好的趋势单的建仓点位，结果被市场的小空间波动吓跑了，结果只赚到行情的 5%，这期间开始来回打短线，结果是顺势行情走势而却止损出局，顺势行情没有拿住单！

3. 交易定位和交易空间不明！

4. **交易系统运用不当！**

5. 交易前的分析和分析判断，不够坚定，造成止损出局后，不敢继续坚持自己的判断！

6. 没有给市场留有足够的空间让它折腾，导致趋势行情判断中，市场小的格局变动而影响对趋势的判断，导致跟着市场走，结果是来回扫止损而账户资金的缩水！

7. **心态及心理素质承受能力太差，因此是无法真正稳定持续盈利！**

以下文字摘抄自 2012-10-09 10：43：31 博文《做交易一定要有空间感以及大海无边的交易胸怀》

做交易一定要有空间感，入场点和出场点，止损点和盈利点的把握！否则再好的趋势单和波段单建仓后，因为没有空间感，你不知道行情会运行到什么位置而发生改变，此时你非常容易被市场的几根 K 线的突然拉升或者下跌而触动神经，而放弃持仓头寸！结果没多久市场走势按照你开仓方向运行，但是你已经不在场了，只能望着目前行情走势在那里抱怨发牢骚。怨恨自己为什么没有拿住单子而耿耿于怀！这就是没有交易定位，没有交易空间感的结果！

做交易也一定要有大海一样的胸怀，可以饱受市场不断的波浪起伏而面不改色，静坐交易前而面对账户的盈利与亏损而无动于衷，这样的交易心理素质，才会有机会在市场上赚到钱，否则一切只是空洞的幻想而已！

市场最怕你比他坚强，你比市场坚定，你比市场有耐心，你比市场灵活！市场最怕你果断！市场最怕你比他理智！最怕你比他勇敢！最怕你能看透市场而不被市场忽悠！

市场往往是随机改变形态及走势，你也要学会改变，否则就要被市场捉弄，来回扫止损，让你愤怒，让你孤注一掷。让你变成赌博心理，结果就这样慢慢地掉进市场的漩涡里面而无法自拔，最终牺牲于市场！

交易比的是："**资金博弈，点位博弈，空间博弈，仓位博弈，纪律博弈，执行力博弈，耐心博弈，心态较量**"！

因此一定要学会博弈！懂得博弈的交易者，才有机会赚到大钱！靠运气博弈的交易者早晚是要牺牲的！

以下文字摘抄自 2012-10-23 19：19：44 博文《深秋季节该是收获季节，然而我依然未兑现自己的承诺》

又是一年深秋季节，望着田野的农民们在地里忙碌收拾庄家的时候，心里感概万千，农民们忙碌了一个季节有收获了，他们辛辛苦苦地劳作而得到回报！非常羡慕他们，他们是**多么的单纯，多么的善良，多么的勤劳！**

而自己已经做了几年的实盘外汇、黄金、原油交易，至今虽然分析成功率在 70%～80% 之间，但是因为自己交易原则和交易纪律的不遵守，导致目前依然没有达到稳定持续盈利的目标，依然是原地踏步，交易上毫无进步，我当初的承诺至今依然没有兑现，我再次失信于家人，失信于自己。

每个交易日自己从早上看盘一直看到深夜，希望多看看盘面走势来寻找最佳交易机会，结果是每天都是事倍功半，每天不及预期理想，每天都在总结检讨自己的交易过失，结果发现自己错误迷失于以下几点：

1. 频繁短线交易，有时候短线交易获利不走，结果止损出局，若没有设置止损就被套严重！

2. 趋势单和波段单很好的建仓头寸，有时候被市场小行情波动而放弃手中头寸，而获利了结，结果行情随后依然是按照头寸方向趋势运行而错过几百点行情！

3. 趋势和方向经常分析正确，但是在实际交易之中，往往做出逆势单子来，结果是顺势单子没做，而被逆势单子苦苦深套或者止损！

4. 没有严格止损，也没有严格控制风险，总是想通过资金管理和仓位布局来控制风险而不去设置止损，结果是：顺势单的时候可以盈利出局，逆势单子的时候是亏损加大，等待解套时间很长，彻底让心态无法承受，最后无奈平仓出局！资金管理和仓位布局只能使用在顺势行情之中，若是逆势行情之中，是没有任何价值，只能加大亏损！

5. 盈利加仓法从没有真正使用过，而亏损加仓法经常使用，若是顺势行情可以获利出局，若是逆势最终也是亏损加大！

6. 建仓空间感不太坚定，有时候交易往往能看到几百点点行情和点位，就是拿不住单子，害怕盈利的单子再变成亏损，于是经常急急忙忙获利了结，最终行情的确达到自己分析的点位！

以上交易所犯的错误必须改正，**今天必须改正，以后再入市交易必须先把止损和止盈点位分析好了，再入市交易，否则永远不再入市做交易！**

以下文字摘抄自 2012-11-07 17：43：49 博文《请珍惜你的交易账户，请善待你的仓位，请严格控制风险》

请珍惜你的交易账户！

请善待你的仓位！

请严格控制风险！

请严格遵守交易规则！

请严格遵守交易纪律！

请严格执行你的交易计划！

多少次因为那十几个点的空间而去冒险交易，结果被止损出局，或者被深套之后想重仓博弈回来，结果重仓之后，紧跟着就是保证金不足而爆仓，爆仓之后行情却开始回到你开仓价位附近或者超过开仓价位，这是世界上最可悲的交易者的结局！

上周五我就是犯这样的错误，若当时没有重仓去博弈亏损的仓位，那么今天是盈利出局，结果是牺牲于爆仓与黎明前的黑暗！

市场不会刻意去打击报复伤害某个交易者，只有交易者自己伤害了你自己，市场永远会朝着它的趋势方向运行，而不会随交易者的分析而运行！

因此请珍惜你交易账户，不要频繁随机下单交易！

请善待你自己的仓位，不要重仓！重仓结局只有一条就是爆仓，而别无选择！

请严格控制风险，每张开仓单子入市之前，必须确定你的止损点位，方可入市交易，**凡是在合理的止损点位的单子都可交易，否则放弃**！

多少个无眠之夜，面对交易账户资金的缩水而悔恨不已，面对自己的交易性格冲动而造成的亏损，面对重仓交易而爆仓，面对未严格控制仓位、未严格控制风险而爆仓之后，翻身的交易机会来了，而一次次与行情擦肩而过，是多么无奈呀！

历史的交易记录不止一次的告诉我，一定要遵守交易规则！一次都不可以原谅自己！因为999次遵守交易规则而获得账户资金盈利，只要第1000次你心存侥幸不去遵守交易规则的话，仅仅就这一次，就可以带走你999次的盈利！

以下文字摘抄自2012-12-23 21：43：35博文《为了理想：必须要博弈人生交易之路》

风萧萧易水寒，壮士一去必归还！

成功**富甲天下**，必定要厚报**恩人**！

黄金外汇交易，一夜成名于天下！

笑看人生如梦，梦想成真还是他！

执着追求博弈，人生如棋中年发！

寻找合作搭档，共赴财富论天涯！

以下文字摘抄自 2012-12-27 11：46：34 博文《黄金外汇交易者不可以用时间来计算报酬的，五年的惨败亏损一定要全部赚回来》

在写这篇博客的时候，我衷心地感谢笑傲江湖这位师兄的指点，才使我的交易盘感，交易分析方法，以及交易技巧、风险控制、资金管理的相结合而顿悟到交易系统的完善组合以及参数设置，使我的交易系统彻底开发成功！并且是每月以20%以上的盈利在复制和倍增！

从起始资金 10000 美元开始复盘做黄金交易，从 2001 年 1 月份开始交易到 2006 年 1 月份复盘交易结束后，总共盈利 91738586509 美元以上！

黄金外汇交易者其实是不可以用时间来计算报酬的，几年的交易惨败亏损会在未来的时间中，我一定要几千万倍地给全部赚回来！

虽然执着地从事黄金、外汇实盘交易不一定会成功，但是我对黄金、外汇交易的稳定盈利成功，依然是那么执着地努力和博弈之中，执着地让亲朋好友不理解，执着的很多人说我是疯子和赌徒，执着的让人无法形容不可理喻，正是自己执着的不断努力和坚持，终于在这一段时间，因为交易系统的开发匹配和数据参数设置而成功！使我无法形容自己心中的狂喜，也无法形容这几年的辛酸交易历程，终于皇天不负苦心人！让我顿悟到交易的真谛，以及资本市场上的真正游戏规则，而如何利用游戏规则来实现财富复制和倍增！

自从 2008 年至今的黄金外汇实盘交易亏损得倾家荡产，负债累累！这五年实盘交易没有任何人可以理解交易者的思维和空间，从前几天遇到的这位师兄的指点迷津到目前顿悟到交易系统的完善和改进，再把交易系统测试几年黄金走过的点位和空间仔细复盘交易一遍，再到即使行情走势的实盘交易测试，统计结果目前成功率在 46%～72%，风险和回报率是 1：2.1。按照这样的交易体系成功率和风报率的话，半年内就可以还清所有人的债务，以后这套交易系统就是一台印钞机，我相信皇天不负苦心人！今天终于彻底明白该如何来面对这个市场了，这个市场不是可以用技术衡量的，而是用风险控制、仓位管理、仓位布局、资金博弈和心理博弈。

我也从亏损的阴影走出来了,我的执着坚强感动了老天,老天点悟这个交易体系给我,我会在外汇市场上赚到的钱,拿出来一部来回报于那些需要帮助的善良而又无助的人们!

下一个奇迹就发生在我的身上,我用自己的实盘交易来证明未来一切!

行情总在你绝望中诞生,在你半信半疑中成长,在你无限憧憬中成熟,在你充满希望中彻底灭亡!

未来一家伟大的世界顶尖一流财富管理基金公司将出现在中国!

中国未来有一家公司,将要进入华尔街进行资本博弈了,为中国的金融崛起而奋斗!为了自己有充足的资本去帮助那些,需要帮助的人们而奋斗,为了自己家族壮大而奋斗!

以下文字摘抄自 2013-01-01 18:33:28 博文《新的一年开始,我一定要把自己交易分析突围出去获得最佳合作搭档》

今天是 2013 年 1 月 1 日元旦节!**我离家**出走去找事业合作搭档!

在过去的几年时间里,因为自己的情绪化交易,也没有自己真正的交易系统,而是在不断地测试交易系统,不断地改变参数,导致几年的实盘交易,毫无进步!有时候人就是这么奇怪,你越是想得到什么,偏偏得不到!在我人生交易最失落,精神即将崩溃之时,突然顿悟到交易系统的具体细节以及操作步骤的流程!再加上有前辈的指点,加上自己的分析盘感终于研究出适合自己的交易系统!这套系统就是一台印钞机!

我需要找有实力的公司合作!创造出金融界不朽之神话!

我今年一定要把自己突围出去,制定一套详细合作方案出来!找到最佳搭档,共创财富!

以下文字摘抄自 2013-01-02 06:28:09 博文《按照交易系统:进行五年复盘交易盈利达到将近 1000 万倍》

按照交易系统 + 自己盘感:进行五年复盘交易盈利达到将近 1000 万倍

一、交易详情

1. 复盘交易规则：起始资金 10000 美元

按照 10000 美元做 1 标准手执行。

每当账户资金累计盈利 10000 美元之时，就加多 1 标准手，依次类推！

2. 复盘交易品种：黄金 XAU/USD

3. 复盘时间：2001 年 1 月份至 2006 年 1 月份按照一小时交易复盘！

4. 复盘结果：五年时间盈利翻番将近 1000 万倍！共计最终盈利金额：91738586509 美元！

5. 复盘心得：出现交易系统提示规则开仓后。心里没有任何压力，即使止损被扫，也不会对情绪上有所影响！信心来源于系统的彻底完善和灵活运用自如！而会及时调整交易战略步骤！而绝不会遭受精神打击和亏损的失落悔恨感！

6. 这套交易系统优点：从不主观预测分析市场，而是仅仅跟随市场趋势变化而变化！开仓前已经锁定亏损的金额及险，风险控制在 1%～3% 之间开仓盈利后系统会及时提醒保本和放逐盈利最大空间值！盈利有足够大的空间，系统提示可以做盈利的对冲单，使市场每一波趋势和波段都可以抓住，这样就不会浪费市场的每一次可以交易的盈利机会。仅仅跟随市场的趋势波段改变而改变，做到了太极交易法！

7. 这套交易系统缺点：开仓后要么止损出局，若没有止损出局那么就要一直持有。开仓后虽然风险控制住了，暂时不知道盈利点在哪里。但是会随着盈利的开始会逐步提示盈利的点位以及空间！

8. 有这套交易系统后具体打算：找有实力的投资管理公司和银行合作，共赢天下！

二、完善合格的交易系统必须具备一下条件：

1. **风险控制是第一位！**

2. **资金管理是第二位！**

3. **趋势介入点和出场点是第三位！**

4. 交易不要看价格，而是趋势方向！

5. 持仓时间、周期的制定！

6. 交易信念的坚定和从容果断！

7. 技术面和基本面的相结合！

8. 原则的坚持和不断的重复正确的交易行为！

9. 要懂得趋势盈利加仓法！

10. 资本市场就是一个博弈的地方。这是一个零和市场，本质意义上它就像一个赌场，因为赢钱的人必然是从输钱的人手上赢来的钱。资金是互相流动的，所以说博弈之道、生存之道主要还是靠一个可持续发展的体系，这些才是重中之重！

11. 外汇黄金是杠杆再杠杆，在交易之中赢钱的人还想再赢，亏钱的人想把亏损的钱要赢回来，然而事实是大部分都不懂得何时离场，不到离场的时候，谁都不知道赢家是谁，谁也无法预测市场未来！

作为交易者一定要必须明白，一定要追随趋势和方向，无需预测和分析。

以下文字摘抄自 2013-01-05 11：17：16 博文《为了理想成真，在寒冷的年末离家出走而找合作搭档共赢天下财富》

五年的黄金外汇交易当有一天，自己**有了稳定的交易系统之时**，可惜钱全部用在向这个市场交学费了，**牺牲在黎明前的黑暗！**自己现在想做交易，可惜弹尽粮绝了，于是只能出来找人合作！

于是我离家出走到洛阳寻找合作伙伴，出来的时候非常茫然，虽**有雄心壮志的抱负和稳定的的盈利模式**，但是没有专业的数据报告书，没有实际说服力，于是花了几天时间把资料搞齐备，找投资公司谈判合作，结果是年末很多公司都在回笼资金，不愿意再投资，其次也有部分公司只做实体经营，不从事资本市场上的任何投资品种，目前出来奔波了 12 天时间了，依然是没有找到真正有意向的投资公司合作！实在不行下一步就去银行谈谈，看结局怎么样，无论我这次出来遇到什么困难，我必须想法克服，必须找到搭档与我合作，我才能快速起来！我深信一定会找到与我合作慧眼识珠的伯乐！因为有成功的交易盈利系统，何愁没有机会施展抱负呢？

人生没有失败，只有放弃！我一直就坚信自己所选择的行业，所选择的职业，**无论这条路是多么的艰辛，多么曲折我都必须一定要勇敢坚强执着地拼搏过去，直**

到成功的彼岸！

以下文字摘抄自 2013-02-10 00：46：20 博文《新的一年我将率领自己好好博弈于资本市场》

一定要成功，我只要一个结果：

成功！必须一定要成功！

几年以来自己一直从事外汇、黄金、白银、原油交易输得倾家荡产，负债累累，众叛亲离。无人理解我的所作所为，直到前几个月自己的交易系统加上自己盘感的结合完善，这套交易系统，我把它命名为**太极交易系统**，才觉得自己几年来没有白白付出那些折磨打击和一次又一次的爆仓出局！我一直深信总有一天我在这边资本场上输得一切，一定要 1000 万倍地把它补偿回来，**报雪耻！名扬天下！创造资本市场上不朽之神话！**

世界上其实没有攻不下的难关，就看自己用心与否！任何行业都有一把金钥匙所在，就看自己是否可以找到，并有方法把它打开而获得宝藏！

2013 年就让世界见证奇迹的开始，见证什么是太极交易系统！

我将把这套交易系统与志同道合者合作，共赢天下财富！2013 年从此时此刻起，我一定要风生水起，平步青云地把交易系统发挥到极致！与志同道合者合作创造世界顶尖一流的财富管理基金公司！

以下文字摘抄自 2013-02-12 16：53：07 博文《史玉柱东山再起这些年：从负债 2.5 亿到 500 亿身家》

因为大幅增持民生银行 13 个月下来，**他浮盈最高超过 60 亿元。**

不过，"股神"并不足以概括史玉柱。以 1997 年为界，他之前是天不怕地不怕，高呼口号"要做中国的 IBM"，横冲直撞，最后留下一栋烂尾的巨人大厦，外加 2.5 亿元巨债，成了"中国首负"。而之后，他如履薄冰，小心翼翼，卖脑白金，投资银行股，进军网络游戏，**在一片废墟上**，转眼炼就了超过 500 亿元的财富。

以下文字摘抄自 2013-02-19 19：45：50 博文《感悟平凡和伟大的区别》

观念是制约人赚大钱的最大阻力。要有一种创造财富、赚取财富的动力，并快速地付诸行动，不要怕失败，跌倒了再爬起来。如果一味地求稳怕输，那就很难成功了。

以下文字摘抄自 2013-03-05 23：52：26 博文《自我行为管理》

1. 做好本职工作，不必**废话**连篇。
2. **沉默**是金，多做事情。
3. 说到做到绝不**食言**。
4. 有些事情看到了，不要**说**出来，心里明白即可。
5. 做人一定要**低调**，不要太过于自我为中心。
6. **说话**做事情一定要给自己留有余地，不可把话说得太满。
7. **说话**不要重复以前的事情，不要当面给他人下不来台面。
8. 眼睛看到的和实际做的即使看不过去，心里要清楚明白，不要**表露**于外。

以下文字摘抄自 2013-03-07 17：16：39 博文《交易要败而不倒，**要有东山再起的机会**》

交易之道，刚者易折。唯有至阴至柔，方可纵横天下。天下柔弱者莫如水，然上善若水。

成功，等于小的亏损，加上大大小小的利润，多次累积。做到不出现大亏损很简单，以生存为第一原则，当出现妨碍这一原则的危险时，**抛弃其他一切原则**。

因为，无论你过去曾经有过多少个 100% 的优秀业绩，现在只要损失一个 100%，你就一无所有了。**交易之道，守不败之地，攻可赢之敌**。100 万亏损 50% 就成了 50 万，50 万增值到 100 万却要盈利 100% 才行。每一次的成功，只会使你迈出一小步。但每一次失败，却会使你向后倒退一大步。

从帝国大厦的第一层走到顶楼，要一个小时。但是从楼顶纵身跳下，只要 30 秒，就可以回到楼底。

以下文字摘抄自 2013-03-25 16：59：40 博文《5 万元人民币，20% 的风险控制决定一生交易生涯的转折点》

今年再次来到宁波，**在一家无名小辈的小小公司做交易员**，原因是这家公司的老板，**人品还可以**，也即是志同道合者，来到这里将是开始交易生涯的真正起点！因为以前都是拿着自己的资金在交易，现在是公司提供资金来源，让我们这些交易员操作，公司给 20% 的风险额度！来了**快一个月了，公司一直在忙于平台代理一事**，目前已经代理搞好，我也即将在这几天开始投入交易战斗！这场交易战斗将决定一个伟大的交易员在此地磨炼成才！

今年是我一生中最重要的一年，是我交易生涯的转折点，因此我的选择只有一条，我一定严格按照交易系统，严格按照交易规则执行，我一定要成功，我一定要交易稳定盈利直到海枯石烂、沧海桑田之时，我才会突出资本市场，开始皈依佛门！我此生将赚来的钱会用一部分救助那些真正需要帮助的人们！一定要回报苍天给我的折磨打击苦难，后而感悟到生活的真谛，感悟到交易的真谛，我要感谢上苍的磨炼！

我将是最伟大的交易员，我一定要成为世界顶尖一流的交易员，为这个理想要奋斗到海枯石烂，到沧海桑田！因为我的成功，将要**改变世界的一些格局**，在别人认为不可能的事情，由我来完成！

以下文字摘抄自 2013-03-29 21：39：46 博文《一定要感恩心态去做每件事情》

不要把自己的一些**情绪**带到工作上，不要把一切不必要的怒气写在脸上，人一定要学会冷静，要学会在逆境中保持清醒的头脑来做事情，不要带着仇视心理去做事情，这个世界上没有谁欠谁的！

我要感恩资本市场带给我的打击和折磨，我而不该因为以前交易的亏损而愤愤不平！资本市场给予我磨炼使我逐渐成长。每天应该带着感恩心态去做事情，必定会有好的收获！老天是公平的，他不会刻意欺负每个人，就看自己是否坚强地面对未来的一切！所有的事情都已经过去了，从此时此刻起，我要学会感恩每一天！

因为老天赋予我有一个世界上最伟大的、最贤惠、最善良的妻子！也是这一生中我最爱的挚爱的深爱的相爱的妻子，此生我再也不会辜负**妻子**对我的厚爱，还有可爱懂事的**儿子**，他们则是我最大的**财富**，是我努力奋斗的基石和动力！我也一定不再辜负自己的理想！今年必定要实现！因为我会在每一天努力，坚持自己的交易原则和交易系统，我只能执行到底就可成功！

以下文字摘抄自 2013-04-22 14：42：52 博文《交易贵在执行》

看到强大的趋势（多空），就按照规则做，**不要思考**，越思考越毁交易！不要怕小亏，要乐于不断的接受小亏损，要喜爱小亏，没有不断小亏为代价，就不可能大赢！

多数交易者不能理解！他们追求确定性，追求完美，所以他们不断亏损，直至破产！做交易的本质就是一种失败游戏，而不是成功游戏！正确的失败产生利润！

克服心理障碍：交易是勇敢者的游戏！坚定信念向前走！惧怕风险就不要从事交易活动！做交易永远都有风险，**每次开仓都是下赌注！**

执行规则：**勇敢！坚定！自信！勇往直前！勇敢！自信！自控！**

以下文字摘抄自 2013-04-26 14：31：04 博文《老高回家去了》

2013 年 3 月 1 日，老高和我一起来到宁波象山，一家**投资公司做职业交易员**！我们相处了一个多月时间，**因为……所以……**离开了！

老高回家去了，因为交易暂时离开宁波象山这里一家投资公司！

老高回家去了，我非常失落！因为再也没有人**批评**我了，再也没人**训斥**我了！再也没有人和我**探讨**交易了！

老高回家去了，我非常感激他对我的交易方面的指点和教诲！

老高回家去了，我心情很伤感！交易往往是这样，往往有时候想证明自己什么；而有时候往往天不遂人愿！

老高回家去了，我感谢和他相处的这仅仅一个多月时间，因为他教会我了很多……

老高回家去了，为了理想我们总是会不断地奔波不断地上车下车，不断地乘车！但是我们的交易一定是我们人生的最后一趟车，而是功成名就的一趟车！祝福我们早日成功，来洗刷我们几年以来的所受委屈打击苦难！

老高回家去了，我衷心祝福他，他一定要早日在交易上获得成就！

老高**回家去了**，这一走他将踏上更高的一个交易舞台！

老高回家去了，不管你今后交易怎么样，我都会记得你说的话！我也一定要坚强起来，一定严格执行我们的交易规则！严格遵守交易系统！一定要好好做交易对得起交易账户，对得起公司的信任，对得起投资人的信任！

老高回家去了，我会经常想起你……

以下文字摘抄自 2013-04-26 21：51：24 博文《做一个坚定的系统交易者》

交易师的核心理念之一就是"不对价格未来走势进行预测"。交易师只对价格变动做出反应。交易师恪守交易原则，系统怎么说我们就怎么做。从交易心态上讲，交易师认为衡量交易心态是否健康的标准是：当你持有头寸后，如果心中强烈希望价格向着你的开仓方向运动时，则属于不健康的交易心理；当你持有头寸后，如果不是期待价格向着你的开仓方向运动，而是**做好了价格方向变动的各种应对措施，则是健康的交易心理**。

交易要长期取得成功必须具备以下条件：

1. 能够认清市场的结构；
2. 能够认清交易者自身的结构（贪婪恐惧）；
3. 能够将市场结构与自身结构无缝连接（做到"知行合一"）。

这三个要件，成了交易师一直以来孜孜不倦追求的目标，并努力把交易做得最好，最棒！交易师通过以下几种手段去达到上述三个条件：对于第一点，认清市场结构，由交易师期货系统去完成，目前该系统完全能够胜任认**清市场结构**的艰巨任务；对于第二点和第三点则可通过相应的组织结构去完善，比如，由交易员去执行系统的交易信号。交易员不对信号的可靠性和有效性负任何责任，评定交易员工作绩效的标准就是看其是否有效执行交易指令。如果系统发出了 100 次交易指令，则交易员应该执行 100 次交易，哪怕是 100 次交易中有 80 次交易是亏损的，该交易员所做的也是正确的，不应对交易结果负任何责任。通过相应的组织结构及制度约束可以使各部门协同作战，确保交易计划顺利实施。

在交易时，交易者一定要按照系统信号去进行交易。如果连续遭受挫折，也不应对系统的有效性产生任何怀疑，并且应坚定不移地执行新的交易信号。比如，当你按照系统信号进行交易而连续两次做错，这时系统产生了第三次交易信号，由于你已经根据系统进行交易而连续错了两次，你开始对系统产生怀疑，因此没有去执行第三次交易信号，但此时却产生了一轮轰轰烈烈的行情，由于你对系统的怀疑，使你错失了行情。

交易师曾经说过：任何系统都不是绝对完美的，交易师不是神，交期货交易系统不是神，没有失败交易的交易系统是不可信的，没有任何噪音的交易系统是不可信的，因此我们把刚才所说的前两次错误交易看成是捕捉第三次大行情信号的成本和代价，你就不难理解了。交易师认为在盘整时期出现亏损是无可厚非的，但错过行情却是不可原谅的致命错误！

成功的交易者就是那个连续失败后，还对后续信号充满信心，并果断执行从不错过大行情的交易者。

抛弃一切欲望，做一个坚定的系统交易者！

以下文字摘抄自 2013-05-02 09：13：33 博文《从头开始——活在当下》

从头开始活在当下，过去的一切成败和现在没有任何关系，要把当下的事情做好，明天会发生什么事情，我们谁也无法预知，但是只要把今天的一切事情做好后，明天的一切也会顺其自然的水到渠成来临！不必强求什么东西，只要把心境放开，做自己该做的事情即可，其实无须要结果！

交易也是一样，交易在当前的每一笔单子，既然已经选择开仓入市交易了，那么就不要在乎这笔单子是盈利还是亏损，一切结局让市场做裁判，自己唯一可以做的事就是把每笔单子所控制的风险额度给控制好即可，**已经平仓的单子和现在没有任何关系！** 做交易的本质就是一种失败者的游戏，在正确的失败中产生利润，交易是勇敢者的游戏，必须坚定自己的信念和交易系统，交易规则才有机会生存与市场，**若惧怕亏损的风险那么就不要从事交易！**

以下文字摘抄自 2013-05-02 16：32：36 博文《骆兄一番话，让我彻底明白——交易无须借口》

昨晚公司我的一个挚友骆兄给我讲了许多交易理念的至理良言，让我彻底如梦初醒！他的话让我明白一个道理：

交易的起点——我们交易开仓后已经想得太多了，以至于忘记了交易为什么而出发！以至于忘记了交易的本质："就是一种失败者的博弈游戏，没有任何多余的思维在里面，就是**执行坚持我们的一切交易系统和交易规则！**"

交易开仓后止损单子被扫止损出局后，行情按照你开仓方向运行！我和很多交易员一样，经常会抱怨市场的诡异多变，会发牢骚，经常会说如果这张单子没被止损，我应该赚多少多少美元！然而事实是我们已经被止损出局！在那里为自己找亏损失败的借口有价值吗？没有！

止损出局后不能为自己找任何理由和借口，从今天起我一定要明白这个道理！交易没有如果，交易也没有可是，交易只能执行坚持自己的交易原则，坚持自己的交易系统，不能随便该来该去！

交易亏损了其实并不是我们的错，我们怎么能去怪罪于市场呢？市场不知道是谁在做多，谁在做空！我们交易亏损是正确的一部分，我们是在正确的另外一部分获得利润，交易理念的重要远远大于技术分析！

现在我做交易不再为自己找任何理由和借口！我要做的是每张单子都有开仓理由和条件，并知道自己所要承受的亏损风险额度，我只要明白这一点就足够了，至于结局只能让市场给我们答案！我们不再预测。不再交易后再去分析！交易之前的分析往往是客观的，交易后的分析往往是主观的，往往是主观思维导致交易的失败！市场怎么运行，只有市场知道，任何人都在预测都在分析，其实是没有任何实际价值的！交易一定要做进去，做进去后，让市场见证我们的对与错，而不是在那里预测分析，结果我们分析预测很准确，但是我们没有入市交易，那么预测分析再准确的行情和我们有关系吗？没有！所以只要符合我们开仓条件后，我们一定要做进去才是最有效的！

在这个交易理念方面，我衷心**感谢骆兄的指点和教诲！**他的一番话语让我受益匪浅！也让我从交易的漩涡里面走出来，去迎接每天早上的黎明的阳光照进心里！去做好自己该做的事情，不要考虑任何其他因素！

交易一定要做到忘我！无我！市场所欲，即我所欲！

交易一定要对自己诚实！

交易一定不要为自己找任何借口和理由！

以下文字摘抄自 2013-05-14 12：37：55 博文《感谢止损，赢在执行力》

交易本来就是一种失败的赌博投机行为，在正确的止损时候，才能产生未来盈利的利润，所以要感谢止损，赢在执行力上，才能把交易做好！很多交易员在交易之前非常清晰交易思路，但是开仓后，往往行情没有按照预期交易方向运行，就开始怀疑自己是否做错了趋势，往往就在市场之中心随 K 线波动而波动，最终是没有执行力，而导致亏损！原因是不愿意接受小亏损，而把交易心态搞坏了！所以交易**不仅仅是要有技术，更重要的交易执行力上的仓位管理，风险控制**！

以下文字摘抄自 2013-05-15 10：35：21 博文《人生就一定要坚强面对每次考验》

人生一定要自己发自内心的人坚强，才是真正的坚强！靠其他人帮组起来的坚强，不叫坚强！

人生一定要战胜自己的心魔，不要让那魔鬼扰乱心扉！

人生一定要勇敢面对每一天发生的事情，只要正确的处理，结果也不会糟糕的哪里去！

严格执行交易系统时候，即使止损出局，不是你的错，其实是市场的错！因为你去执行了，错不在于你，而是市场，不要每次止损后，就认为是自己的错，那样会使自己陷入自卑的心理，永远也无法做好交易！

以下文字摘抄自 2013-06-20 10：16：17 博文《交易这几年自己的感悟》

1. 交易原则：交易系统永远是第一位的，人性的思维判断在交易的时候，往往以个人主观思维意愿去判断市场是错误的，因为人的认识是有局限性的！只有严格执行交易系统，良好的资金管理，绝对的风险控制，合理得仓位布局，加上勇气和原则才是交易真谛所在！

2. 交易心态：要用勇气去接受止损，勇敢地承认自己交易的错误，不必为自己找任何理由和借口！交易亏损就是亏损，一定要诚实面对！一定要勇敢地接受人生各种打击折磨苦难的煎熬，无需恐惧！若用恐惧的心去做任何一件事情，那么结果永远是失败的！做男人最基本条件："勇气，责任！"不要去抱怨命运的不公，要勇敢接受和面对眼前发生的一切！敢于担当，敢于处理！

3. 交易系统：当行情出现 100 次交易系统信号之时，我们应该执行 100 次交易，即使 80 次是亏损的，20 次是赚钱的，那么最终我们一定能够成为合格的交易员，否则只是市场的羔羊！一定要勇敢的相信自己，执行交易系统到底！绝不为每次没有执行而在电脑跟前望洋兴叹，抱怨不停，那样毫无意义和价值！

乘如来之道而来，才叫真如来！
乘势而来去跟随市场运行轨迹，市场所欲即我所欲，才是交易核心！

以下文字摘抄自 2013-07-11 15：14：15 博文《交易的最终有谁可知道答案》

交易最终有谁知道答案？只有 100% 坚持交易系统的人去执行自己的交易规则的才会有答案！

市场怎么走有谁知道答案？没有人知道！只有市场给出信号之后，符合自己交易系统，符合自己风险控制范围之内的交易规则，去执行的人，才知道市场该怎么走！见到交易信号，在那里观望的人，验证交易系统的人，永远也没有答案！市场无论怎么走和你没有任何关系，交易时需要连续性的才有结果，行情来的时候没有单子，没有行情的时候总想交易，结果输在黎明前的黑暗。

交易是可以让人彻底疯掉的一个行业，不是人们想象得那样简单！交易可以让你生不如死，交易可以让你肝肠寸断，交易可以使你成就梦想，最终取决于你自己的意志力、坚强力、自信力和正确的交易手法，和市场其实没有关系！

其实昨晚走势按照交易系统严格去执行还是可以做到一部分的，因为心理因素的不够果断，只能眼睁睁地看着行情溜走！放弃了数据行情，可是错过了翻身的机会！对自己的交易无语之极……

交易要么超于自我心理因素，若超越不了自己心理因素成分要么放弃！没有时间再错过一次又一次机会了，目前已经**别无选择了**，是非成**败**就在**最近**这段时间了！

以下文字摘抄自 2013-08-02 23：07：57 博文《交易这些年，难道真是自己错了》
春节后去宁波了半年，7月下旬回洛阳了，因为自己的规划不一样出现了偏差！于是回到洛阳找工作奔跑着几天时间，让我知道自己当初选择交易时多么容易，可是坚持的结果是自己无法自拔！

金融行业有三个人，一个是做市场的，结果人家发展起来了，开起了公司，运作得也很好！

而自己却选择了交易，结果是目前只能**沦落为他人公司做分析师或者做操盘手**！
同样的时间他们3个人开始做金融这个行业，结果差距竟然如此之大！

我无语……

吾将此生为交易而生，为交易而死，别无选择！目前把自己的交易系统给好好利用起来！坚定不移地执行交易系统，别无选择，绝不再失信于自己！

以下文字摘抄自 2013-08-14 23：37：04 博文《交易没的选择了，绝不能牺牲于黎明前的黑暗》
每个人都有选择的权利，可惜很多时候选择都是错误的！
每个人都有失落的时候，可惜失落的时候，却在抱怨老天不公，命运不济！
每个人都有失败的时候，失败的时候总是找借口、找理由，这是懦夫的所为！
每个人都会有被别人质疑的时候，那么最好的做法就是证明自己，让事实说话！
交易如人生，都会有交易出错的时候，只要在出错的时候知道该怎么及时处理，就像人生一样都有困难苦难之时，在遇到这些问题该怎么想办法解决，而不是自我逃避现实！

今天无论遇到什么困难，什么打击都不会被击垮，**我要做到的事情就是坚定不移地执行交易！**

人不会死在逆境之中，人一定会死在自以为是之中！

人不会死在困境之中，人一定会死在绝望之中！

交易不会爆仓于小止损上，一定会爆仓在不设置止损上！

交易不会爆仓于执行交易系统，但一定会爆仓于不执行交易系统上！

交易一定要**赢在执行力**上！

以下文字摘抄自 2013 年 9 月 4 日博文《我对不起客户》

（这篇博文比较特殊，博主在很短的时间又撤掉了这篇，我这边有学员整理复制保留了下来。这样先发再删的现象，在这个博客出现过几次的）

从宁波一家投资公司回来后，在 8 月 5 日来到洛阳一家投资做现货白银的公司，我在里面做分析师，主要对当天的行情走势给出及时明确的交易点位。于是就在 QQ 里面给客户交易策略。因为从 8 月份开始白银走出震荡格局，已经**突破**向上后，我的**交易思维就是以逢低做多，回调做多为主，放弃了做空的机会**。结果在这上升区间都是盈利的多，没想到在今天我犯了一个**主观臆断的错误**，导致客户全部亏损，把以前赚到的钱全部亏损进去，我心里非常难受，很不是滋味！心里感觉太对不起客户了，因为我的疏忽造成客户的亏损，那种悔恨自责无法形容！

今天**走势也的确特殊**，黄金、白银和美指全部同步下跌！当然我不是在给自己找借口！今天的确是自己错了，是因为自己不甘心认输，结果一路逢低做多，一路被扫止损！最重要是自己今天没有严格止损，也**没有遵守**自己的**交易系统**，交易规则，结果造成不可饶恕的错误！

今天的事情我要检讨自己，从现在起我：

一定要 100% 遵守市场交易规则！

一定要 100% 严格止损，决不能让亏损无限放大！

一定要 100% 执行交易系统！

一定要做波段，放弃短线，一定要做市场结构！

从现在起我每天早上起床后大声告诉自己：

什么是趋势的势？

永远不去主观臆断市场走势，一定要跟随趋势，根据市场的变化而采取相应的行动，采取相应的规则，采取相应的手段，与市场共舞！市场所欲即我所欲，一定要追随市场运行的轨迹！不可逆势而为！

以下文字摘抄自 2013-10-18 16：33：24 博文《秋天已到》

又是一年秋天，今年洛阳特别干旱，乡下的麦子还没有种植上，因为干旱无法耕地。生活有时候就是这样，大自然无常，百姓也只能看天而收获。今年秋天的庄稼不是很好，今年到目前为止，没有下过几次大雨，庄稼地里经常缺水，就像交易一样有行情的时候没资金，等到资金到位了，行情已经走完了！

交易为什么做模拟的，基本上 90% 的人都会盈利，一旦做实盘账户却输得一塌糊涂！交易本身就是数字博弈的游戏，模拟盘的数字变化，不会对你心理造成任何影响，而实盘账户则是你紧紧盯着你开仓的单子，生怕亏损，可是你越怕亏损，你就会增加亏损的概率！你的心态会随着行情的波动而波动！任市场的摆布和漩涡的洗礼！2008 年前我在广东省黄金公司的时候，我的**一个师弟做模拟盘**一万美元，17 个交易日盈利 107.76 万美元，他的技术绝对 OK，资金管理和风险控制也一定可以，当时公司没有一个人不佩服他，认为他是交易天才，以后一定会去华尔街的投行去做交易，后来师弟做实盘结果谁也想不到，一个星期就把一万美元爆仓了，再后来不断入金，不断爆仓……

以下文字摘抄自 2013-11-01 09：49：53 博文《人生开始出现真正的拐点》很久没有在自己博客上写东西了，因为发生了很多无法理喻的事情，没有心思去写人生的各种遭遇和磨炼。

今年 2 月底去宁波到 8 月份回到洛阳，这一路历经各种滋味。在洛阳 8 月底的时候，通过一个朋友认识一个叫阿峰的人，和我同岁。也非常喜欢交易，我们很快成了**知己**。于是**通过阿峰的请求，我跟着他一起创业**，从事外汇、黄金、白银交易！在洛阳涧西区世纪华阳里面，我们从 9 月 6 日开始组建我们的交易团队，组建我们的公司，一个月时间各个方面都开始步入轨道了，一切都开始运作起来了。

我把自己多年来悟到的一些交易**技巧和方法毫不保留传授于阿峰**，结果是我把自己的东西教会他以后，他就开始过河拆桥了，说话咄咄逼人，不断地找茬！于是在 10 月 25 日我愤然离开这种**不讲道德、不讲仁义的虚伪卑鄙小人**！当晚就开着 10 年前的那辆昌河铃木车回汝阳了，在路上遇到我两个老乡乘车回去，就让老乡一起**搭个便车**回汝阳。在路上我把我的经历给老乡说了一下，没想到的是：**我们同是天涯沦落人**，但是这个老乡比我好一点的是，他还有资金在博弈在这个资本市场上。于是我们就在一起谋划我心中的计划，我们计划制定好后，来到上海考察交易平台，人生的这张金融牌一定要好好的把它打出，干一番属于我们自己的天地！我的人生也将会在这步棋中开始拐点，我的交易信念告诉我，一定要成功！一定要严格执行交易系统，一定追随市场趋势，一定遵守自己的交易原则，必定成功！**我也只要 5 个字："我一定要成功！"**

WJC 博客点评

从开头几篇就可以看出，他已经亏的一塌糊涂了，在幻想着能用 2000 美元翻到 2000 万美元，再翻到 2000 亿美元。把车亏掉了，自我安慰说以后一定要开着飞机遨游世界，要做第二个史玉柱。

我们看 2008-11-21 23：54 博文《我今天终于爆仓出局了》。里面说他**真的要成为第二个史玉柱了**，同时强调**自己有军人特有的勇敢特质**。他和史玉柱相比？！史玉柱是一个知名成功人士，他在负债之前已经创造过无数辉煌。史玉柱是硕士学历，这么多年跟随他的整套班子里也有很多高学历人才。为他以后翻身奠定了良好的基础。他 WJC（博主代称）初中学历，当了两年兵，然后在他堂哥的帮助下，去广州市越秀区广园西路国际鞋城，从事外贸羊剪绒的批发销售赚了点钱。他怎么能和纵横全国市场的史玉柱相提并论呢？文章中说和史玉柱比起来，他们当初输得比例差不多，没这么算的呀。其实这种心理暗示是很可怕的，是一种自视过高的表现，把自己想得太强大，完全没有搞清自己的定位。军人的勇敢特质不是他个体身上的特质，而是军营的体制帮他打造出来的。

接下来他提到他的失败是由于锁单，没有设止盈止损等。我们再来看这篇，2008-11-22 15：52 博文《喝酒之后发生的事情》。他酒后把趋势做反了，代价就是爆仓。喝酒不能开车，喝酒更不能做交易。我这么爱喝酒的人，为了做职业交易已经完全戒酒。很多当初和我一起喝酒的朋友都不敢相信我能戒酒。虽然早期有些难受，但一段时间不喝酒后明显感到思维更加敏捷了，而且再不会因为喝酒耽误交易。重点看下面这篇，2008-11-23 02：15 博文《KTV 的那番肺腑之言，让我永远不能忘记》。根据我多年的经验分析，和他说这番话的人，很可能不是一个自己做交易，而是忽悠别人去做交易的经纪人。这个人明显比 WJC 进入这个行业早，应该知道喝酒后是绝对不能做交易的。但他没叮嘱这一点，他看准了 WJC 的特点，知道看人说话，鼓励 WJC 继续做交易，还一拳打在 WJC 的胸口上，说 WJC 是一个能成大事的人，以后一定能成功。说这些话，就是为了让 WJC 能够继续交易，为这个经纪人贡献佣金。想象力再不够，我的脑海中也出现这么一副情景：一个老江湖在动情地撺掇一个手无寸铁的新人到战场去建功立业。WJC 感激不已，还说："我永远不会忘记他给我讲的这些话，因为正是这些话让我把我的潜能完全的给开发出来。他是我在金融行业教我最多的知心朋友。"什么是"知心朋友"？什么是"教你最多"？他教你什么了？他自己是一个能做到盈利的人吗？这些 WJC 都没有考证过，只要别人迎合他，说他能成功，WJC 就感动。还要和别人一起共创大业，否则誓不为人！有点别人把他卖了他还在帮人数钱的意思。

下面看 2008-11-30 19：33 博文《退伍回来十年了，我的人生是那样得潮起潮落》。讲了他退伍后的一些经历。他所赚的钱，具有一定的时代给予的运气成分，并不能证明他有多么优秀的能力。他和别人合作不下去，是别人负他。都是他好心帮助别人，然后被别人说得一无是处，让他看透人间冷暖。他负了别人，把别人的钱亏完了，只有一句"我以后一定会加倍偿还"，就没了下文。别人亏待了他，就是"**飞鸟尽，良弓藏。狡兔死，走狗烹。**"就目前来说，各行各业里可以施展才能的地方到处都是，真正有能力的人，别人不会舍得你走。优秀的人才主动要走，老板还会给你加薪挽留。他总是觉得自己满身才华，就是总被人辜负，总是怀才不遇，得不到施展。如果现实生活中发生这种情况，往往是当事人对自己的定位出了问题。

2009-02-22 23：17 博文《这次我永不再食言》其中提到，**如果再食言，自罚 100 耳光！**后来从来没听到他提到过打耳光。如果他真的这么做了，要不就是把自己打清醒了，以后不做交易了；要不就是把自己打糊涂了，以后做不了交易了。他都没有，只是不断地发誓，发过就算了。

2009-02-25 01：42 博文《我这辈子都无法原谅自己的过错》中提到，**锁单没解好，眼睁睁看着行情溜走。**在职业交易学习中，一开始就会告诉你，千万不要锁单。

如果他经受过职业训练，也就不存在这些事了。他终于也意识到了，自己输在心态和性格上，不过就算什么都知道了，又有什么用呢？

2009-02-25 21：36 博文《今天我的梦想再次彻底的破灭了》。他又失败了，还在说一定要一千万倍地补偿回来。他多次用到"**一定要**"这个词。任何目标的实现，除了主观能动性，还必须有一定的客观条件才行。如果你想挣一千万倍，就要先看看历史上有没有出现过这样的人，这样的人具备哪些素质，受过何等教育，如何做到的等等。比较一下，看看自己符不符合条件。而不是盲目地说一定要如何如何。接下来他又开始锁单了，还说**其实可以很好地解出来**。他始终没有意识到锁单本身就是一个错误，总是说，其实可以做得很好，但到了最后，都没做好。他犯了一个大忌，就是从信用卡里透支了钱来炒黄金。炒黄金带有相当大的不确定性，任何时候我们都提倡用闲钱来做投资。而他可以卖车、卖房、透支信用卡，已经没有任何的底线了。他的底线在哪里？也许只有卖肾了。做任何事都必须要有个底线，做交易也要有个资金底线。他还是有家庭的，房子属于家庭共同财产，他都可以毫不犹豫地卖掉，给家人造成了伤害。如果他之前给自己设置了一个资金底线，一个时间底线，也不至于最后输得那么惨。后面他还说，**锁单可以呀，问题是关键时候机会来的时候不去解单，错过了最佳点位再去解，是致命错误**。这是典型的马后炮。机会来的时候，你就在那里。现在你觉得当时机会来了，是因为你是回头看行情。回头从左侧看行情，谁都可以想象出完美的盈利操作，但这没有任何意义。至于错过了最佳点位，也是一个道理，回头看去，才发现那个点位是最佳点位，当时又怎么会知道呢？

2009-03-09 22：19 博文《金融——资本市场就是给有魄力的人来赚钱的》。金融市场是给什么样的人来赚钱的，我不知道。但我知道，这个市场一定不是给有魄力的人来赚钱的。按条件来说，有魄力、有能力、有运气的人，能成功。如果只有魄力，没有能力，只能是死路一条，死得很惨很惨。魄力只是第一步，泰森有魄力站在重量级职业拳击的拳台上，那是他有实力打败别人。你也许也有这个魄力上去，但很可能就被人打死了。他接着又开始幻想，**如果看准了全仓杀进去**，能赚多少钱，拿到什么点位能赚多少钱。虽然他一分钱没赚到还亏钱，但是他可以幻想。在这儿我要问几个问题，既然你看准了，你什么时候敢大胆全仓杀进去？做交易是要大胆全仓地杀进去吗？不是的，做交易，需要的是稳定盈利，不是一锤子买卖。又说什么如果在2月19日建仓留到现在就可以大赚了。从2月19日拿到3月9日，你拿过这么久的单吗？持仓是需要一定能力的。不是说说就可以的。后面又说，**明明知道那是个机会**，那当初在2月19日的时候怎么没说呢？都是回头看行情才得到的结论。最后他感慨，以后再也不会有这样的机会了。金融市场怎么会没有机会了呢？从2009年到2013年，大涨大跌的趋势行情比比皆是。

2010-03-03 19：11 博文《在行情来临之时要控制好情绪》在这篇文章中，他引用了一句老话："如果你想赚钱的话，就要知道是怎么赔钱的。"这句话听起来好像有点道理，但有用吗？这个市场正确的行为不是由老话来决定的，只有真正的赢家说出来的话才有意义。假如一个人在交易行业混了十年甚至二十年，坑了无数人，这样的人说出来的话能听吗？听了那句老话，他又总结出了很多东西，最后来上一句，**就这一点来说，是我个人的经验**。从他的博客里可以看出，他从来都没有想到过向一个真正的盈利交易者学习，而是盲人摸象，胡乱地摸索。想成为什么样的人，最好的方式就是向这样的人学习。想成为一个好厨师就要向一个大厨学习，而不是弄一堆食材在家里慢慢摸索。偶尔听到一句老话，就听风就是雨，把这些话当成宝贵经验了。这样的人，能不失败吗？

2011-10-21 07：34：46 博文《外汇交易关于止损设置的心灵感悟》。止损是职业交易训练里的必修课程，在这里他竟然把止损作为一种心灵感悟，靠感觉，靠自身领悟，没有一个执行标准。他给自己制定的规则"**每次入市开仓把止损设置好之后，绝不再轻易改变，除非市场行情已经彻底的发生反转，方可出局。**"也是完全的模棱两可。"绝不轻易改变"意思是不是说，到了关键时刻就可以改变呢？那什么时候算是轻易，什么时候算是关键呢？没法准确界定。"除非彻底发生反转"，你怎么能知道市场是否已经彻底反转了呢？也没法界定。他的交易规则完全都是不可执行的。这样的交易规则，制定了和不制定没有两样。他再次没有底线的说，**不到最后一步决不投降，不为亏损找借口，只为盈利找理由！**有时候人是应该学会变通转弯的，如果只会直走，要不就是撞出一条血路，要不就是撞的头破血流。显然，现实中后一种可能性更大。

2011-10-21 07:56:12博文《几年的交易生涯感想和反省》。夜深人静的时候，他还不愿意休息。这时他又产生了错误的思维，想着**做到一波盈利的行情再去睡觉**。难道亏损就不睡了吗？亏损只是交易的一部分，盈利也一样。行情是客观存在的，有可能带来盈利，也有可能带来亏损。如果不把心态放好，总想着盈利了再去休息，最后必然是筋疲力尽，交易绩效越来越差。接着他又发誓**一定要在2016年成为世界顶尖的交易员，名扬四海**。2011年到2016年，为什么要定五年呢？恐怕也只是随意一说，没有根据自身的情况来决定。像他这种状态，很难坚持五年，说不定到最后连基本生活都维持不了。我当初给自己定的期限是两年，如果第一年有重大突破，那么就再做一年。后来水平已经不错了，已经有不少人想要和我学，我都拒绝了。因为当时我在资金管理方面做的还不是太好，还要继续学习。后来我又花了近一年来完善。很多方法不是学到后立即就可以认定使用的，而是要经过账户的验证，这需要时间。而他总觉得，只要一学到方法，马上就可以拿来用。给自己定的期限，制定的目标，也完全不参照自己的客观条件，完全都是主观的。**下面他又说，只能等待最佳的机会入市交易，小行情坚决不做**。所谓的最佳机会也是回头看行情，才能发现当时是最佳机会。所谓的大行情、小行情，也是如此。这些都是不可预测的。"除非行情非常明朗之时再去做"，这句话也不具备可操作性。非常明朗是什么时候，行情不断跳动演进的过程中哪有这样的时候？只有行情走完了，回头看的时候，后知后觉的博主才觉得明朗了。现在，他终于被锁单搞怕了，决定绝不锁单！之前的博客里还说，锁单可以呀，就是要解好才行。花了近三年，他才明白这个道理。他又开始给自己制定规则，**每天连续亏损10%的仓位，或者止损被扫2次，那么立刻关掉电脑停止交易，否则只有爆仓出局**。后面我们可以看到，他被止损两次后停止交易后非常后悔，心想着一波大行情，又因为恐惧而错过了！"宁可输在技术上，绝不错在纪律上。"这两点有先后之分吗？难道在技术上亏了钱比在纪律上亏了钱更值得骄傲吗？我实在不能理解。没有技术或是没有纪律，都是不行的。我始终和我的学员们强调，交易是一个整体，每一块都是不可或缺的。否则就会像有短板的木桶一样，只能以最短的那根板来决定装水量。**要知道自己的技术分析已经有80%**

的准确盈利率，只要永远不去，赌气意气用事做交易，那么亏钱的概率只有20%！

80%的准确盈利率是怎么统计出来的？有盈利的实际统计么？是用账户验证出来的吗？如果是账户验证出来的，结局早就不会那么悲惨了。在休息前写交易日志，自我检讨，也完全是东施效颦。他不知道在哪儿听说有人是这么做的，就学着别人的样子也这么做。然而只学个形式，职业训练中写日志不是他那样写的。最后还是那句耳熟能详的发誓，一定要如何如何，否则誓不为人！

从2011-10-26 13：34：52博文《家庭之战》中我们可以看出，因为做交易，他的家庭已经被他破坏得不成样子了，家里的财产几乎被他赔光了。如果家人对他完全没有意见，那就真是不正常了。他对自己的总结是什么？**被一个金融界的朋友忽悠进去，炒黄金、炒外汇去了，没想到后果会有如此得不堪设想**。不从自己身上找原因，而把自己的失败归咎于朋友的"忽悠"。生活中也经常有人来忽悠我，我大多拒绝，顶多也就是买了几百块的假货而已，总不至于把自己全家的财产赔进去啊！他不断地原谅自己，安慰自己，展望明天，觉得自己的交易制度已经有了，只是没遵守而已。还把家庭之战，看成是**人生中的拐点，命运的转折**……真的有点阿Q哥的精神。

2011-11-01 15：29：42博文《2011年4月份至10月份做黄金、原油、外汇交易所犯的错误》里，他列举出了十个致命的错误。致命的错误，一次就够致命了。都十次了，连九死一生都达不到。都到了这个地步，趁早放弃也许才是最好的选择。我们可以看到，他又在高位做了对冲的锁单，没有解单。之前已经决定绝不再锁单了，现在又回到了原点。肯定有人告诉过他如何锁单，再如何解单。他也听了，但就是从来都没有解成功。读完此书的朋友应该知道教他锁单解单的是什么人！最后就是绝不犯以上错误，否则……否则，也不知道该怎么办。

2011-12-28 17：41：27博文《外汇交易中怎样战胜自我》里他反复说自己要有耐心，要大胆，要敢作敢为，敢于止损，敢于获利了结。但任何事情不是要怎么样就可以怎么样的。所有的技能都必须通过先天条件加后天训练来获得。难道你说你要扣篮，就可以去NBA扣篮了吗？你没有那个身高，没有那种弹跳力，再怎么强烈的要，也是没用的。

2012-01-23 20：26：30 博文《中国春节：走过匆匆，往事匆匆》里说到，**交易之前制定好交易计划，把各种市场的交易情况全部考虑到，全部计划到！**这如何做到？如果市场的各种情况都被你考虑到了，那么这个市场上的所有财富都将被你收入囊中。他脑子里已经开始想着做一些不可能的事情。

2012-02-17 19：52：58 博文《2012年必须加倍努力》。一到过年，他就外出发展。场景倒是比较凄惨，孩子哭哭啼啼，父亲忍痛而去，暗暗发誓一定要成功，一定要东山再起。可是所有博文中的"一定"没有一样实现。对家庭，他没有尽到一个丈夫，一个父亲的责任。

2012-03-06 23：03：57 博文《今夜黄金已经再次N多次以上爆仓》，他到了宁波象山发展。那里是一个好地方，我也去过，百里海岸，千年渔港。当地朋友盛情招待的海鲜很是丰富味美。但他又因为没有"严格止损"，做了逆势单而爆仓了。止损就是止损，怎么会有严格和不严格之分呢？他对所有的东西都是模棱两可。没有受过正确的指导。假如我的学生做不到止损，我会想办法让他做到，通过各种方式让他不断提升，直到能做到为止。要是最后还做不到，我会给他看同期学习中其他做到的人是怎么做的。同样是我教，别人能做到而你做不到，说明你不适合做交易，那还是放弃为好。不是每个人都能做到一样的水平，多人同步训练就有这样的好处。他自己一个人傻练，确实惨。

2012-03-07 00：07：13 博文《今夜》里我们可以看到，他还是**没有严格止损，又是做了亏损的对冲交易，又锁单了！**前面早说不锁的么？反复跌倒在同一个坑里。真是和他自己所说的一样，"交易多次在同样的错误是爆仓出局，还是没有教训，还是没有长记性，我还算是人吗？"他虽然意识到了是多次同样的错误，但还是改变不了。只能不断地责怪自己，过于急躁，过于急功近利，过于自以为是。他写这些博文并没有多少自我反省的意思，更多的是一种发泄。发泄完了，就既往不咎，展望未来，雄心壮志，这大概就是他的套路了。

2012-03-08 02：00：49 博文《未严格止损，而不断做亏损对冲交易，导致爆仓》。他说他要做一百倍的正确努力，何为一百倍呢？怎么衡量呢？作为一个交易员，根本就不应该用到这样的词语。**早知现在何必当初不严格止损，而非得要做亏损的**

对冲交易呢？这个问题是在问谁？有没找到解决方法？如果错一次就像他之前说的，自罚100耳光，或是剁下一根手指。肯定就能长记性了。很多赌徒就是因为被剁了手指，从此不再继续赌博。没有记性是因为痛得还不深刻。想改变就要付出代价，付出不了，要么离开，要么失败。

2012-04-02 22：22：53 博文《交易只能坚定执行，**否则死路一条**》。**我只要五个字：一定要成功！**这句话真让人无语，谁不要这五个字？成功是通过要就能要来的吗？成功需要一些运气，但更多的，还是要遵循客观的规律，达到必要的条件。

2012-05-06 13：15：43 博文《他此生因一见如故而结缘交易，其结果是输得倾家荡产负债累累众叛亲离》之前的文章中，他说是朋友讲他忽悠进了金融交易市场，现在又说，自己一发不可收拾地爱上了交易。他真的是爱上交易了吗？交易让他的结局如此悲惨他还爱吗？他跟很多人一样是因自己暴富的幻想和投机取巧的心态爱上交易的。不难发现，他一直纵容自己的懒惰和自私。如果他能像之前做羊剪绒一样，找一些适合自己的工作勤劳养家，也不会到这个地步。**他很痛苦，因为他现在已经具备一个一流的指挥官的素质，但是就是缺兵又缺粮草，那么再好的指挥官又有何用？**什么时候他就具备了一流指挥官的素质了？一流指挥官是要经过战场验证的，一流交易员是要经过市场验证的。他没有经过任何验证，就号称自己具备了一流指挥官的素质，不知其自信从何而来。况且一流指挥官是永远不会缺兵少粮的。所谓三军易得一将难求，真正的一流指挥官都会有人忙不停地帮他补充兵员，输送粮草。后面还是老套路，一定要千万倍地赚回来，老天是要苦其心志，让他最终一夜成名。这是励志成功学吗？励志倒是一直有，成功从未见到过。

2012-05-22 18：02：34 博文《交易检讨自己的错误》。之前的博客中，他还声称自己已经具备一个一流指挥官的素质。现在就开始说自己**太不争气，太无能了**。之前说一定要每天写交易计划书，现在又是从明天开始，一定要每天写，说明他之前已经中断了。每次信誓旦旦一定要做到的事情，最终还是要推到明日去做。明日复明日，明日何其多！

2012-05-25 00：24：18 博文《交易心理恐惧症该如何解决》一下子又给自己开出了八条"药方"，其中有一些和之前的大同小异。值得注意的是第一条，**自己如**

果一直认为自己分析成功率在 70%～80% 的话，那么就不要交易，专业做分析。看来他有了点想法，开始考虑做分析师了。

2012-07-02 21：48：25 博文《人生简介：黄金、原油、外汇、交易生涯的潮起潮落》我们重点看看这篇文章。详细记述了博主的经历。其中有一些成功的地方。但这样的成功在我看来是偶然的，不是必然的，不是由他自身的素质决定的。一个优秀的人放在任何一个时间、地点，都可以做到优秀。起码懂得守住底线，知难而退，不会像他这么惨。

2012-07-03 21：22：46 博文《因交易失利而没有进行仓位布局，结果错失重要翻身机会》。在这篇中，他所说的很多东西还是那些完全没法界定，没有尺度的东西。而在培训之中，最重要的就是可界定和标准化执行。军队得不到明确的指令就会陷入混乱，交易没有明确的规则也会乱成一团。"绝不随意改变""绝不……除非……""可见机行事"都是一些不准确的词，随意性极大。

2012-07-13 09：49：43 博文《我对自己交易失望至极了》。**黄金因前两次交易失利而放弃继续交易机会，结果错过翻身机会**。记得前文中他还说，如果止损两次，就关电脑，停止交易。这次好不容易做到了言行如一，却又陷入深深的后悔，错过了翻身的机会。而且**今年翻不了身，就是死无葬身之地了**。之前给自己定的期限还是 2016 年，怎么才到了 2012 年，不翻身就死无葬身之地了呢？至于把自己脑袋砍下来，再输就是自己的生命之类的，当然也只是说说而已。到现在依然毫发无损，以后一定也是。

2012-08-22 19：29：58 博文《近 3 个月的交易检讨》。**总是断断续续地在执行，导致精确的交易计划成了纸上谈兵，毫无意义**。其实这和执行力没有关系，他的交易计划就是没法准确执行的，再好的执行力，也没有用。我教的学员们，他们之间可以相互督促，即使有做不到的人，也会被整体的氛围慢慢的带向正轨。这就是大家一起学习优于单打独斗的地方。

2012-09-01 13：38：33 博文《8 月份黄金交易所犯次同样的错误》。**本来可以解套盈利的单子，可现实是自己亏损出局！** 还是和原来一样，行情走出后才知道，本来可以解套盈利。在职业交易中，其实根本不存在"解套"这个词。该止损就止损。

为什么要等到自己被套住了，再花大量的时间去解套呢？拿股票来说，就算过了几年，解套了，时间成本的代价也是非常高昂的。"总是在行情回调之前买到最高点。"这也是完全的不着边际。如果每次都能买到最高点，那你就是一个完美的反向指标。跟着你逢高做空，早就赚翻了。不知道他是怎么统计出来的。

2012-09-06 16：42：17 博文《最近对黄金市场的反思》。"**明明看对趋势，但是也不敢做多，因为指标不配合。**"什么是明明看对趋势？什么是指标不配合？难道会在某一个点位上，所有的指标都显示全力做多或是做空吗？我之前已经说过，很多指标并不是盈利交易者做出来的，而是交易商平台或是分析师做出来的。为的就是让人们能在任何点位，都能找到做多或者是做空的理由。如果看对了趋势，就不需要指标，如果要看指标，就不能说自己看对了趋势。两者必选其一，否则不是自相矛盾吗？**等回调之后，再入市做多**，怎样算是回调，依然没有明确界定的标准。**不要去看网上的黄金点评，毫无价值和意义。**他做了四年，还在做这样的事情，才悟出这些道理。网上的东西，我们是从来不看的，很少有人会把真正有用的东西随意地放在网上的。就算存在那么一两篇，在浩如烟海的网络文章中，你如果没有水平也很难挑出来看。找到这样的文章，概率太小，不值得去找寻了。

2012-09-08 09：26：44 博文《对 2012.09.07 周五非农数行情走势而反省》。"从 1694 上涨至 1714 过程中诱多"，"诱多"这个词，是典型的分析师的常用词语。只有在前面微涨，后市大跌的情况下，才能用到"诱多"这个词，如果后市没跌反而上涨，这就是一波典型的上涨行情。"诱多"这个词也是建立在回头看行情的基础上的，没有任何意义。任何的所谓的诱多、诱空，都是可以在交易系统中进行过滤的。职业交易员从来不会因为这些情况爆仓。"**因为是小仓就没有设置止损**"，之前反复发誓，坚决要止损，否则剁手指、砍脑袋，到了这里，又不止损了，只因为仓位仅仅是个小仓……"**市场的变化是无法统计的，变化之快是无法跟得上的，只能牺牲。**"前文说要把所有的情况都考虑到，现在又开始无法统计，只能牺牲了。类似的前后矛盾，实在太多太多……

2012-09-08 17：47：54 博文《上一周交易所犯下的十宗罪》。之前是十个致命错误，现在又是十宗罪。"宁可输在技术分析上，也绝不输在交易纪律和资金管理上"

同样的话又来一遍。在此期间的种种失败到底是输在技术分析上还是交易纪律上了呢？好像兼而有之，一会是分析错误，一会又是执行力不够。人应该做的，不是超越自己、战胜自己，而是要客观的面对自己，找准自己的定位。喊口号鼓励自己，和面对实际、客观分析自己，这之间的平衡做不好，很可怕。

2012-09-27 09：22：30 博文《黄金和白银的诡计多变，让交易者防不胜防，所以我们必须要会布局》。这次他把自己的失败归咎在了黄金白银的诡计多变。黄金白银哪有什么诡计，一切只是按照市场各种力量的博弈进行着价格变动而已，并不是针对某一个特定交易者的。如果一个交易者总觉得市场在和自己作对，市场诡变多端地欺骗自己，那么一定不是市场的问题，而是交易者本身的问题。全世界的人面对的都是同一个市场。就这一点来说，市场没有任何偏袒，是公平的。**所以必须学会仓位布局、点位布局、空间布局、级别布局只有这样才不会无辜牺牲在市场上！**谁能做到这样的布局？一流指挥官也做不到，可能只有超级天神指挥官才有希望做到吧。

2012-09-30 20：52：01 博文《光阴似箭转眼间十年已过，心中感慨万千》。"**希望把亏损的钱给赚回来，就金盆洗手不再干了，结果是再次输掉。**"从这句话可以看出，此时此刻他的心态已经发生了重大改变。之前都是雄心壮志，要一千万倍地赚回来。要反败为胜，要东山再起。而现在，已经在向市场求饶，求市场能够大发善心，让他回本就可以了，没有更多的要求了。这句话反映出他已经没信心做交易了，想放弃了。但亏掉的钱，他不甘心啊。如果事先设好赔钱离场的底线，他就能及时退出了。其实，如果真有了把亏损的钱赚回来的能力，为什么要洗手不干呢？假如他真的赚回本了，以他的性格，不可能洗手不干，很有可能是恢复了壮志雄心，又想着如何赚回一千万倍。

2012-10-02 09：17：20 博文《盲目止损，盲目短线交易＝慢性自杀》。"**4年时间里，为什么还是不能稳定盈利，为什么还是要亏损，还是不断的市场上交学费？**"他觉得他在交学费！他不是在交学费，而只是单纯的把钱亏掉了而已。交了学费就应该学到东西，可是这么多年了，他学会了什么呢？还是处在一片迷惘之中。如果他能跟着一个真正的盈利者学习，是花不了这么多钱，这么多时间的。交了学费给老师，可以学到真东西，把学费输给市场，市场什么也不会教给你。你还是继续当炮灰。这里又出现了"盲目止损"这样的词。止损是交易中不可或缺的一部分。不存在盲目、大胆、坚决、勇敢等等。正因为不知道后市会出现什么情况，才需要用止损来保护自己，就像刹车系统是汽车的必要配置一样。开车遇到危险情况的时候，第一个反应就是刹车，而不能因为怕耗油，采取侥幸心态不刹车，用车技进行躲避。也许你绕得了九次，但第十次可能就撞个车毁人亡。当然，如果他的止损是错误的，那是学艺不到位，东施效颦的结果。以后我会在讲座中讲什么是止损的错误使用，这是职业交易思维的东西，这里就不再赘言。他觉得自己的心态和心理能力太差，所以不能盈利。这些都是可以锻炼出来的，可是他不按照正确的方法，客观的规律来学习训练就盲目进入交易战场，只能当炮灰。

2012-10-09 10：43：31 博文《做交易一定要有空间感以及大海无边的交易胸怀》。"做交易也一定要有像大海一样的胸怀""交易比的是：资金博弈、点位博弈、空间博弈、仓位博弈、纪律博弈、执行力博弈、耐心博弈、心态较量。"有胸怀，且善于各种博弈，做什么不行？做什么都可以成功。这种置之四海皆准的话，又有什么意义呢？完全靠自学，能做到以上这些吗？都做到这些，围棋世界冠军也是他了。有哪个世界冠军是自学成才的啊？

2012-10-23 19：19：44 博文《深秋季节该是收获季节，然而我依然未兑现自己的承诺》。他说他羡慕农民的单纯、勤劳、善良。他有心理找补的诉求。单纯不好界定，但博主这个人一不勤劳，二不善良。他就是因为自身的懒惰，才不愿意做自己力所能及的工作，而指望在这个市场上获得暴富。其实懒惰不是罪过，反而是社会发展的动力源泉。人类因为懒惰，才不断的进行发明创造，让生活越来越便利。但是汽车也好，电话也好，这些发明都是建立在科学的理论基础上的，是符合客观规律的。我也是懒惰的，我再也不愿意做回一个中学老师了，天天讲5节课，讲得口干舌燥，带着学生从早读搞到晚自习，确实耗的我筋疲力尽。我选择做交易为生，是因为我力所能及。提到善良，博主难说是不是一个善良的人。把别人的钱亏掉后，一点实际补偿也没有，只有一句话：等我以后发了大财，一定加倍补偿！未来有太多的不确定性，万一以后没发大财呢？是不是就可以不用补偿了？而且这句话是最假的，发了大财，钱对他已经不重要了。也就是说他只会把自己不重要的东西给别人。生活中千万不要相信这种话。对姑娘来说一个穷小子肯把自己身上仅有的100块为你花光，比他承诺将来给你汽车洋房更可靠。"**今天必须改正，以后再入市交易必须先把止损和止盈点位分析好了，再入市交易，否则永远不再入市做交易！**"看来此时，他还在不做计划的情况下，就交易。另外，实在不知道他如何能够将止损和止盈点位都分析好了。

2012-12-23 21：43：35 博文《为了理想：必须要博弈人生交易之路》。这里他提到一个词，"恩人"。在他目前的情况下，他对恩人的定义就是，给他钱继续做交易的人。他已经赔得倾家荡产了，还要继续做交易，只好让"恩人"来给他钱继续做。可是到现在，他根本没做到盈利，最多也就是把"恩人"当小白鼠。之前他总是说自己是一个善良的人，这是一个善良的人的所作所为吗？"**寻找合作搭档，共赴财富论天涯！**"合作是需要条件的。一无资金，二无技术，别人为什么要和你合作呢？至于"共赴财富论天涯"。以他过去的交易成绩，如果对投资人说这句话，那也只能美好的期望吧。

2012-12-27 11：46：34 博文《黄金外汇交易者不可以用时间来计算报酬的，五年的惨败亏损一定要全部赚回来》。他得到了一位"师兄"的点悟，创造了一套交易系统，据他统计，可盈利900亿美元以……"师兄"这个词，我是不随便用的，我也有师兄师弟，但前提条件是，我们必须有同一个为师为父的师父。他没有师父，别人随便教他一点东西，他就奉为至宝，一厢情愿地认为"**我也从亏损的阴影走出来了，我的执着坚强感动了老天，老天点悟这个交易体系给我**"。盈利900亿美元以上，不知道是怎么算出来的，如果那样，下一个世界首富就是他了。确实，只是在计算器上按按数字，他的心就已经飞到了华尔街……

2013-01-02 06：28：09 博文《按照交易系统：进行五年复盘交易盈利达到将近1000万倍》。在现实中达不到一千万倍，他终于在纸上实现了。"**按照交易系统+自己盘感**"盘感也能在统计之中吗？想必他回顾行情的时候，模棱两可的地方，他都用自己的盘感做了最优的处理。就是这么一套系统，还要找有实力的公司合作。难道有实力的公司都是人傻钱多吗？又列举了11条。就说前三条吧。如果可以概括为这三条的话，这三条是同等的，没有排名上的前后。交易是系统的东西，差一点你就只能是失败者。

2013-01-05 11：17：16 博文《为了理想成真，在寒冷的年末离家出走而找合作搭档共赢天下财富》。他总觉得自己有了稳定的交易系统，可惜没钱了，是黎明前的黑暗。没有经过任何实盘认证的交易系统，怎么能称为稳定盈利的交易系统呢？**有雄心壮志的抱负和稳定的的盈利模式，但是没有专业的数据报告书，没有实际说服力。**找不到愿意合作的公司。公司不和他合作的原因并不是像他说的一样，什么年底回笼资金，做实体，不愿做投资品种。而是他的东西，别人根本就找不出任何一个和他合作的理由。他也确实够疯狂的了，居然想到去找银行谈谈。银行？银行！

自 2013-02-10 00：46：20 博文《新的一年我将率领自己好好博弈于资本市场》。他给自己的交易系统取名为**太极交易系统**。这也就是我为什么在文章中要批判玄学的原因。像他这样赔得精光的人，随便弄出一个尚未验证的系统就可以称为太极交易系统。如果有的人对博大精深的太极文化深信不疑，一看到这个系统的名字，马上就被他吸引过去了。钱投给他，结果可想而知。**率领自己！**从将军到士兵，从司令到伙夫，他全一个人来。踏实地把自己摆正了，真的不容易哦。

2013-02-12 16：53：07 博文《史玉柱东山再起这些年：从负债 2.5 亿到 500 亿身家》。博主再次提到了史玉柱。从负债 2.5 亿到 500 亿身家。博主自己已经是**一片废墟了**，还给自己创造泡沫幻想。他和史玉柱完全不能比。成功人士创造的神话往往是不可复制的。史玉柱有翻身的条件，他自身就是一个很有能力的人，有过创业成功的经历。他善于发现机会，把握机会，并且有一帮精英人才死心塌地跟着他干。保健品，网络游戏，这些行业的兴盛都具有一定的时代背景。错过了那个年代，机会就不复存在了。至于史玉柱增持民生银行股票浮盈 60 亿元，也是在他获得了充足的资本后所完成的。500 亿元绝对不是转眼就在一片废墟上炼成的。而且在中国商界中，像史玉柱一样成功后失败再次获得成功的人，是极少极少的。很多成功人士在经历巨大的失败后就一蹶不振。博主总是用成功人士的经历麻痹自己，不量力而行。

2013-02-19 19：45：50 博文《感悟平凡和伟大的区别》。他走到今天这个地步，关键就是因为太不求稳了。到现在还是猛打猛撞，依然没有回头总结的意思。总强调不能**一味求稳怕输**，失败不可怕，爬起来就行了。可他总是在原地反复地跌倒，还浑然不觉。

2013-03-05 23：52：26 博文《自我行为管理》。这篇文章中，他提醒自己，要少说话，多做事，要低调，不食言，不废话。沉默是金，可他真的能做到吗？到目前为止，几年下来，他说了很多，事情却一件都没做好。接下来能做好吗？而且此时，他是在一家公司。从这些文字，我们不难看出，博主不会与人相处，总是废话连篇、食言、说过头的话。很可能与别的操盘人彼此看不上，发生事情了。现实中，不懂行的投资公司老板，遇到这个级别的操盘手，都是有戏唱的。

2013-03-07 17：16：39 博文《交易要败而不倒，**要有东山再起的机会**》。"**以生存为第一原则，当出现妨碍这一原则的危险时，抛弃其他一切原则。**"抛弃了其他一切原则，即使生存下来，意义也已经不大了，迟早还是要死掉的。做交易的目的，还是在于追求盈利，如果只求生存，那么不做交易才是最安全的选择。至于什么"**上善若水**""**交易之道，守不败之地，攻可赢之敌**"，又都是一些看似玄妙，实则飘渺无用的话。另外，看这标题，我想到的不是坚持很重要，而是死不认输真害人。

2013-03-25 16：59：40 博文《五万元人民币，20%的风险控制决定一生交易生涯的转折点》。他什么过往成绩都没有，什么证明账户都没有，任何实际的模型都没有。还真让他找到一家公司给了他五万元人民币做交易。真是有卖的，就有买的。但他居然称这家可以说是他"恩人"的公司为"**一家无名小辈的小小公司**"。屈尊于这家小小公司的理由是，老板人品还可以。自视甚高，自认为自己才华横溢，不知道他的这种自信从何而来。"**快一个月了，公司一直在忙于平台代理一事**"。这家公司的进程，还是在谈平台代理，看来是新入行的老板开的新公司。老板能给他五万块做交易，很可能是因为老板自己根本不懂交易，被他自称的千万倍盈利能力蒙住了。而他拿到这五万块，就想改变世界格局。和他之前所说的多做少说，又是大相径庭。另外我要稍微点评下他选择的地方，浙江。浙江的很多中小企业主，梦想都特别远大。我曾经也和一些浙江的投资人谈过合作，他们中大多数都觉得，自己有钱，当然要占主导地位，什么都必须按照他们的步骤来。而我们职业交易员和别人谈合作的时候，要求投资人必须懂行，按照我们的模式进行运作，光有钱是不行的。比如分成，我们规定的就是五五分成，没有还价的余地。而像 WJC 这样的人，到了那里，说不定只要一成或者只求拿个底薪。别人看他懂的还不少，就让他来做了。可能是 WJC 觉得以他的能力，给他五万实在太少了。所以在心里，把这家公司看作**一家无名小辈的小小公司**。

2013-03-29 21:39:46 博文《一定要感恩心态去做每件事情》。在这篇文章中他提到了不要把怒气和情绪带入工作，正说明了他已经把怒气和情绪带入了工作。在外漂泊的时候，他想起了妻子和儿子，想到了家庭的温暖。但是他说深爱着妻儿，却没有给他们任何的交待，没有承担起一个丈夫，一个父亲应有的责任。回顾前文我们可以发现，每次一到过年的时候，他就离家出走，外出发展。过年是一家团圆、总结收获的时候，他在这个节点选择逃避，可以看出，有些人确实是年关难过。

2013-04-22 14:42:52 博文《交易贵在执行》。之前要把所有的止损、止盈点位都分析到再做交易，现在觉得**不要思考，越思考就越毁交易**。看到趋势就按规则做，他的规则在哪里呢？到最后还是只能盲目地去做。就像后面说的那样，**"每次开仓都是下赌注"**。他已经把交易当成了赌博。还要勇敢，自信，勇往直前。逞匹夫之勇只能更快地走向失败深渊。他的交易还是很不成熟的，做交易的人，心态应该很平和，而他完全不是那样，还在不断地发狠。以他这样的状态，还去做他人的账户，实在是很不负责任。

2013-04-26 14:31:04 博文《老高回家去了》。他说他和老高一起，在一家"**投资公司**"做"**职业交易员**"。那家公司是一家以代理平台为主的经纪公司，并不具有一个真正的投资公司所具备的核心能力。否则也不能启用像他这样的人了。他还称自己是"职业交易员"，"职业"这个头衔是很重的。职业交易员是以交易为生存手段的那一些人，他不但不能以交易生存，还被交易弄的倾家荡产，也敢自称是"职业交易员"。可见他一直都没有搞清楚自己的定位。他说老高再也没有人批评他，训斥他，和他探讨了。以他的自视甚高，是一个能接受批评和训斥的人吗？他和老高，很有可能是互相看不上，产生了一些不愉快的事情。职业交易员是很少相互较量的，只会相互交流。因为能做到盈利的人，必有过人之处，是值得学习的。职业交易员都是抱着一种山外有山人外有人的心态互相交流学习，彼此惺惺相惜，绝对不会发生批评、训斥的事情。反而是只掌握了一些三脚猫功夫的交易者，彼此看不顺眼了，还会相互的攻击。他说"老高回家去就可以踏上更高的舞台"，总觉得这句话好像有点讽刺的意味。一般来说，出门打拼的人只有混不下去了才选择回家。老高很有可能是一个小城市的人，来浙江打拼，可惜失败了。而他还坚持在这里，比先离场的人有优越感了。

2013-04-26 21：51：24 博文《做一个坚定的系统交易者》。这里他又开始说交易师的核心理念是什么，曾经说过哪些话，不知道他是从哪里听到的，还是从网上一些不断转载的文章中看到的。也有可能是他将一些人云亦云的话加以自己的处理，臆想出来了这么一个"交易师"来指导他。依然是一些听起来好像有用，实则没用的东西。**"做好了价格方向变动的各种应对措施，则是健康的交易心理。"** 在市场面前，我们是有着一定的被动性的，根本不可能做到各种应对措施，想让一切都尽在掌握，完全不是健康的交易心理。

2013-05-02 09：13：33 博文《从头开始——活在当下》。**"已经平仓的单子和现在没有任何关系！"** 他想表达的意思大概是不要被已经平仓的单子影响了现在的心态。我们在之前的文章中可以看到，他多次因为错过的行情，或是做错的单子懊悔不已。本来可以解单解得很好，本来可以做到一波趋势，本来止损再放的大一些就不会被扫掉……回顾行情的时候，都觉得自己当时应该做得更好，但什么都没做好。**"若惧怕亏损的风险那么就不要从事交易！"** 说这样的话，正是说明他已经赔怕了，还在给自己壮胆打气。给自己找一个坚持的理由，继续的赔下去……

2013-05-02 16：32：36 博文《骆兄一番话，让我彻底明白交易无须要借口》。这里他再次提到，**"执行坚持我们的一切交易系统和交易规则"**。这句话他不止一次反复地提。但是直到现在，他也没有一套真正的经过验证的可执行的交易系统和交易规则，执行就更是无从谈起了。他总是**得到至理名言后彻底如梦初醒**，之前说已经掌握了千万倍盈利的交易系统，到了现在还在做梦，还需要人把他喊醒。听了同事几句话，就如获至宝。可见做了这么多年，还是在原地踏步。还在纠结止损等各种问题。在最后，他**"衷心感谢骆兄的指点和教诲"**，让他受益匪浅。他已经经过了好几个人的指点，都觉得有所获益。但都完全没有体现在交易上，自己该怎么样，还是怎么样。关键还是一点，没有找到真正的盈利交易者向其学习。

2013-05-14 12：37：55 博文《感谢止损：赢在执行力》。**执行力 + 交易理念 + 资金管理 + 风险控制 + 控制情绪 + 交易心态 + 技术分析 = 交易成功开始**。知易行难，他什么都知道，就是什么都做不到。大概他是把他自己能想到的词都罗列了出来，觉得做到这些就可以成功了。但这些东西都是必须通过训练来获得的，只是说，是没用的。

2013-05-15 10：35：21 博文《人生就一定要坚强面对每次考验》。他引用了马云的话。又是再一次的用成功人士的话来激励自己，或者说是麻痹自己。"**什么是失败？放弃就是最大的失败。**"成功人士的话必须代入到特定的环境中才有意义。这句话对马云适用，对你WJC未必适用。马云遵循客观的规律做事，作为电商的先驱，可以看到成功的希望，他最艰难的时候，也没有到不得不放弃的地步。马云自己不是很懂IT，但他找的一帮人，都是IT业内的行家。并且他充分考察了国外电商的运营模式。可以说，马云的成功不是由于他的创造摸索，而是很大程度上来自于向国外成功电商的学习。但WJC呢？一不遵循客观规律，盲目地胡乱摸索。二不向真正的盈利交易者学习。引用马云的话，是没有意义的。况且马云做的是电商，并不是交易，电商领域的经验，放在交易里，怎么能保证就能成功呢？

2013-06-20 10：16：17 博文《交易这几年自己的感悟》。几年的感悟都是一些差不多的话。"**乘如来之道而来，才叫真如来！**"看来他已经被交易折磨得不成样子了，必须要到如来那里才能找到安慰。这些话在我们看来都是可笑的，但是很多信佛的人一听这话很可能就觉得，高深啊！这个人水平一定很高。

2013-07-11 15：14：15 博文《交易的最终有谁可知道答案》。他觉得自己又到了"**别无选择了**""**成败就在最近**"的地步。之前几次他都觉得不翻身不行了，不成功就死无葬身之地了。还是拖到了现在。况且现在才是2013年，离他给自己制定的2016年还有三年时间。他的底线，依然没有标准。

2013-08-02 23：07：57 博文《交易这些年，难道真是自己错了》。看来他在宁波又失败了，回到了洛阳，又开始找工作了。他非要用他半吊子的功夫闯出一片天地。他说金融行业有三个人，做市场的，做分析团队的，做交易的。其他的人做得都好，只有他最惨。还说自己"**只能沦落为他人公司做分析师或者做操盘手！**"分析师和操盘手，是完全不同的人。就专业水平而言，操盘手比分析师不知道高了几个档次。他原来的梦想就是做一名操盘手，历经各种失败后，考虑是否改行做分析师，现在他又觉得做操盘手是沦落了……也不知道自己追求的是什么了。他觉得在别人的公司做，是沦落了。但他当初上门求职的时候，真是这么想的吗？他和公司老板说自己过往交易经历的时候，是如实说的吗？他会说自己从来没有盈利过，还赔得倾家荡产吗？看别人都开起了公司，觉得做商务，做分析，成功好像都很容易，到了他自己，就是命运不公，运气不好。他说不能失信于自己，其实他自己是什么样他已经很清楚了，他应该做的，是不能失信于他人。把别人的账户做亏了，以前还说要加倍偿还，现在已经提都不提了。最早的时候把 7000 多美元做爆仓还很懊悔，很内疚自责。现在对那个给了他五万块的公司，也没有了任何交待。赔完了直接走路。

2013-08-14 23：37：04 博文《交易没得选择了，绝不能牺牲于黎明前的黑暗》。他总是坚信，黎明即将到来。他怎么知道黎明即将到来呢？到来的，也许是无边的黑暗。他还是反复强调坚定不移和执行力，无数遍的强调，对他的交易，依然没有任何用处。

2013 年 9 月 4 日博文《我对不起客户》（已删除）。他转行当了分析师。为什么他后来要把这篇删除呢？可以看出，他已经在刻意地回避自己的失误了。他懂的东西还不少，如果老老实实的改行，说不定还有一定的发展。"**突破向上**""**思维就是以逢低做多，回调做多为主**"看来分析师用的词语，还用的像模像样。但是明显的道行不够，没有给自己留下足够的回旋余地。最后他还是输在"**主观臆断的错误**"上。先是无地自容，悔恨不已，觉得太对不起客户了。后来又开始找理由，觉得今天的"**走势也的确特殊**"。归根结底还是"没止损，也没有遵守交易系统"。这句话反复说了又说。看来他想做一名分析师，也是力不从心的。他在把客户的钱赔掉的时候，心中应该还是有愧疚的。但他却把这篇删除了。他删这篇博文，还有可能是从什么角度出发考虑呢？

2013-10-18 16：33：24 博文《秋天已到》。已经没有了资金，开始做模拟盘了。这时他想起了他的**一个师弟做模拟盘**，一万美元 17 个交易日盈利一百多万美元。他说这位"师弟"的**技术绝对 OK**，不知道他的依据在哪儿。这位"师弟"做的是模拟盘，做模拟盘和实盘是完全不同的。模拟盘做出的成绩，毫无意义。再来他自己本身的技术就很不OK，怎么能判断出别人的技术是否OK呢？他还说公司里没一个不佩服这位"师弟"的。看来这个公司里，没一个真正懂交易的人。物以类聚人以群分，这帮"师兄弟"们都没有师父来指导他们。我的学员们遇到问题都会来问我，我在遇到问题的时候也会请教我的师父。而他们不是，只是聚在一起相互吹捧。在这种环境之下，周围全是一片"你是个交易天才"的赞扬之声，他的那位"师弟"之后实盘不断爆仓也就全在意料之中了。

2013-11-01 09：49：53 博文《人生开始出现真正的拐点》。不知道他的人生拐了几次，这次又到了真正的拐点。刚认识不久的人，就很快的成为"**知己**"，还请求他一起创业。难怪他认为拐点来了。他一直想有家自己的公司，总觉得在别人手下施展不了才华。我们可以看到，他9月4日还在某公司做分析师。把客户的钱都赔掉了。这家公司看来也是新搭建的公司，对他没有经过任何验证就让他做分析师指导客户做盘。职业交易员在做每一件事情的时候都是要经过反复验证的。他把客户的钱赔掉了，依然只是一句"对不起"就抬脚走路，重新再来。这才找到了阿峰，组建他自己的团队。他把"**技巧和方法毫不保留传授于阿峰**"。从他开始做交易到现在，从来没有盈利过，亏损连连，不知道他还有什么值得传授的技巧。他说别人学会之后"**过河拆桥**"不断找茬，是个不讲仁义的卑鄙小人。这些词都是很重的。我们无法采访到阿峰，不知道阿峰对他是如何评价的。他自己觉得价值连城的交易技巧和方法，别人说不定觉得一文不值。至少到了现在，还没看到他做到过真正的盈利。真正有能力的人，别人巴结还来不及，怎么会赶他走呢？他只要一和别人合作，必定是别人辜负了他。回去的时候让老乡搭了个便车，这两个老乡还都是做交易的！居然这么巧！他马上就和"**同为天涯沦落人**"的老乡谋划下一步计划，又开始雄心勃勃。学交易一定要向赢家学习，同是天涯沦落人，在一起只能是更加沦落。他到现在还是没明白这个道理，还是做着他的金融梦，反复的只要五个字："**一定要成功！**"他以后能成功吗？我们拭目以待……

如果你发现这个博客的地址，请尽量不要去打扰博主。让他安静地走自己的节奏，我们改变不了他什么，只能默默关注。

6 交易教学

交易和教学

一个学交易的人在博客里说，交易能做到盈利的人是不可能教我们的，我们只有靠自己摸索。说这话的人自己没有做到盈利，怎么会知道盈利交易者的想法呢？这种话实在是以小人之心度君子之腹。大多数人在交易领域折腾了一番，确实是既做不了，更教不了。还有的是自己做不了，反而出来教。有些人做到了盈利，并没有做教学。往往不是他不想教，而是他没有教学的能力。交易和教学是完全不同的两件事。能将两者融会贯通，并不容易。可以说这样的人很少，但是说没有，或人家不愿意就未免过于武断了。你真找到一个职业交易员，只要投缘，一般他都会教你的。他能不能教会你，那是另外一回事。人生得一知己不易，得意门生更是难求。

我之前在交易求学过程中，遇到了一位前辈想教我，可他表达能力不佳，我们沟通起来非常困难。有时候到关键点的讲解上，他心里明白想表达，但找不到合适的词句，急得面红耳赤；我求知若渴，看他这般，也是大汗一头。最后我只好根据前面的交流，把他可能想表达的意思全部整理出来，让他选出他真正想表达的那个意思。有点像选择题。一，二，三，让他选一个。他看了我整理出的选项，选出其中一个，说："对，这就是我想要说的。"然后再加上图形讲解、手势比划，我们的沟通才得以顺利进行。这位前辈的交易能力是毋庸置疑的，他也有着指导后辈的强烈愿望。可是表达能力确实不行，并不适合做教学。如果不是遇到像我这样善于揣摩领悟的学生，估计教学也就没法进行下去了。

做到我这个阶段，肯定是不会为交易所累了。但是做交易需要我长时间保持一个良好状态。如同职业运动员在饮食、作息、训练等各方面都必须严格的按照科学计划执行一样。职业交易员的生活也是高度规律的。这样是可以保证一个好状态，但长期来看是很压抑的，容易让人厌倦。这也是很多职业交易员在做了一段时间后，要选择退休的原因。我曾经见过一个成绩做得很好的交易员，逐渐厌倦了枯燥的交易生活，陷入了抑郁状态。终于有一天他说："我不会做交易了。"是"失去了交易能力"还是"以后不想再做交易了"我们不得而知。但是如果因为他的退休，他所在那个职业团队就此停摆了的话，损失就很大了。这也就是大多数职业团队不会押宝在某一个交易员身上的原因。他们要保证长期稳定的运营，就得不断地培养新的交易员。

相较于交易，教学是一种完全不同的体验。教学和交易不同，很烦很琐碎，但是有乐趣。每个学员过来，我都要针对他的个人情况进行研究，并和他进行沟通。最早的时候是教学语言的沟通，把基本的动作体系教会。接下来就是交易语言的沟通，学员做的单，我要能看得懂，同时他们也要认可我的方法。最后就是思维方式的沟通。教学中会有很多互动，不会让人感到厌倦，反而觉得有意思。学员来自天南海北，经历也是千差万别。能把新人教出来，也是一种满足感，我很享受这个自我实现的过程。而且我相信我能教出超过我的人，起码可以缩短学习时间。因为，我当初学的时候，是一种吃百家饭的模式。有前辈教，但不成体系，最后要自己来整合很多东西。我现在的教学经过几年思考摸索，已经是系统化规模化的模式，更具科学性成长性。如果合理安排，强度不大，教学对我来说，是一种很好的调剂。职业交易员是缺乏和外界的沟通的，做教学很大程度上能缓解因为长时期处在封闭状态下的抑郁感。

但是我是不可能像有的教学者那样，一年365天都来做教学的。我可以肯定地说，这样的人一定是没有交易能力的。很难想象一个做到稳定盈利的职业交易员，每天像上班族一般定时守在电脑前讲课。交易员都希望能过闲云野鹤的旅行人生，不会长期做一种工作。作为职业交易员，经过训练的我可以做到在面对行情的时候岿然不动，淡然自若，但无法做到不厌其烦地反复来教，包教包会，更别说什么无限次免费复训了。如果有人能长期的反复说下去，那么他一定是掌握了一个通用套路，只要像复读机一样，循环地对学员播放就可以了。这样确实可以同时教很多人，但他对每个不同的人，说得都是差不多的东西，完全不能做到因材施教。这种模式想教出来人，天方夜谭。

　　把交易培训摸索出来，我既能跟优秀的学员教学相长，也能调整枯燥的交易状态，能延长交易生涯。有些师兄弟很羡慕我现在可以享受交易、教学、旅行，这三种状态的轮换。他们都是只能自己做，搞不来教学。最近我两年招一批学员，将来可能间隔时间会更长。我希望到天命之年教最后一批学员，那是不同的境界。

教学介绍

在跟我学习前,有学员要求我介绍下。我怎么教,教什么,能不能给个教学大纲。我琢磨了半天,这个介绍我还真做不好,更没法给什么大纲。我这又不是考资格证的,哪有什么大纲啊?问这些问题的,脑子里可能都是各种考试大纲吧。我的教学就是根据我自己当初学习的经历,再汲取几次教学经验,总结整理出的一套系统教学步骤。

交易教学其实很简单,跟别的博弈类的技能,比如围棋、象棋、搏击教学很相似。都是从基础的东西练起,没什么神秘的。一个掌握这类技能的人愿意教,一个想学这类技能的人诚心学。再加上教学者有教的能力,学习者有学的素质,就行了。很多人觉得交易教学神秘,是因为交易不属于官方学科范畴,没有一个标准。很多人求学无门,就开始自学。一些聪明人看到市场有这个需求,就迎合求学者的心理搞交易教学了。最终导致很多人学到一个"知易行难"的状态。

自己感觉啥都懂,但就是做不来,这就是很多人最后学交易的结局。原因我这里就不分析了,大家看完本书应该有答案。真正的职业教学,开始是不跟你谈任何东西的。理念道理都通通不讲,直接让你做模型统计、各种模拟。等交易动作反复操练都印在脑子里的时候,你再做盘只能是顺势,只能是止损。这时候顺势的理念自然在你头脑中。讲给你听,有耳朵就行。但容易左耳朵进,右耳朵出。通过反复练习得到的东西,则是印在脑子里。这就如同在拳击中,对方出拳过来,人的正常反应是躲闪。而优秀拳手要在躲闪的同时做到迎击。迎击可以将对方的力量和自己的力量累加,打击对手。如果只是反复跟一个拳手讲迎击的原理,讲得再透彻详细,他上台还是做不到。我不跟他讲,只把动作分解,然后一点点教会他动作,再让他连贯起来，反复演练直到成为本能反应。什么道理都不需要知道，他上台就可以打出漂亮的迎击拳。这就是职业交易训练。

在教学中，我喜欢一张白纸，能做到空杯心态的学员。最无奈的就是面对那种野路子学了一大通，觉得自己就差最后一步，不需要系统学，只要我点拨下就可以的大神。这种人脑子中很多错误的观念根深蒂固，你教他，他还跟你辩论。有时候交易只看局部，真没法说清楚、分高下。"我能盈利，就是有时候不稳定"，这种话让人哭笑不得。傻子也能做出盈利单啊。开完仓，放那儿，一个小时后，盈利的几率50%。长期稳定盈利，让账户翻番，翻番，再翻番。在交易领域，这才是真功夫的体现。什么是功夫？李连杰给欧洲人解释，功夫就是时间。简单的东西，花时间坚持反复练习，这是交易训练一部分。我让学员做基本功练习时，最怕面对这样的问题："老让我做这个，有什么意义啊？"。我还真没法用语言回答这种问题。我只知道，我当初就是这么学的，好多学员也是这么教出来的。不愿意以空杯心态，严格服从指导的人，没有人能教他。

教学中，跟我学的人就是学员。如果学会走上职业交易的路，关系就可能是师徒，师徒是很特殊的关系。很多人一辈子没有真正的师父，也没有真正的徒弟。学校的师生关系，走上社会后，学生大都是各忙各的，聚会时关系好的才想起叫上当初的老师。别的工厂单位，师徒也大都是组织安排的，属于工作关系。这些关系都很难称得上真正的师徒关系。交易这种能彻底改变个人命运的社会技能，师徒是双向选择。这种师徒关系中，师父对徒弟的指导有时候是终生的。从学会掌握，到走出超越过去的每一步，徒弟都要有师父引领指导。从拿死工资到一个晚上赚几十万，没有前人给你讲怎么走，谁都容易飘起来摔下来。有人稍微学出点样子，不断问我，"师父，我什么时候能离开你独立操作"。我心说，你早着呢，我到现在还没离开教我的那几位师父的指点。

最后，交易教学跟别的任何教学一样，不可能是包教包会的。教的人只能解决教的问题，学习者自身的素质、内心价值观和其外在的很多条件是我无法去把握的。学习交易需要金钱，需要时间，在职业交易道路上，很多人就是差最后几步跨不过去。也许，他最后只需要静心坚持半年，但客观环境让他半天心静的时间都没有。只能放弃！

关于教学更多的内容我无法用文字表达。一是文字无法准确表述教学内容和全过程；再者，一些名词是总结提炼出来的，如果传出去被人以讹传讹的误解，也不好。

学习有感

周骏峰

我从 2010 年底开始跟随丁先生学习交易。那时候丁先生的主要精力并没有放在交易教学上，也没有对交易教学做过今天这般系统的研究。当时教学的目的，主要是寻找一些合适的助手。记得最初学的时候，先生教了套交易系统，然后指导我理解系统，接着做模拟。我在做模拟的时候，就发现原来一直听说但做不到的"截断亏损，让利润奔跑"等理念，在先生的指导下，轻松实现。我当时就感觉找到真神了。我在学习一年后做到了良好盈利。操作的账户在之前所提到的博客视频里出现过。之后因为分工的原因，回到家乡南京从事商务工作。在丁先生对教学有了进一步的兴趣并开始从事教学的探索和研究后，我也协助做了一些资料的搜集和整理的工作。三年多的相处时间里，我认为丁先生无论在交易方面还是在教学方面都有着过人之处。尤其是教学方面的突飞猛进，和 2010 年相比，不可同日而语。

最初在网上认识丁先生的时候，我还没跟他见过面。后来我拜访丁先生，当面讨教些问题。当时我带了几本书，其中有一些是自己写的交易心得笔记。当时的情景是这样的。我递上一本书，丁先生有时只看一眼封面，就直接谈书的内容，因为他看过了。有的书他没看过，拿过去也只看个 10 多分钟。然后就会指出这本书的水分在哪里，干货在哪里，或没有干货。有的地方，他会指着书中的文字让我来思考辨别。告诉我真正做交易的人不会这么写，只有做分析而不做交易的人才会这么写。凭我当时的认知，应该也能辨别出来。但丁先生的敏锐是我远远不及的。他看交易类的书，都是速度飞快的。

丁先生以前是一名高中语文教师，先天条件奠定了他的教学水平基础。我甚至觉得如果我的高中语文由他来教，分数也许会提升不少。他的表达能力很强，能够用一些恰当的比喻和生活中的例子，幽默风趣深入浅出地讲解交易中的东西，化繁为简。而不是用各种专业术语，把交易描述得高深莫测。在与他的交流过程中，大大颠覆了我对职业交易者的初始印象。我原以为职业交易者都是些沉默寡言、不善言辞、生活在封闭狭小的空间里的人。这样的人就算自己能做得好，却不可能做好教学工作。丁先生完全不是这样的人。并且他有着良好的体魄，不是一副手无缚鸡之力的书生形象，这让我有足够的理由相信，他有充沛的体力来应对繁重的交易工作。

　　他是一名盈利交易者，这点非常重要。目前市场上做培训的人，真正的盈利者实在太少太少了。大多数是一些本身希望从事交易但又最后放弃的人，发现自己的口才不错，转行做培训的。这样的人比起新手，只是多了一些江湖经验，并没有摸到职业交易的门槛。丁先生是真正做到过盈利的，他知道如何将新人带向正确的道路。我自己的交易启蒙老师是一名经纪人，他自己没有做到盈利，自然就不能教我盈利。幸运的是，他是一位有良心的经纪人，在他有限的能力范围内，还是教了我一些东西。我虽然没赚到钱，但避免了更大的亏损。而有的人就不那么幸运了，很多深受业内各种培训所害的人，应该深有体会。

　　丁先生开始研究教学后，不惜花费大量的人力物力精力，来使教学系统更加科学完善。他曾经特意抽出一段时间，辗转各地参加他人的培训课程或讲座。论交易水平，这些人大多数是不如他的。但有一些人在教学方面，确实有一些独到之处，这些优点都被整理记录了下来并融入现有的体系之中。后来丁先生不再亲自去了，而是通知各地的学员，去当地的讲座，课堂里录音，记录并整理。再把资料统一发给他。我在南京也去参加了一些讲座，是一些著名的交易论坛，交易网站联合平台公司举办的。请来的分析师多次出现在电视上和各大知名网站的专家栏目里。可是他们有些理论在学过职业交易的我看来，很不合理，台下的群众却掌声雷动。那位分析师是黄金的死多头，多次鼓吹黄金一定会上2000美元每盎司，并例举出很多黄金必涨的原因。结果之后黄金暴跌。按他的策略操作的人估计早就爆仓了很多次了吧。他自己当然不受影响，也不用负任何责任。不过就是这样的人，在讲课方面确实有他的独到之处。语速和节奏掌握得很好，侃侃而谈，娓娓道来，对现场的气氛也有很好的掌控。我都一一记录下来，发给丁先生作为参考。包括丁先生的一些不擅长教学的师兄弟以及师父级别的人物，都会把各种信息汇集到丁先生这里，慢慢的，丁先生也就成了一个信息枢纽，不断取其精华去其糟粕，成为集大成者。甚至一些国外的资料，专业词汇较多，普通学外文的难以理解翻译。他会花钱请专业翻译将资料翻译出来，力求准确。而且他居然为了翻译准确，请两个翻译背对背来翻译，比较结果。确实不惜人力物力，一丝不苟。

　　丁先生是一个坦荡的人，展示毫无保留，并无遮遮掩掩。因为真实所以无畏，这一点，业内大多数人是做不到的。大多数人害怕他人的评点，担心自己被揭穿，在被攻击之后要不就是花钱消灾，请网络公关公司删除相关的帖子。要不就是集中一批爪牙，用各种谩骂加倍攻击回去，从来不做正面的解释展示。因为丁先生的出现，触犯了一些人的利益，他们就开始制造流言对他进行攻击。这时对一些需要解释的人，丁先生只做两件事。第一件事，展示自己所管理的账户；第二件事，展示学员所做的账户。这两件事做完，可谓无懈可击，流言不攻自破。他可以让学员们互相观看其他学员所做的账户，这点在业内极为少见。如果有人做的好，有人没做好，那是学生的问题，如果全部都没做好，那就是老师的问题了。如果有学员对丁先生的某个教学步骤有所怀疑而没有照样做，或坚持不下去，而别的学员做到了，那么他以后自然会跟着做了。这就是多人同时培训的好处，很多培训教学者也告诉学员们要诚心，不要怀疑，可是他们给不出实际的东西让人相信，更不要说让学员们彼此观看账户了。最后，只好用上玄学佛学那一套，心诚则灵。金融交易行业鱼龙混杂，有的地方乌烟瘴气。丁先生能真诚地提供一片净土，实在难能可贵。

　　在2012年的教学，我也参与了试听。发现很多东西都是我在2010年没有听过的。如果我在2010年得到的是目前成熟体系的教学，基础说不定会更加扎实。现在，我也会继续做好我的工作，协助丁先生让更多的人，少走弯路，迈入职业交易的殿堂。

名字的演变

从我独立做职业交易员到现在，已有四年多。期间我做了几个博客，第一个博客的名字是"中国汇神"。

这个名字听起来有点神，是当时我的两个助手兼学员帮我取的。他们觉得我做单子有点神了，其实也只是当时我的状态比较好而已。那时刚学完职业交易，精力也比较充沛，喜欢做短线。最好的时候达到连续几十笔盈利（止损也是设好的，不是用死扛来换取高胜率），并经常在刚下单不久就捕捉到波段行情。做了一段时间成绩不错，助手就帮我起了"中国汇神"这么个名字来做博客，倒是真的引起不少关注，聚集了不少人气。

之后做了一段时间，我开了第二个博客，取名"上海金汇老人"。当时已经上了轨道，有了一定的规模，心态也发生了一些变化。最初的热情激情降低了，留下的是定力和淡然的心境。"金汇老人"并不是倚老卖老，其实当时我也就三十出头，不过在交易行业内，要能坚持三年以上，基本可以算是"老人"了，这是职业交易圈内公认的。"老人"这个词，也算是一种积淀和身份吧。在这个行业，时间能说明很多东西。博客的头像用的是李小龙。李小龙是一个融汇中西的人，交易也是一样，需要融会贯通。李小龙承载着"中国梦"，在西方世界，展现了中华民族的精神力量。我在交易行业，也有着这么一个"中国梦"，希望把自己的所学，传承下去并得以发扬光大。所以开始探索交易教学，慢慢的建立了一套教学体系。

最后的一个博客，就是"共富教室"了。开这个博客的时候，我的教学思路及水平已经过了最初摸索的探路阶段，达到了一定水准。起名字的时候也不知道该取什么好。后来想到，之前我在上海买的房子就在共富这个地方，干脆就叫"共富教室"算了。当时我有朋友听了这名字，拿我开玩笑，说真够土的。我说大俗就是大雅，只要能把别人真正教会了。共富，这名字挺好。我不可能带着所有人共同富，带几个真正想学交易的人一起富，还是可以的。能做到这点，我就很欣慰了。

其实我还是比较喜欢第一个名字的，名字似乎能带来好运。当时的名字带了个"神"字，那时的状态也确实神勇。以后也有投资人称我为"某神"，当时听他这么称呼我还是很高兴的。之后他因故离我而去，没有在我这继续投资，现在又回来了，回来之后我的一切事情也都进展的很顺利。具体"某神"我就不说出来了，免得失灵。写这本书的时候，我回顾了下，至今在我身边的几个重要学员，还都是"中国汇神"时期的呢。看来起个大点的名字，没啥坏处。另外，我个人的名字是一个"锴"字。金字旁带一个"比比皆是"的"皆"，遍地都是黄金，好像也很适合交易这个行业。

正因为我做了三个博客，居然有人以此来攻击诋毁我，说我总是换博客什么什么的。这并没有什么，不是因为之前的博客被攻击得无处藏身所以改头换面，也不是打一枪换一个地方。原来的博客一直还是保留着的，而且新老博客之间还有更新介绍。开新博客，只不过是每一个阶段都有着不同的状态和心境而已。欲加之罪何患无辞，小人处处有，防不胜防。但从一个侧面也反映出，正因为做出了成绩，才遭到了嫉恨，没有能力的人根本无法触及他人的利益，也就自然而然的无害了。

大家有兴趣可以上网搜一搜我原来的博客，可以看到我是如何一步一步走到今天的。我做事一向坦荡，行不更名坐不改姓，这些博客也会一直存在下去，任何污蔑和谣言，在真实面前，只能是烟消云散。

丁先生

周骏峰

我是2010年底的时候，通过"中国汇神"这个博客里认识了丁先生。通过投简历，开设账户的方式跟着他学。越学到后面，越觉得受益匪浅。当时我在网上问他："老师怎么称呼啊？"丁先生只是说，"称呼老师就行了。"于是就一直用"老师"

来称呼他。

后来丁先生在南京周边的城市举办活动，问我有没兴趣去看看。我就去参加了，会上才知道他姓丁，周围的人都称他为"丁老师"。随着之后的活动越来越多，交流也越来越多。我们互相知道了彼此的姓名和联系方式，包括丁先生住的地方和他的工作室，我都去过。称呼他为"老师"是很恰当的，首先他是做过语文老师的，其次我们跟着他学习交易，再来他身上颇有书卷气息，是一个典型的老师形象。有的人知道我们在和他学习，就会打听："这个人长什么样子？"我们就开玩笑似的说："一个标准的高中语文老师的形象。"不过之后遇到了一些事情，他不愿意再让我们称呼他为"老师"了。

他不愿自称为"老师"还要从一次火车旅途中说起。因为旅途时间较长，乘客们就会互相聊聊天打发时间。坐在丁先生对面的几个人在聊天的过程中也互相称呼彼此为"老师"。讲话的时候都是热情洋溢，慷慨激昂，让人感觉很有激情。后来才发现，他们都是做传销的。丁先生感慨的对他的助手说："没想到现在，连传销的人都能称为老师啊！你们也叫我老师，都快分不清楚了。"除了传销，在校园外最多称老师的地方就是保险行业了。保险行业里的人，称呼老师还可以接受，毕竟保险行业也属于金融行业。丁先生平时对保险也有着一定的研究，会告诉我们适当的配置一些保险来抵御未来的风险。我原来一直反感保险，但听完丁先生分析后，觉得有些保险确实值得作为财务配置来购买。

后来的一件事情，让丁先生的心理阴影更大了。有一位岛国的爱情动作片女星来我国做活动。大家都称她为"C老师"。有一些大公司还经常请她来参加年会。一时间，C老师的风头一时无二。丁先生看了这些新闻后，深感现在"老师"的用法太多了。就像"同志"一样，以前是很正式的称呼，现在却被赋予了别的含义。那称呼什么好呢？直呼其名显得不太礼貌，叫"丁哥"的话江湖气息好像太浓了一点，毕竟我们不是混江湖的啊。最后决定称呼为"丁先生"，"先生"这个词比较中性，不含歧义。英文中也可直接用"Mr.Ding"，简单低调。这个称呼就一直被沿用下来。

还有一些他的学员喜欢成他为"丁教授"。因为在2012年的那批学员里，有两个是硕士研究生毕业。硕士研究生的导师，那就肯定是教授。但丁先生一直说："不敢当，我没有资格证啊，也没有被正式授予这种头衔。"他说条件合适了，会回到校园读与交易相关的专业。到时候，可能真的会成为一位名符其实的教授。现在就称呼"丁先生"吧。

以上就是本书"先生"这个称呼的由来。一些趣闻轶事，仅供娱乐。

骂与不骂

在生活中我已经很少和别人争执了，我不需要发火。但是在工作中，一些争执还是难免的。

比如之前有一个人想来和我学习，交了一些学费，我告诉他教学要到2014年才开课，不过有什么问题的话可以来问我。平时我就教他点方向性的东西，慢慢来，反而好，但我坚决反对他做实盘账户。当时，这个人说话还是很客气的，按我的要求来。有一天他突然让我推荐一个平台给他，让他先做起来再说。他反复叮嘱我："这个平台一定要安全啊，要稳定啊！"我看他挺坚持，就答应了，免的他再找个不靠谱的平台，我告诉他，我推荐的平台都是经过我长期验证的，我自己包括我的学员都是长期在用。回头会找一个人来指导他开户入金。他问了一句："你是要介绍个操盘手来指导我吗？"当时是在电脑上打字交流，我随手打了一句："你的脑子有问题吗？怎么可能介绍操盘手指导你开户入金？你以为操盘手满大街都是啊？"他马上回答："老师，你怎么能这么说话啊？做老师的为人师表，应该谦逊儒雅才对啊！"那时候我很忙，所以对这种可笑的问题有点不耐烦。后来我和他进行了语音对话，我告诉他："不要在乎我的态度如何，这些都没有意义。你的脑子里有一些错误的概念，我发现了，就要说你，纠正你。"他也表示理解。

后来我想了一下，从教育角度和个人涵养来说，我不应该这样说。或许换一种更委婉的说话方式更好一些。但是从效果来说，有时候骂上两句，效果反而更好。他这种人脑子里有一种概念，满世界到处都是操盘手，连指导开户入金这样的事情，都是由操盘手来做的。他不明白在任何行业，要见一个高水平的专业人是很难的。

就运动员来说，别说奥运冠军，就是一个职业运动员，都很难见到。让操盘手来指导开户不是很可笑的事情么？这些简单的工作都是由平台的联络员来做的。我也请教过我的师父，是不是应该把脾气改一改？师父对我说："就个人修为来说，是应该改一改的。但就教学来说，没必要改。如果一个人都经不起你几句骂，这个人以后也是不可能学会操盘的，做不成任何事情。"这让我想到一个段子。弟子问："师父您有时候打人骂人，有时又对人又彬彬有礼，这里面有什么玄机吗？"师父说："对待上等人直指人心，可打可骂，以真面目待他；对待中等人最多隐喻他，要讲分寸，他受不了打骂；对待下等人要面带微笑，双手合十，他很脆弱、心眼小，只配用世俗的礼节。"——受得了何种委屈，决定你能成为何种人。

　　回想我过去的求学生涯。我遇到的师父中，有的人脾气很好，循循善诱，敦敦教诲。有的人脾气就很差，动不动就骂上几句。在我看来，相较于我从他们身上学到的东西，这些都不算什么。我的一个强项就是经得起骂，我觉得在工作上指出我的错误，骂上几句并没有什么，这也不是在侮辱我的人格，反而督促我把工作做得更好。

　　在社会里学技能和在学校里学习完全是两码事。我觉得在小学初中这个阶段，应该教知识为辅，教怎么做人为主。教怎么与人相处，教怎么成为一个有素质，有修养的人，这些才是关键的。而不是像现在这样，拼命灌输你死我活的竞争意识，非常看重考试成绩的排名。小小年纪就整天想着怎样比别人多学一点，好把别人比下去。在这样的教育下培养出来的人，以后的合作性往往是很差的。在社会上学技能则完全不同。尤其是用于安生立命的生存技能，更需要有一定的心理承受能力来学习。我在社会上和别人学过一些东西，比如台球、短棍之类的，这些都属于业余爱好，教学者的态度都很好，因为他对你的成长要求并不高，只要你愿意学，交学费就可以了。但如果你是想成为一个职业运动员，教练对你的要求往往是非常严苛的。他迫切的希望自己能教出优秀的运动员，来证明其作为教练的价值。学习专业的生存技能也是如此，如果师父对你的态度是得过且过，那么到以后，学艺不精的你很可能也是过着得过且过的生活。学校里的老师确实应该态度好一些，更多的用人文情怀去熏陶学生。在社会上，师父只是传授技能而已，你要做的就是把这项生存技能学好。如果你还指望师父的态度很好，那你就想多了。新兵入营的时候，指导员往往对其非打即骂。特种部队的教官更是如魔鬼一般的残酷。正因为如此,才能培养出强悍的职业军人。我不知道之前的那个人会不会因为我骂了他几句,而转投到别的态度好的老师的门下。很多这样的"老师",除了态度好,一无是处。我敢说,如果他这么做了,肯定要走弯路。这样的自信我是有的。

该说的,得说;该骂的,还得骂。

芦师出高徒

周骏峰

在我最早和丁先生学习的时候,丁先生发了一份"说明"给我,让我按照上面的步骤去开设一个账户,做点准备。我看了说明后,又问了几个问题。丁先生回答:"上面都写得清清楚楚,你不会自己看吗?别什么都不看,就知道张嘴就问!"我就没多说什么,反复的把说明又看了几遍。确实,有些问题只要多看几遍,自己理解理解,都不是什么难事。

我也是比较能经得住骂的,只要是我做得不对,我都会坦然接受。在我看来,这个世界上有本事没脾气的人,是极少极少的。有本事有脾气的人也很少。多的是没本事没脾气和没本事有脾气的人。没本事有脾气的人是肯定要被社会淘汰的。没本事没脾气的人只能靠着一副笑脸,和极其良好的态度也能生存。只要能学到真东西,挨几句骂算什么呢?没有任何实质性的伤害。人要是想成长,就要走出自己的舒适圈,去接受一些让自己不舒服的人和事。

现在学校里的教育,确实有不足之处。过早的开发智力并没有什么好处。国外的学生在幼年和少年时期,更多的是注重培养健康的人格,到了大学,才专注于知识方面的学习。在我上学的时候,经常看到班里的学生为了考试中有争议的几分斤斤计较,对排名的高低看得非常的重。有些成绩好的所谓"优秀学生",抗挫折能力非常的差,经不起批评,别人对他稍有指责或是不满,就马上跳起来争个面红耳赤。这样对以后走上社会,是非常不利的。

在学校里,受到尊敬的往往是有着良好师德,具有人文情怀的老师。就教学水平来说，同一个学校的老师水平上可能略有差距，但肯定都达到了教学的标准。抓得紧的班级，平均分会高一些，但学生们给人的感觉就会有些死气沉沉。学习氛围相对宽松的班级，平均分可能就会低一些，但学生们普遍个性鲜明，其他方面的综合素质，相对会高一些。在这种情况下，态度好，对学生关心负责，能容忍学生错误，善于启发学生思考的老师，我们是很尊敬的。相反那些动不动就拍桌子瞪眼体罚学生，眼里只有教学成绩，一心想着评职称拿奖金的老师，即使教出来的班级平均分较高，我们都很看不起，心里也有抵触情绪。

  到了社会上，情况就完全不同了。学校里的老师，教学水平差距不是很大。社会上某个行业中的从业人士，专业水平的差距往往是巨大的。跟什么样的人学习，往往决定了你以后的成就。这个时候态度就不是那么重要了，关键是找一个有真本事的人。学校里的老师是单向指定的，没法选择的。我们内心中对很多老师，并不是心悦诚服的。而社会上的老师，是双向选择的结果，我们肯定是更愿意选择一个有能力的老师来指导自己。我们可以说，能考高分有什么了不起？会做题解题有什么了不起？但如果说，会赚钱有什么了不起？就未免有点自欺欺人，羡慕嫉妒恨的意思了。

  我还有一些其他的学员，都很怀念当初学习时，丁先生经常骂我们几句的那段时光。因为先生的骂让我们提高成长了。丁先生如果想逢场作戏，对每个人都客客气气，是很容易的。偶尔骂上几句，往往是出于急切和关心。如果不闻不问了，说明你这个学生的存在，也就可有可无了。

大心脏

三秒，两秒，一秒。篮球在空中划出一道美妙的弧线空心入筐。比分反超，比赛结束！这是观看NBA比赛时最激动人心的绝杀时刻。"篮球之神"迈克尔·乔丹，往往在比赛的最后时刻，被队友们委以重任，完成这致命的一击。这样的场景在他的职业生涯中并不少见，在投绝杀球的时候，命中率甚至比平时还要高。这就是巨星的风采，迈克尔·乔丹有着一颗超越常人的"大心脏"。

在体育界还有许多类似的经典例子。比如羽毛球界的李宗伟和林丹。他们对抗了近十年，技术水平可以说是不相上下，比赛中也是互有胜负。然而李宗伟尽管拿了许多大奖赛的冠军并长期占据男单第一的宝座，但是在像奥运会和世锦赛这样的世界大赛上，李宗伟在和林丹的对决中，却都败下阵来。李宗伟缺乏着一种王者气质，缺乏在关键时刻决胜的"大心脏"。这点，就是他和林丹的差距所在。再比如射击运动场上的名将埃蒙斯。2004年雅典奥运会上，九枪过后，他的成绩已经是遥遥领先。最后一枪只要是不脱靶，就可以将金牌纳入囊中。可是，他的最后一枪匪夷所思地打在了别人的靶上。痛失金牌。接下来的2008年北京奥运会，埃蒙斯带着近4环的巨大的优势来到了最后一枪，只要很普通的一枪，金牌唾手可得。4.4环！又一次严重的失误，葬送了这块奥运金牌。他的射击技术是高超的，否则无法取得如此大的领先优势。然而他缺乏一颗"大心脏"，在关键时刻屡屡犯下致命失误。最后只能是折戟沉沙。

沧海横流，方显英雄本色。"大心脏"在平时并不能表现出来，只有到了类似于总决赛这样的关键时刻，才能看出，谁才是拥有"大心脏"的领袖人物。有的篮球球员在训练和平时比赛中的表现都很不错,但是一到了决赛,就会出现动作变形,发挥失常之类的失误。而乔丹往往能顶住压力,一球定乾坤。就是这种能力,让他在NBA中鹤立鸡群,成为篮球天才中的天才。而这种能力,也正是职业交易员所需要的。交易员在练习的时候,总是从小账户开始练起的,当小账户做得比较好时,才会慢慢的接触大资金。然而资金每到一个更大的规模,就是一道门槛。有的交易员几千美元的账户做得很好,可是当资金规模达到了几万,就开始有点惶惶的感觉。到了几十万美元的级别,就几乎没法做下去了,心态失衡,技术完全变形。心理关口,是交易员难以突破的瓶颈,只有突破了他,才能达到更高的层次。

"大心脏"建立在信心之上。而信心,建立在学习训练之上。一个篮球运动员,如果对投篮能力没有足够的信心,那么命中率一定会大大降低。同是NBA巨星的科比,在初试"绝杀"的时候,投出"三不沾",这被他视为职业生涯中的耻辱。之后他进行了高强度的训练,训练出了完美的肌肉记忆,让他能够在各个角度,达到较高的命中率。因为高强度的训练,科比对他的投篮能力有着绝对的信心,队友也对他满怀信任,将关键球都交给他处理。在此信心之下,他也不负众望,屡屡完成绝杀。职业交易员也是如此,经过系统的学习,通过大量的数据统计与实盘实践,建立起长期正期望值的交易系统。并在此基础上,不断完善交易技术。长此以往,才能千锤百炼出一颗"大心脏"。在亏损回落时从容不迫,因为他们坚信胜利的到来。在盈利之时乘胜追击,他们看到的不是眼前的一棵树木,而是背后的一片森林。只是看了一些书,逛了几个论坛,研究了几篇帖子的人,自然不会有信心。来到市场就像迷途的羔羊一般不知所措,像毫无训练就被强行派上前线战场的新兵,炮弹一响,就吓得瘫软在地。至于无知者无畏,抱着毫无依据的自信者,下场也许更惨。

然而交易教学不是万能的。交易员的职业生涯有高度、宽度和长度。高度就是交易员的技能高低,宽度指的是管理账户的大小,长度指的是职业生涯的年数。教学的有效性只体现在提升高度上,宽度和长度,仿佛更多跟交易员内在素质有关。不是所有人都能练出"大心脏"。有些人就只能做做几千美元的账户。如何培养出"大心脏"的交易员,是我现在摸索研究的。很多前辈,也就这个问题跟我讨论过。我们的初步结论是一个字:慢。同样的训练内容,两拨素质基本相当的学员。一拨三个月教完，一拨一年教完。一年的这拨学员，在成才率和管理大资金的稳定性方面都更好。然而，到我这边来咨询学习的人都是希望尽快的学会。我说一年时间，基本都惊讶，"要这么久，人家那边比你快多了"。让我很无语。而我熟识的职业交易前辈，也想让我帮他教他的人，问我要多久。我说一两年吧，这位老者立即说"那就慢点，按长时间的来，两年三年都没问题"。

其实，能接受慢学习的人，他本身就有颗大心脏。我是这么觉得的。

学员印象

老李

老李是我2012年招的学员里的一位。来我这的时候已经46岁了。他是陕西人，自己从工厂出来后执着于研究交易。他的胆子特别大，先是把自己手里的钱赔掉了，然后开始赔家里的积蓄。家里的积蓄赔完了就开始在外面借钱。实在借不到钱后，就用家里的房子抵押贷款。最后这些钱全部被他在期货市场以及黄金外汇市场赔掉了。他没办法，只好凭着他的口才和长期的经验，到证券公司找了个拉人开户的活，给人讲技术。他的技术掌握得说不定比我还全，因为在圈子里混得时间实在是太长了。可是他的经验全部都是些杂七杂八的野路子，混场面可以，账户不能做。

当时我这里的教学分两个阶段来，第一阶段老李学完了，想继续，但怎么也交不起学费了。就开始旁敲侧击得试探着问我，能不能稍微减免一些或是帮我做一些事情。当时我的学员每个人都是要写简历的，他写得很认真，交易经历写了三千多字。我从文章中能感受到，他的压力很大。他在做交易的时候很多时候是瞒着妻子的，家里还有个十几岁正读书的孩子。他在文章中甚至提到，他真的想一死了之，来结束这一切。我一直劝他，千万别走这一步。男人再苦再累也要扛着。他的妻子是个本分守家的女人，知道了他这个想法，肯定会很伤心的。他就和我说，他的妻子现在在外面打工，一个月才挣一千多块钱。他一个晚上，很可能就会赔掉几千上万。我说你的心态已经坏掉了。做交易的人，是不能想这些东西的。当然，他什么都知道，可是已经积重难返，无力回天了。

交易是一个先学走，再学跑最后平稳起飞的过程。在我看来，老李目前的状况已经是被打趴在地上，想站起来平稳地走都很困难了。他已经没有学习交易的条件了，心态这些他都不具备了。但这些他自己感觉不到，人看自己都是这样。确实，他的技术理论掌握的是很全面的了。除了职业交易员，估计没人能比过他。在我这儿，他恭敬地叫我一句"老师"。在别的地方，别人都是恭敬地叫他"老师"的。凭他的江湖经验和口才，即使不做交易，混口饭吃也不难。可是要偿还他过去的亏空，是很难很难了。

老李走上交易之路很典型。他是个典型的陕北汉子，忠厚老实对经纪人的各种诱导话术没有免疫力。对于一个没有免疫力的人，不需要癌症或是艾滋病，一次感冒就能要了命。当时就有经纪人来找他，稍微一忽悠，他就自然的走上了交易之路。他对于交易的学习确实很勤奋，凡是和技术有关的资料和书籍，他都要想方设法的搞来学一学。什么波浪理论、斐波那契、RSI，各种图形形态，他都学了个遍。但是最后，还是落了这么个结果。他曾经对我说："老师，我遇到你实在太晚了，我知道你能教会我，但是现在实在太晚了。"我反问他："如果当初你早点遇到我，你会选择和我学吗？"他没接话。

这件事对我的触动很大，我有了一闪而过的念头，是不是应该写些东西，让大多数人看了后，能不要赔得那么惨。对于一个普通家庭来说，赔成老李这个样子，害的不仅仅是他一个人。老李多次提到他的妻子，他的妻子是一个很淳朴的陕北女人。在外面打工，每个月就挣一千块左右，丈夫做交易赔了几十万，她都不知道。老李说，如果她知道了，很有可能立即瘫软在地了。我很感慨，希望学习交易的人能考虑到自身的情况，不要一意孤行，最后伤害了自己，也伤害了最爱的亲人。

老赵

老赵是杭州人。2009年到我这来的时候已经57岁了，是个残疾人。老赵当时给我写了一封很长的信，讲自己的情况。谈条件，他是完全达不到我的要求的。因为我根本不收年纪那么大的人，还是个残疾人。我觉得做交易需要很强大的心理。残疾人的心理多少会有一些阴影的。但是老赵锲而不舍，他很诚恳地对我说："老师，您那里多一个不多，少一个不少，我这么一个人，做不了别的，您就教教我吧！"

我被他的执着打动了，也就教他了。

对于老赵，我只能用一个词来评价，就是"老气横秋"。不是表现在对我的言语态度上，他对我的态度很是客气。他是表现在他内心的思维和接受辅导上。我让他做些基础工作，他根本做不下去。他反复问我："老师，您教我这些有什么用？能不能教一些核心技术、关键的绝活啊？"我告诉他："根本就没有绝活。我就是这么一步一步地做出来的。你坚持做下去，会有收获的。"可是不管我怎么说，布置给他的任务，他还是不认真的完成。他自己开了个1000美元的账户。完全不按我所说的做，而是用自己摸索总结出来的那套东西。

有一次我实在忍不住了，直接告诉他："我现在教给你的东西，都是我以前做过的。你不认真做，肯定学不好。"结果他还是我行我素。他执拗地认为，交易是有密码的，关键就是那么几句话，他就是来等那几句秘籍的。所以我和他说的话，他都不在意。他还特别容易相信媒体上的一些分析师。某个分析师在他看来特别厉害，他马上就把那些资料整理好了发给我，说："老师，您看看这些分析师怎么样？这是新加坡来的，这是华尔街来的……"我告诉他，凡事要去查证，要看真实账户，他们在国外的经历可以通过谷歌查证，应该是能查到的。结果查下来什么都没有，那就是经过包装出来的分析师。

老赵是一个典型的认为交易是走捷径的人。后来我看他总是不相信我，没法教学沟通，只好让他好自为知。我也给他展示了我的一些东西，展示了同期学员所做的一些账户，他也不说话，然后就慢慢的没了消息。他的年龄偏大，有腿部残疾，他的妻子是盲人。他说过一句话"我是她的眼，她是我的腿"。确实让我感动。老赵是个有毅力的人，通过自学考试获得了大专的学历，文章写得也还可以。他经常和我说："我的妻子跟了我一辈子，没有享到一点福，但她还是任劳任怨地跟着我。在我做交易的时候，把我们的大多数积蓄都赔了进去。我总是给她最美好的希望，可是最后总是给她最失望的结局。我们没有孩子，我都不知道我们以后养老要靠谁。"

听了他的话，我的眼泪差点都要流出来。因为我觉得这个人实在是太需要帮助了。我也尽力地试着把他教出来，但是最后发现实在是不行。我对老赵的理解是：一个环境不适合，自身条件不适合的人是没办法客观的看待和学习交易的。学习交易必须在环境、心理、身体都健康的条件下，才有可能学出来。老赵的经历注定了，他很难以一个正常的心态，一个健康的心理来学习交易。

陈 H

陈 H 是宁波人。在当地的一家媒体工作。长得很帅，也很聪明、开朗。家境也不错，算是个富二代吧。他在我这里表现出了极大的交易热情。在和我学了一段时间后，我觉得他可以进入下一个阶段了，可是他不辞而别。我们在网络上也保持着联系。他后来又到处学了一些东西，还自己开了个投资公司。在照片上可以看出，场面搞得很漂亮，有点浙江商人的风范。不久之后公司倒闭了，他来到南京发展。正好南京属于我的一个基地。他就跑来郑重其事地对我说，他还想好好的跟着我学。我能看出来，他是很认真的。

他是我 2009 年带的第一批学员。2012 年，和他同期的一些学员已经能独当一面了。在看到我们的一些展示后，他再次回来，希望重新踏踏实实跟我学。我告诉他，现在学已经不是当初了，当初是探索实验阶段。现在已经是成型的系统教学了，学费是比较高的。他说多少他都学，问要准备多少钱才够。我说既然你以前和我学过，我也就不和你拐弯抹角了，全部学下来二十万元。他听了后直接问了一句，是人民币还是美元？我说是人民币。他说没问题，随时都能拿出来。他这些年开公司，到处折腾，赔掉了不少钱。尽管他的家境殷实，二十万对他来说确实不多。可是他的心理已经受到了不小的打击。他经常在网上和我说，他现在特别迷茫。原先他想集合百家之长，创出一套自己的绝活。结果到最后，什么都没练成，一锅大杂烩，乱成一锅粥。他在外面转了一圈最后还是来找我，可能是还是觉得我这里的东西相对更加真实一些吧。

陆 XR

她是山西运城人，在一个医药器材销售公司做会计。这个女人四十多岁，中专学历，做事挺实在。她是一个"听单狂人""跟单狂人"。哪里有喊单她马上去听，马上去跟。她充分地相信遇到的每一个喊单老师，这很难得。有一次她误打误撞来到了我这里，让我喊两单看看。我跟她说喊单是没有意义的，既然你决定听我的，我喊你跟，还不如账户直接交给我来做。她想想也是，就开了个4000美元的账户交给我做。

我之前做了个试验，让投资人看着我做账户，看他们的反应。她是第一批做试验的人。看着她的账户从4000做到了6000，她开心得不得了。兴奋地和我说，照这个势头，前面亏掉的十几万很快就要回来了！那些钱都是借她母亲的。她母亲已经快七十岁了，虽然这些钱不还也没关系，但那就算是啃老了。因为这些钱都是她母亲在省吃俭用中省下来的，她也有些不忍不还。后来账户从六千回落到五千多，最低的时候账户浮动值五千不到，她就开始有些承受不住了。埋怨说，赚的时候慢慢的，赔的时候怎么那么快。然后就要求把账户给撤掉。一开始我让她再耐心等等，等待下一波行情的到来。可是她反复要求把钱取走，我也不想跟她烦了，就让她把账户撤掉了。

她走了之后，还是不断得找地方听单、跟单，最后的那一些钱，也被她折腾的没有了。后来她看到了我展示的账户，她的账户和我展示的GUOTAO账户是同时期的，GUOTAO账户三年翻了十倍。按道理说，如果她不选择提早撤资，她的账户应该也同样翻了十倍。如果翻了十倍，她之前亏的十几万也就全部回来了。我最难忘她的就是，她什么人都相信，认为所有人都是好人。她还有颗善良分享的心，特别想帮助他人成长。她和她之后认识的分析师说，她认识一个很厉害的上海老师，然后带着那个分析师来考证我。而那个分析师就是一个想通过工作吸引她开户的人，自然对我做的账户百般挑剔。在账户回落的时候那个分析师就不断吓唬她，最终让她把账户撤走了，失去了回本的机会。最后仅有的那点本金也赔光了。

如果她没法还上她母亲的十几万了，只能背上"啃老"之名了。很可惜，她的母亲那么多年省吃俭用省下来的血汗钱，在她还没完全弄懂的交易市场里，如沙尘一般，被一阵狂风吹走了。她告诉我，她做交易的时候不敢动用家里的钱，如果动用了肯定会让丈夫知道，丈夫要是知道她亏了十几万，肯定就要离婚了。所以她只好软磨硬泡，把母亲多年积攒的血汗钱掏空了。有一段时间，她经常在网上问我的姓名和在上海的地址，让我不胜其烦。我问她，是不是有人指点你这么做的。她承认了，还说那人是好人，对她很好，很热心。每天下班后都去她家指导她，有问必答，很到位很及时。不像问我的时候，不能做到随时在线应答。我瞬间就明白了，他遇到的是某个投资公司的基层经纪人。这种公司会采取的就是人海战术，一对一重点盯防，打感情牌。但是交易不是感情牌，是能力牌。这也是很多人在投资的时候存在的问题，他们不是看能力，而是看态度。

当时我刚摸索培训学员，自己也有自己的事情，每天忙得不行。自然不能照顾得面面俱到，让人感觉随叫随到，态度很好。交易不是看态度，是看水平的。世界上就是有很多人，看起来很热心，实则是为了一己私利。那个经纪人兼分析师经常对她说，你问问那个老师的姓名和地址，如果他不告诉你，说明他心里有鬼。就是因为相信了这么个经纪人的话，她就错过了弥补亏空的机会。

最后我还劝过她，让她不要把账户全撤走，但她还是坚持要撤。后来看了和她同时期的账户翻了很多倍，她居然说了一句："我知道你可能有很强的交易能力，但是当时你爱理不理的态度，让我很不舒服。"我无语了，她在投资上，首先考虑的竟然不是交易员的能力，而是良好的服务态度和满足她个性的要求。做每一件事，都有一定的判断标准。判断标准错了，事情就不可能做好。我以前遇到的一些有水平的老师，想见他们一面都是很难的。我的地址随便给出去，谁都可以打扰我的生活了。这个学员的事情警示我，账户不可给人随便看，不然你不知道谁在挑刺呢。如果当初我不让她看，她估计也能接受。另外，在日常生活中，如果遇到经常对你百般关心的人，那么你一定要小心了。除了至亲之外，没有无缘无故的爱，非常之行必有非常之图。

马 XJ

一位台湾同胞，比我小两岁，在马来西亚那边大学读的硕士。跟我学的时候，在香港工作。他是我的一位亦师亦友的朋友介绍来的。他给我的感觉就是特别热情客气。那种传统礼仪做的特别到位，每次网上聊天，总是以问候开始："老师，好。"后来改成："丁先生好。丁先生，下午好。"还经常邀请我去香港玩。或是说有内地弄不到的好东西，寄给我，让我给地址。我当时感觉，小马真懂礼貌。小马学的很踏实，我布置的作业，他完成得很好很认真。一步一步的，都是提前进入下一步。当做到真实账户的时候，他的账户表现也是不错的，也就是说账户数值是盈利的。

他的交易动作很有特点，别人在刚开始阶段无法做到的东西，他完成得特别好，只有几个小问题。但那段时间的行情比较特殊，这几个小问题，都没影响到他的盈利。这段时间，他还是很客气很热情地跟我打招呼。交易训练是一个阶段一个阶段的，不需要每天都跟我交流，这些我对每个学员都是介绍过的。而且小马跟我聊天有个特点，交易方面的问题他喜欢三段话问。第一段是平常的，广泛性的。这段的问题都很好回答。第二段就典型一点了，具体一点。这种问题一般不太好回答，但也能回答。第三段就是很独特的问题了，而且第三段问题一般是由前两段问题引导出来的。让我感到有点被套进去回答的感觉。好像问题的答案他已经事先有考虑，但不确定。而且这种问题基本出发点都是走捷径，想直接问出一个终极答案出来。只不过，一下问出来太突兀。所以，他设置了三段来发问。

他第一次这样问我，我还没在意。勉强的回答了一下，这类问题没答案的，或者答案是一套体系，根本没法用几句话来回答。他第二次用三段话来问我的时候，我就感觉到很不舒服了。首先没这么问人的，跟警察套犯人话的感觉似的；其次，问题本身充满了狡黠和小聪明。我就跟小马解释，这个问题本身就不对，交易不是这样的，交易是一步一步做的。最后的交易技能是系统的东西，是你整个人综合性的东西。我也正式跟他指出："有问题直接问，别绕圈子，感觉跟套话似的。"当时是在网上聊天。我这话发过去后，他立即打字回过来："好好好，我下次注意。"他下次跟我聊天，还是很客气的招呼，然后三段式的问，一点没改变。这之后，他总是拐弯抹角地问，下面怎么教，还有什么没教的。如此问了几次，我感觉他太急了，就跟他长聊了一次。大体意思就是让他别急于求成，我这边的培训是有步骤的，实盘交易到一定阶段我会安排你别的训练科目。之后，我会再指导他诸如仓位调整、节奏方面的问题，他还是答应得很好。但从账户来看，他根本就没听，继续自己做自己的。不久，跟我说了下，他就把账户撤走了。我也没去追问，想走的，我从来不留。

让我意想不到的是半年后，他给我来了封邮件。邮件那格式内容还是很客气，有抬头有落款，抬头称我师父，落款是愚徒。正文一开始讲了个小故事：某人想练盖世武功，上山拜师。师父让他天天拍水缸，拍了一周，特无聊，找到师父，师傅说继续；他又拍了一个月，要崩溃，师傅说继续；他又拍了半年，心想这个老家伙骗我，我不练了，拂袖而去。回家，拍门，一掌，门碎。弟子哭回山中长跪。邮件下面的内容，我看了下。原来他离开我这边后，去一个基金公司应聘交易员。他在简历中写自己一直是摸索自学。结果人家面试的负责人看了他的交易记录后说：你不可能是自学的，能做这样交易记录的人一定是受过职业交易训练的。尽管他面试失败了，但"职业交易训练"这几个字深深刺激了他。他可能觉得看轻了当初我对他的训练。现在由于在交易中遇到了解决不了的问题，所以他还想回来跟我学。

  最后，我没有接受他回来。他让人有种说不出的感觉，很怪。有人跟我说，一类人就是这样的。

7 混乱的投资公司

7 混乱的投资公司

到我公司看看

生活在上海这样一个金融之都，经常接到各种投资公司的电话。电话那边的介绍大同小异，大都是问我是否做过投资，诸如股票、期货等。下面就介绍自己公司的投资品种。很有意思，他们介绍的都是保证金交易，国内的白银，国外的黄金都有。

这时候，如果我不在忙，我就会说没做过，不了解。然后电话那头就用很兴奋的语气介绍了：这个品种如何如何有优势，是放大，是可以双向操作的，白银黄金的波动一天是多少。只要做对了方向，一天就能赚多少。下面又举例如何如何。最后，总归结到一句话，就是"到我们公司来看看"。然后下面就是说，马上把公司地址发到我手机上，问我是周五还是周六有空。这时，我就追问一句："到你们公司看什么呢？"对方底气很足地回答："看看我们的场面啊，我们在上海最黄金的地段，公司某个角度能直接看到黄浦江的风景。"哦，那我去看看吧。那这又代表了什么呢？

金融公司不是百货公司，需要购物场地足够宽敞，为客户提供良好的购物环境。金融公司做的是内功，应该是提供公司过往的业绩，并证明之。这种看场地，都是蒙不懂的人。那些高档写字楼，无非就是三个月一租。任何人，都可以租下，装修租点办公桌椅设备，就那个样子了。行内人都明白，越是场面大的公司，越是虚。但不懂行的人，一看，就容易在心里形成印象："这公司场面够大的啊，应该是家有实力的大公司，我跟着做，能赚钱的。"

以交易盈利为生的人，讲究的是实际，对别的全都不在意。金融投资公司最本质的东西是什么？就是帮客户赚钱！除了最本质的东西，其他的都是次要的。外观再好看的品牌电脑，给你装个586的处理器，你买不买？华丽耀眼的跑车，里面的引擎和桑塔纳是一样的，你买不买？电脑的本质是处理信息的工具，所以处理器是最重要的。汽车的本质是交通工具，所以发动机引擎是最重要的。同一款汽车，排量不同，说明动力不同，价格就明显不同！同样，金融投资公司比的是赚钱能力，不是外表包装。外面再好看，再豪华的公司，不能带着客户赚钱，那还不如直接改茶社，给客人一个良好的环境品茶。

　　我经常接到电话，有时间了，就会去这种公司看看。这里讲一个最有意思的。有家公司给我电话，说是做股票高端投顾的，说公司老板是类似证监会组织的一个领导，绝对有内部消息。只需要客户出钱，他们代为操作账户。客户给服务费，就行。费用是先给10万元，他们公司给操作账户。如果我是100万元的账户，他们就给保证做到20%以上的盈利。多的，算送给我的。听起来挺美好，但吓人的是仅凭他们拉来的唬人空架子，就要我先给10万元！我觉得有点恶心到家。他们公司在上海最好的写字楼里，位于50多层。当然也是邀请我去看看了。我就叫了个投资人朋友，跟这家公司的联系人约好了，去看看。

　　到底是上海最好的写字楼，他们公司的人来接我们，才能上去。电梯先乘到40多层，由来人刷卡，我们进入一个平层换另一部电梯，才乘到他们公司所在楼层。进了公司，我一看就是那种乱乱的投资公司感觉，做事不做事，看员工坐那儿的神情就行。来人把我们领到一个房间，让我们等会，说一会经理来，就出去了。我和朋友两人在这个房间了。我一看，就是一个办公室的陈设。一套气派的办公桌椅，后面是书橱，墙上是大气的书法作品。其中一面墙是落地玻璃，正对黄浦江。这是我到上海多年，最高最漂亮的观景点。屋内的家具，我稍微看了下，是红木中最便宜的缅甸花梨，很好看，但价格便宜，不是大红酸枝，更不是小叶紫檀。从办公陈设的细节看，这间办公室不是专人办公的，是谈客户的。等了10分钟，不见人来。

　　这时候，我联系的那人过来，让我们到会议室去谈，说这间马上要有大客户来。我们便到了会议室，一间全封闭，没有窗户的长条型房间。进来一位自称是经理的人，穿着考究。一番介绍，大体就是说公司如何实力强，有背景。言语间略提到公司场地定位就是为了服务高端客户，然后就是让我们交钱买服务。我和朋友听他介绍完后，问还有么。经理愣了下，说没了。然后又是一番说，现在有个布局，多么

7 混乱的投资公司

难得，机会要抓紧把握，今天是最后一天了。我那朋友冷冷地说，你现在都是介绍，我希望你展示证明，证明你可以让我们的股票账户赚钱，对方傻眼了。后面我们简单推脱了一下，就离开了，因为会议室太闷。走出这家公司的时候，我再次扫了下。这家公司大概只有那件办公室是临窗，能看到黄浦江，别的都是隔开的一间一间闷得要命的房间。

出来后，我的朋友说，什么玩意，一切都是装门面，充排场。实际的一点没有，连给个体验都不敢，就要直接收 10 万元。说的跟鸭子就在锅里一样。

其实，在任何投资领域，只要你有盈利能力，投资人都不难找。市面上钱到处都是，相比较，真正有盈利能力的人并不多见。

这件事情还有了个后续。我跟原来的同事聚会，他跟我提到自己老婆打算跟一个投顾公司合作股票，要先交钱，再做赢利，很牛的公司。我立即让他把老婆叫来一起。人到了后，我一问，也是那家公司。她也去了那家公司，参观了一下。我便问，是不是这样，你一进公司先让你在一个可看江景的很气派的办公室等，然后说办公室要用，让去会议室谈，什么都提供不了，只说公司背景强，然后让先交钱，包赚，放心放心。同事的老婆听完我的话，来了句："哇，他们这都是排练好的啊，我也是一样唉！"后来，我从各种渠道了解到，这家公司用这套方法拿下了不少股民，还都是大户。毕竟能到那么高的写字楼，在视野那样开阔的气派办公室坐 10 分钟，对很多人来说是第一次。但这些人被忽悠的那叫一个惨。钱被人先收了，下面就只好听他们的建议。不赚钱，也找不了对方，因为从来没保证过。下面还让继续交钱，说又有一个新的布局，这次是绝对的内部消息……

金融公司，如果不是那种全球知名的，跟政府级别合作的，一般不需要在好的地段，花很多租金弄场地。巴菲特的办公室在哪儿，多大面积，什么摆设，大家可以查查。国内很多资深交易员平时办公也就在一个不起眼的小写字楼，有的甚至就在自己私人物业里见朋友。但场地都不轻易变动，买下物业就是为了扎根。

以后如果再接到投资公司电话，邀请去公司看看。听到这句话，应该问问，你们场地是租的还是自己的产业，公司运行多久了，在这场地办公多久了。不能用账户盈利证明的，都暂时别提。

装门面

周骏峰

  南京的顶级写字楼里也出现过这样的公司。有的公司为了让自己看起来更有可信度，更国际化，也不知道从哪里找来两三个外国人。让他们穿着西装，系好领带，看看英文资料，查阅查阅英文电子邮件。一个之前一起做交易的朋友在里面做客户经理，我问他："这些外国人是哪里来的？"朋友告诉我："老板找来打零工的，装个门脸。没事的时候就让他们在办公室里打打牌，看看杂志，有客户的时候就让他们出来。向客户介绍说，这些都是国外知名投资公司的操盘手，现在和我们公司进行战略合作。"我惊讶道："这样也行？"朋友接着说："怎么不行？效果还不错。很多客户一看这场面，原来还犹豫的很快就投资了。有了他们，开展业务真的方便了不少。"

  我将此事告诉丁先生，先生说："不管国内还是国外，真正的操盘手都不会出来见人的，他们都是安静地生活在自己的天地中，做好账户，能见的最多就是商务人员了。职业交易员跟投资人之间没啥好说的，让账户说话就可以。"

人性 VS 制度

我们从小就开始学榜样,榜样是雷锋、赖宁等人。我们唱歌学,我们编快板书学,我们编演话剧学。但我们学的都是个人,从来没把一个团队班组作为榜样来学习过。很多人可能因此形成了个人英雄主义的倾向。我经常看到有一些有志于投身交易的人,他们觉得自己既不需要跟做到自己追求结果的前辈学习,也不需要组织团队来交易管理账户。自己一个人就可以包办一切。现实中很少能看到操盘手在不需要一切帮助的情况下自学成才,我一个没听过见过。我所见到的成功交易团队都是一个主力操盘手带着几个助手,作为一个整体协同作战,并且有一个合理的制度作为制约。这里的制度跟参与者的素质技能同等重要,缺一不可。

我的团队里,成员大都是我的学员里出来的。从专业角度,他们是服我的。但仅仅有这层关系想在一起长期配合工作,是不够的。人性是贪婪的,人在权利和义务面前是客气不了多久的。合理的制度才是保证我们一起合作的根本。我们运行的制度也是参考了前人的经验,多为成功交易人的建议。我们的团队成员,他们所做的工作是可以互换的,可以交叉进行的。这样也就避免了利益冲突,让团队成员拧成一股绳。经常听说的操盘和风控管理产生矛盾的现象,我这里从没发生过。简单地说是如此,实际操作起来每一步都要可查可考,细节部分这里不再赘言。

人类经过几千年的探索,才摸索出通过制度来约束人性,保证一个团体良性运转。这可以说是人类文明最宝贵的成果。想使用这种成果,也是需要付出的。很多投资公司也有"操盘室""风控部""经理室",像模像样的来个三权分立,相互制约。但结果往往是互相不服,相互拆台扯皮,不欢而散。有的团队账户没怎么做呢,队伍倒先散了；有的勉强运行，账户赔完了公司倒闭。这些公司是想做事情的，也想让公司变得正规化。然而招人成立部门容易，做合理的制度设置来约束人性则不是那么简单。

一个经朋友介绍认识，吃过几次饭的老板搞了个投资公司。运作几个月后，账户赔得几乎腰斩，同时操盘和风控之间搞的针锋相对，互相指责对方水平差，人品次。公司老板火急火燎地让我去帮忙解决。见面了，只见对方满面愁容。介绍情况后，希望我判断下，开除掉其中一个人。我看了下资料，发现完全是当初根据我饭局上我提到的那几个名词，然后做的日记。操盘日记，风控日记，有的日子还缺。下面就是一大堆小报告性质的邮件。我可能少说了一个名词，结果他就没弄。我当时就乐——哈哈，偷师，也没这么偷的呀。我问他："为什么不找我来做？"他答道："你太贵了。"我再问："那现在是这几个人给你造成的损失多，还是我开的费用多？"那几个临时招来的操盘手和风控让他赔了近四十万美元。我接着告诉他："月薪五六千，找到给你创造账户盈利的操盘手，找到跟长期盈利的操盘手做拍档的风控，是不可能的。"他不说话了。过了会，他问我，这两个人已经势同水火，要开掉一个人，该开谁。"开掉你自己就可以了。"我一点没给他留面子。他当时已经是焦头烂额，亏这么多，都该清盘了。但他风度还是有，"请指点，请指点。"

他招的那两个人，素质还是很不错的。如果跟我干，先培训一段时间，可以的话，留下来，融入我现在的操盘团队体系。如果不行，我会及时辞退。绝对不会影响交易团队的运行，更不会让账户巨亏。很多人知道了制度的重要性，但又不愿意花代价来建立制度，往往省了小钱，却造成了更大的损失。相反，愿意为此付出代价的，常常能够获得巨大的成功。这两年特别火的电视节目《中国好声音》的版权是高价从外国购买的，那个会转的椅子，一个就是几十万元。然而这个节目在国内获得了巨大的成功，创造的商业价值远远超过了版权费的支出。国内的教育培训机构新东方从最早的简单合伙发展壮大后，内部矛盾不断，高层险些完全解体。后来花了两千万以上请专业的咨询公司来完善制度，以达到美国市场严格的上市要求。现在新东方可以说是国内英语培训的航空母舰，还在继续的扩张发展。制度的施行不是照猫画虎，有个样子就管用。规范的商业社会中，成熟的制度需要购买版权，学习使用。

简单山寨的模仿，就会闹东施效颦的笑话。人性就像水一样，有着太多的不确定性和破坏力。建立制度就是一个开凿运河

的过程，虽然很艰辛，但是一旦完成所产生的效益和价值，是不可估量的。保证金放大交易中面对真金白银，人性的各种特质更是被放大。一个交易团队如果没有制度来约束，内部就会乱起来。不需要市场来搞你，自己就倒了。

考证狂人

  这个人是安徽人，高中学历，一直在上海打工，做室内装潢设计。他喜欢画画，专业学过平面设计，又能手绘图，所以找了不少客户，业绩还算不错。其实他年纪也不算大，二十七八岁，但是一脸的老气横秋，穿着非常老套，和他的年龄很不匹配，所以叫他"老罗"。他对交易，有着极大的热情。

  认识老罗是在一次我协助朋友做的公司招聘会上。我负责帮朋友的公司招聘操盘手。当时的要求是前来应聘的人要带上自己的交易记录，交易记录是我最强调的，也是最重要的。轮到老罗的时候，我们要求带的东西，他一项都没带，反而向我展示了一些证书。我感到很奇怪，交易员又不是驾驶员，怎么还有证件？打开来一看，是什么国家人力资源和社会保障部发的一个"黄金外汇注册分析师"资格证还有一个"国家认证金融交易操盘手"的证书。

  我问他这个证你是哪里考的？他告诉我是在某国家正规机构考出来的。当时我就断定，这些证没用的。他问我："怎么可能没用？我可是花了一万多元考的！"我告诉他，我不管你是花了多少钱考的，在我们这里没用。我们要看的，是真实账户的交易记录。说着我就打开我的交易账户给他看。他看了后频频点头表示认可，然而冷不丁地冒出一句："老师，你应该去考个证。这样就更加一目了然了，这样每次都要打开账户多麻烦啊。"我当时就被他搞得哭笑不得，告诉他："我从来没听说过，交易员是靠机构发证发出来的。我也不知道你这证是哪里考的。也不关心这个。"他反复跟我强调："我这个证是正宗的，你看，这里还有盖章呢。"我已经给他搞得有点头昏眼花了，直接告诉他："对不起，这证在我们这里没用。"他还是不甘心地问："难道你们就这么不看重证书吗？你看，我这里还有证券从业资格证。"我反问他："这个证书对你来说有什么用吗？"他理所当然地答道："这是我从业的资格认证啊。有了它，我就可以开展和证券相关的业务了。""开展什么业务呢？""当然是当证券经纪人，开展证券经纪业务啊。""那这个证对你开展经纪业务有什么帮助吗？"听了这话，他愣了一下，说好像没有。我又问他："你觉得国家证监会主席有没有参加这个资格考试，有没有这个证？"他沉默了。我说你实话实说，你觉得他到底有没参加过这个考试？他只好说，那个老大爷原来是国有银行的，后来调到证监会当主席的。肯定没参加过这考试啊。那些考试内容，上了年纪的人，也背不下来啊。

我说那就行了，他不考试当主席，你开展个经纪业务，满大街拉人头开户还要考证。就算没证，该有的客户还是有，该没有还是没有，你这个证有什么用！你是被那大红萝卜章给骗了！他还是不相信："我怎么会被骗呢？好多人都去考的。我也是确实花了一万多元的报名费啊！"我已经不想再跟他说下去了，差点把我的人生观和世界观颠覆了。我说你要有这钱，不如正经地去学做交易。他回我找不到！那时我还在教学试验阶段，学费还是比较低的。他很快地跟我学了，因为他以前做过交易，所以做的还算不错。但是他是一个考证狂人，对考证还是有着极大的执着。有一次全国人力资源和社会保障电话联系他，说他原来考的那个证作废了，现在该机构和中国人民银行合作，发放新的证书，让他继续重考。

老罗就此事咨询我，我实在受不了了，告诉他："兄弟，你辛辛苦苦赚点钱也不容易，之前花了一万多元考的证，现在说作废就作废了，后面不断出新证，你是不是准备一直重新再考？"他把那些考试的资料发给我，我看了一下那些资料，上面说的都是有了这个证，对从事金融行业有多大多大的帮助。我对他说："你拿着这个证到别的公司走一走，看别的公司是否认可。"他说，没有一家认可的。我问他，银行招聘需不需要这个证？他也说不需要。我告诉他，真正有用的证是在世界范围内都得到认可的，比如北美精算师协会颁发的精算师证，有了那个证，随便到哪里，年薪百万以上不是问题。可那样的证也是极其难考的，很多优秀的人花七年时间都未必能考过。就算你好不容易考到了那个证，万一遇到意外变的神志不清了，别人还是不要你。证是一个通行证，关键还是要看能力的。交易更是这样，关键在于交易能力，而不是证书。他还是振振有词地告诉我，他去过现场考试，考试的人很多，有几千人呢。培训这个行业虚假的太多，我也是略有了解的，说不定很多和他一起考试的，都是安排好的托。但我无论怎么跟他说，他就是不相信，坚信他的证是有用的，非常迷恋那个大红萝卜章。我们干脆给他起了个绰号，老萝卜头。

后来我的助手电话联系那个所谓的和人民银行合作的机构咨询。接受咨询的电话是一个北京号码。那边告诉我们，要去北京考试，后来又改到了武汉，在当地的一个职业高中。我的助手和那边的人聊了一聊，那边反复强调，他们是和人民银行合作的，权威性绝对有保证。我们不知道他们是用什么办法能一直以这个名义做下去的，还煞有介事的有那么一个公章。我的助手说，我没有时间看书。那边马上说，没有时间不要紧，只要能来考试就行了。我的助手又说，考试地方太远了，没时间去，不方便。那边马上回答，没关系没关系，我们这可以在网络上进行远程考试的。我的助手再次找理由，说平时工作忙，学习资料太多，记不住啊。那边赶忙说，没事没事，都是一些很基础的东西，只要来考，就肯定能过。助手追问一句，万一没考过怎么办？那边干脆直截了当地说，我们这边考了四千多人，还没有不过的！听到这儿，我的助手实在忍不住了，挂了电话后哈哈大笑。

我和一些业内人士经常有交流，我问他们这个证到底是怎么回事？他们很快告诉了我。我心里明白了。我后面又问老萝卜头："你去查查、还考什么证？如果只发像你这样的这么一个证，那说明了什么？你再去查查中国人民银行到底是个什么机构，有哪些职能？还发哪些证？如果仅仅只发一个你这样的证，那又说明什么？"他去查了一下，承认我说的都是对的。不过接下来又反问我一句："中国人民银行发的证，怎么会没有用呢？"我已经彻底无语了。

他那一脸认真执着的样子，让我恨不得敲开他的脑袋，把里面那根搭错了的筋恢复到正常位置。像他这样的人绝对不是个例，一开始我觉得有四千多人参加考试是骗人的，肯定没有那么多人。但行业内的人告诉我，中国那么大，人口那么多，想骗到四千人，并不是什么难事。他们所做的，就是迎合了这四千人迷恋证书，迷恋资格，迷恋权威认证的心理。交易市场里没有什么资格认证，只有赢家和输家。

哪怕哪天联合国搞一个"金融交易员资格证"，都是没用的，只能成为一个笑话。职业交易员是极少数的一部分人，凤毛麟角，绝对不可能批量生产。也不会有"全国操盘手联盟"这么一个组织。这让我联想到有那么一个"全国牙防组"。大家可以到网上搜索一下。这个机构就是某个品牌牙膏的厂家注册的，一共就三个人，唯一的作用就是出现在广告中，什么全国牙防组调查认证，某某牙膏最为有效，建议大家选用这个品牌的牙膏。直到现在，这种广告有时还在出现。我自己也有个朋友是三甲医院的牙科主任医师，他告诉我，只要每天坚持在正确的时间用正确的方法刷牙，牙膏并不重要，成分都是差不多的。我和他提起那些广告，他哈哈大笑："你这么聪明的人，也相信广告？"发生在老罗身上的事情很让人着急，希望大家引以为戒，不要重蹈他的覆辙。

在真金白银博弈的交易领域，只看结果。迷恋证书，迷恋资格认证，迷恋大红萝卜章，只会让自己成为一个笑话。

8 玄学和交易

玄学和交易

易经八卦、奇门遁甲、佛教道教，这些本是交易领域之外的东西，现在不少人把这些跟交易扯在一起。有人宣称自己掌握了易经八卦算法，能准确计算每天的行情走势，不差分毫。有人则宣传，他发现佛学可以让交易人平静地面对行情的波动起伏。同时，在中国这片传统文化气氛浓厚的土地上，无数涉足交易的人都相信这些。一时各种文章段子到处可见。这些玄学、宗教类的东西真的能帮到交易人么？我这里讲两个事情。

（一）

网上满口玄学宗教语言的人很多，我尝试跟他们交流。但他们基本都不说人话，跟我说神话，但有一个人例外。我曾经在网上遇到过这么一个人，他将交易和六道轮回、诸神魔道结合起来，自创了一套理论。那套理论玄之又玄，我理解起来很困难，都是新词，一时云里雾里，不明所以。

后来加了好友后我和他语音，我就问他："老兄，你用这么套理论，能不能做到稳定盈利？"

他很爽快："这我哪能做到？做不到稳定盈利的。"我接着问："那你就是纯玩玄学理论了？这样也能招到人吗？"他也不含糊地直说了："是啊，就是玩玄的，招人肯定是能招到的。信我这套

理论的人还是有的。只不过像别人高端培训那样每人每年收十几万还做不到，收个一两万还是可以的，一年搞个二三十人，就可以啦。"

"那你股票做得怎么样？"

"不好啊。我就是因为自己做交易做不下去了，才来做这个的。比起做交易那么难，创造一套理论讲讲课容易得多。"

"老兄，你这是蒙人啊。来学习的人都是奔着盈利来的，你自己都不能稳定盈利，你能圆得下去么？"

他回："你错了。我看了你的博客和视频，你是能做到账户盈利，但你能保证今晚你绝对盈利吗？"

我如实回答："不能，谁都不能保证每天盈利啊？"

他接着说："这就是了。你不能保证绝对盈利，我也不能。这些来听我课的人，他们追求的并不是盈利本身，而是需要一个东西满足他们在面对交易时，内心的需求。我的这套理论满足了他们的心理需求，让他们找到了寄托，他们自然就信了。他们不会让我展示真实的账户，只会慢慢地攀爬我所创造的这座理论山峰，永远攀不到顶。"

"那他们学了半天，还是做不到盈利，不会走么？"

"怎么会走呢？他们之前都已经花了时间精力和学费了，总会觉得自己只差了一点就能成功了。还得继续学下去靠我来教。偶尔有几个走了，后面还会有人来的呀。信我的人有，信你的人也有。我们各走各的路，路上有各自的人。"

我听的好有收获啊，只能表示同意："是呀，要让我说动你的人跟我走，还真不容易。"

"先不说了，我要开始讲课了。"他匆匆关闭了语音，讲课去了。

这人大概四十多岁，就他的文章和谈吐来看，还是有一定的功底的。他每天晚上花上两三小时，在语音软件上讲讲课，近百人跟着听。我统计了一下，凡是稍微有点水平能坚持每天讲课的人，都会有追随他的信徒。毕竟世界之大，什么人都会有的。后来我也能理解了，有的人之所以每天听那种讲玄虚理论再稍微带点行情分析的课，其实他们就是需要追寻一种虚幻的心理快感，就像吸毒一样，需要那种飘飘欲仙、云山雾罩的感觉。盈利交易的动作本身是不符合人的心理诉求的，是让人不舒服，甚至痛苦的。这种痛苦可以通过训练来减少或逐渐习惯。而没经历过训练的人呢，就希望通过各种渠道来缓解。各种玄学理论，正是缓解这种痛苦的精神鸦片。

（二）

说到玄学和交易，不得不提一家叫做"哲纳"的交易培训机构。

了解"哲纳"这家培训机构是通过我的一个学员。这个学员在我这只学了两个多星期，就离开了。她并不适合学交易，我也有意让她早点放弃。在当时的教学模式下，她两个星期后就觉得，自己没法学下去了。不过她告诉我一件很有意思的事情。

她说她之前和一家叫"哲纳"的培训机构学过交易。接着她又说"哲纳"的老师水平高深，深不可测。有着国家专利和独创理论，还出过很多本书。我就拿了其中的一本书来看，发现这个人真的是在中国的易经八卦研究上，下了点功夫。并把这套东西和交易牵扯融合在一起，形成了一套理论。我判断这个人是潜心钻研过易经八卦多年，但是在交易上没做出什么成绩，因为他的书从头到尾，也没提到交易账户和历史交易记录。但不得不承认，他的这套理论磅礴而玄幻，一写就是好几本很厚的书。

我看到了专利号，想查查。我们就请身边一个专业从事专利申请保护方面的律师帮助我们通过专利号来查证这项专利。律师告诉我们，专利是一个很简单的东西，并不需要有实用价值，只要是独创的，哪怕只是在原理论基础上的一个小小的改进，都可以申报。通过查证，我们发现他的专利就是几张图，用八卦理论结合波浪理论，加了一些注解，创出一套"象浪看盘""相位预判"。总共加起来，十多页吧。按他的理论，市场中所有的点位，都能预测到。但这都是些纯理论的东西，没有经过任何验证。在交易中最好的验证办法就是用真实账户来验证，这些他都没有。更可笑的是，这个专利因为欠缴专利保护费已经作废了……

后来一个曾经跟我学过的人告诉我，这家"哲纳"的WJZ是一个"纯理论派"，想研究易经八卦来预测行情。研究了好多年，成果一大堆，但就是些纯理论，账户做不来。这个空想理论家和他的研究成果，后来被一些专业做培训的人看中了。做培训的人就在他的这套东西上进行包装。然后他们就开始分工合作，做培训的人负责招人，搞理论的人负责不断写出新的理论并讲课，外面还找些口才好的来讲。就这样，自 2010 年起，网络上铺天盖地的掀起了一阵"哲纳"旋风。有人根据"哲纳"的学员人数和学费价格初步估算了下，2011 年，"哲纳"的收入超过 500 万元。

有意思的是，在创造完"哲纳"这套理论后，他们又创造出一套新理论。古代有《易经》，他们创造的叫《易纬》。真是个唬人的好名字，经纬对应么，估计也是用两维度思维来预测行情的东西。不过这本书没能上市，他们整个机构就因为理论提供方和包装营销方的利益分歧分崩离析了。现在是没有了，但以后类似的东西很有可能会再出来。凡是在交易中提到玄学，用玄学来预测点位的人，如果对我的点评不服，随时可以来和我进行操盘对抗。我们约定用一个账户，做一年，看看最终成绩。我们可以约定一个数字做对赌，请公证机关公证。我跟两类人约战交易对赌。一类是培训的，一类是谈玄学宗教预测的。

我和一些在"哲纳"学习过的人在网上聊过。他们对"哲纳"的评述让我感到很吓人。这些人普遍认为，"哲纳"的东西是真的，老师的水平很高，没能学会是因为自己的悟性不够，这也是"哲纳"的"厉害之处"。我的那个学员也是如此。她肯定相信我这里的东西都是真的了，因为确实无懈可击，她想看的东西，我这都可以展示给她；她没想到的，我都能提供。但她同时相信，"哲纳"的东西，也都是真的。她感到"哲纳"老师的理论水平之高，已经高到了她不能理解的地步。这个老师是一个世外高人。那些磅礴宏大的理论，可以预测一切的运行。宇宙一切皆有规律！她甚至告诉我，要把那些书珍藏起来，慢慢研读。现在看不懂，以后再看。这辈子看不懂，留给孩子看，希望着有一天能完全领悟其中的奥妙。

后来我这又来了几个在"哲纳"学过的人和帮着"哲纳"招人的人。他们大多对"哲纳"深感"钦佩"，说"哲纳"的理论高深，难以学透。后来我请教了一个民间算命红人。他的评价比较中肯，这个人也是研究过易经八卦的。他对我说："易经八卦奇门遁甲这些，是有占卜未来的意思。但是由于易经八卦诞生的太早，那时候还没有出现交易这种东西。理论上说，易经八卦也有解释计算交易走势的可能。但前提是，必须有人将易经八卦成功地应用于交易，用这套理论在交易市场上获得了盈利才可以证明其有效性。不可以直接将这套理论套在交易上来用。"这样一个没接触交易的人。居然一下子就说中要害，指出要先证明做到，再说别的。易经八卦最早是用于预测事物本体的变化,而非博弈中的变化。用易经八卦来预测明日的凶吉并不会对他人造成任何影响,但如果用其来预测点位,就违背了交易市场的运行原理。假如用一套广为人知的方法预测黄金的价格会到2000美元每盎司,那么大多数人就会在2000以下例如1980的位置进行抛售,价格就到不了2000。挂在2000的单子,就没有任何意义。这么看来,把这套理论应用在保证金交易市场上本身就是个错误。

如果一套理论,只是停留在摸索阶段,那么在做培训的时候就应该明确说明,并且只可收取低廉的费用,作为共同探讨。而"哲纳"却号称可以预测行情的最高点和最低点,误差不超过五个点。同时收取高昂的学费。这是极不合理的。很多人去山东听课,花了三万元只听一天,得一本书,没学到什么真东西。当时就有人提出异议,但最终也无可奈何。

就是"哲纳"这么一套经不起验证推敲、违背市场逻辑的东西,经玄学包装后就骗了很多人。可见在交易领域中,玄学的影响力,确实不小。

这部分不太好写,牵涉到宗教,说的不好就容易引起信众的抗议。前段时间,某著名卫视的主持人在节目中因口无遮拦,伤害到某宗教信众的感情,遭到某宗教信众的抗议。最终该主持人在电视节目中,郑重鞠躬道歉。为避免误会,我花时间对这些都做了些常识性的了解。我尊重所有的宗教及其信徒。这里仅就交易本身出发谈谈这些和交易的关系。

我们中国主要盛行的就是佛教和道教。曾经有西方学者花了很多时间到东方来研究佛教和道教的起源和兴盛问题。最后得出的结论是:产生的根源是人对生命逝去后的诉求,前世、今生、后世。人只能看到自己的现在,生命走完之后的问题,怎么解决。人是有思考的,最终出现了宗教来解决这个思考。佛教告诉你,人生是可以轮回的,所以我们要为了下一轮做好这一轮,多做好事,不杀生,对人类社会还是有积极意义的。道教呢,直接告诉你修行可以成仙。想修行也得不杀生,做好事。不管东方还是西方,流传兴盛的宗教对人类大多是有积极意义的。越来越多的有识之士都赞成一个观点,那就是人类如果没有精神层面的归属信仰,是很可怕的。

我发现一个现象,就是宣称宗教能帮助交易的人,都只提佛教道教,不提西方过来的基督教等教派。我琢磨了下,可能是交易和基督教都是西方过来的。如果有人提出把这两点杂糅在一起，首先就会让人觉得怎么人家那边都没提，你一个中国土鳖提了。当然这里也因为中国信佛教的人很多，基本没人一点不了解的。而且这么多年，这么多人、事、文学作品，造成思维中都觉得佛祖法力无边。另外，中西方宗教有个显著区别，就是基本诉求不同。比如中国人信佛，总是跟神仙求点啥。拜财神、拜送子观音，目的很明确。求人办事的出发点引申到了交易中了，我做交易遇到困难了，就请神仙帮我点吧。而西方的宗教，更多的诉求是解脱，把自己的罪说出来，把自己彻底交给上帝，比如基督教。这个是最大的不同，其实也是中西方民族价值取向的一种表现。大家有兴趣可以多研究思考。

我看了很多人对宗教的评述，我觉得著名摄影记者、北大才子唐师曾的一番话比较到位。他是这么说的：有严密逻辑推理且能用试验重复的，是科学；有严密逻辑推理但不能用试验重复的，是哲学；既无严密逻辑推理又无法用试验重复的，是神学。从他这段话中的分类来看，交易属于科学的。

2013年10月20日，台湾佛光山星云大和尚应北大中国文化书院院长王守常教授之邀，在北大"三智论坛"讲学。论坛很成功，来听星云法师高论的人坐满了整个礼堂。论坛外，中国文化书院的工作人员推荐各种稀缺物品：含犀牛角的同仁堂"安宫牛黄丸"每盒两粒，每粒50000元，慈禧喝的"如意长生酒"每瓶3500元，男人壮阳"琼浆"每瓶16000元。里面讲东西，外面卖东西。愿意听讲的，认真听讲；愿意买药、酒的，掏钱买药、酒。

8 玄学和交易

自动化 EA

EA 是个不得不谈的话题，因为太多的人在追求 EA。EA 就是自动化程序交易，如果你有一套赢利的操作方式，把这套操作方式用计算机语言编成一套程序，这就是 EA。EA 安装在电脑上，理论上，程序会操作账户，达到最后的盈利。听起来，多完美啊。有了一套盈利 EA，也许我们就能什么都不做，只要开着电脑，等收钱咯。

很多人稍微了解学习交易后，就开始做起了 EA 的美梦，到处寻找完美 EA，甚至花重金购买。然而，这是不可能做到的。

首先购买 EA 不可行。假设有人创造出了完美盈利的 EA，那么他只会自己使用，绝对不会让这套 EA 进入流通市场。如果连这点都想不明白，脑子就有问题了。如果你有套装上就能赚钱的 EA，你会几千块钱卖给别人么。拥有这种赚钱能力的人只会自己做，或是募集别人的账户扩大规模，赚到钱后早点退休。一万美元的账户翻十倍，才十万美元。一百万美元的账户，翻十倍，分成后，就可以直接退休了。这就是交易员需要投资人的大账户的原因。而那些到处找地方购买 EA 的人就是纯粹的找骗。不等别人来骗他，他就自己送上门去了。有的人还来问我："丁先生，你帮我看看这两个 EA，一个卖 8800，一个卖 2800，我应该买哪个？"我直接反问他："你是希望被大骗，还是被小骗？"这样的问题，很可笑。

购买 EA 不可行，自己创造 EA 也不可行。即使把盈利 EA 创造出来，也是没法用的。EA 必须在平台商的服务器上使用。平台的人很快就会发现你在用 EA 做单盈利，那他当然会把这个 EA 复制下来自己去赚钱。交易市场是零和博弈市场，同样的 EA 用的人多了，赚谁的钱？有的人还天真的问平台商："你们不会盗用我的 EA 吧？"这不是让狼当牧羊犬，还问它会不会吃羊？平台的人当然会说："不会不会，我们怎么可能盗用 EA 呢？"但当你的 EA 能够做到盈利，攻守兼备，资金曲线图也很完美的话，他怎么可能不盗用呢？真正掌握盈利方法的人，只会把这套宝贵的方法记在脑子里，不会随意拿出来，更不可能做成 EA。假设做出来 EA，稍微多些人用了，市场就会被改变。这是逻辑的结果。

　　EA 在理论上不可行，在技术层面，也依然不可行。有新闻报道，一辆汽车定速巡航失效后，无法停止，最后造成事故。还有一些

高档汽车完全由电脑控制，结果被黑客入侵，也造成了很大的安全隐患。就此汽车问题，我咨询了一个曾经留学德国并在奔驰汽车实验室工作过的朋友。他告诉我，一些高端的商务人士和高层政府官员已经要求汽车上不要加载任何电脑系统，甚至不使用电子钥匙。电子系统很容易被干扰或入侵，一旦出了问题，后果不堪设想。反而是最简单的机械式操作，最为可靠。

　　EA 也是如此。所谓 EA，就是一套自动进行交易的电脑程序。被人篡改，或者出现各种细节问题都是不可避免的。再精密的器械也有出现故障的可能，同样，再严密的程序系统都有可能出现漏洞。机械需要不断地进行人工维护，做出调整才能保持最好的状态。程序则需要反复测试，边用边改，发现 BUG 并不断打上补丁才能安全运行。自动化的人工智能都不绝对可靠，因为不具备随机应变的能力。曾经就出现过游客因为相信导航系统，结果导航出现故障，游客们而把车开到海里去的事例。EA 也是这样，没有人能对自己的 EA 抱有绝对的信心，将大资金完全托付给 EA 进行操作，自己完全不看不问。假如完全托付给 EA，一旦出现问题，赔进去的都是真金白银。电脑不会负责，平台不会负责，只有自己能够负责。如果不能充分信任 EA，让 EA 自动运行，那么使用 EA 就失去了意义。EA 的目的就是为了要用自动程序化的机械式操作来避免人的心理波动对交易操作产生的影响。如果时时刻刻盯着 EA 做盘，随时准备做出调整，就等于是自己在手动做盘。还有的人自作聪明，提出让完全不懂的人盯着 EA，结果这些不懂的人根本看不下去，闲的无聊就玩游戏去了，等回过头一看，EA 已经把账户赔光了。

　　我以前就认识一个"EA 狂人"。这个人毕业于国内名牌大学，文凭还算过硬。他疯狂的迷信 EA。认为找到了一个可靠的 EA，就是找到了一台印钞机。刚开始他尝

试用几千美元开始测试。在他测试期间，我发现他根本没法做到长期不进行人工干预，完全由 EA 来操作。总是隔一段时间就看一看盘，看到 EA 的操作不够理想，就自己进行手动操作下单。我告诉他，用 EA 先别看结果，先尝试着在完全没有人工干预的情况下，让 EA 运行至少三个月。其实三个月是远远不够的，最少也需要一年的时间，才能看出绩效。控制不了自己的手动干预，他自己也觉得很苦恼，但是一直没有放弃，不断研究着。这个人还有些水平，所以我也把他作为一个现象进行了跟踪观察。发现他后来不断的修改 EA，总觉得 EA 不够完善，从来没有让一个 EA 完整的运行三个月以上。总是不断根据近几天的行情修改 EA。就是这么一个连让自己的 EA 运行三个月以上的能力都没有的人，还经常提出让我帮他找资金。这个人原来也跟我学过，可是误入歧途走上了研究 EA 的道路，到现在还没绕出来。

既然 EA 无论从理论上还是从技术上都完全不可行，为什么还会存在呢？究其根本，其产生的根源还是人内心深处的懒惰。人们总是希望不劳而获或是一劳永逸的。心想着如果有了一套完美 EA，就可以不费吹灰之力地获得财富。为了迎合这个想法，交易商们推出了 EA 自动化交易的通道，让你可以安装 EA 交易。并大力推广，宣称可以自动化赚钱，80% 的华尔街公司都是这么做的。但真正用了 EA 的人，大多数都是自动的，把钱赔掉了。我就见过有的人用了一套短线 EA，来回做单，最后账户赔了，佣金倒贡献了不少。还有人因为 EA 在关键的趋势行情中出现故障，一夜之间就爆仓了。类似的现象还有很多，在此不一一举例。

在做任何事情的时候都要符合基本逻辑，不能把自己的诉求建立在违背逻辑之上。交易领域存在的机制和逻辑注定了只能有少数的人能盈利。交易本身不产生价值，赢家所获得的盈利都来自于输家的亏损。如果大家都赢钱，交易市场将不再存在。就算我现在倾尽全力想把别人教会，也不能保证一定可以成功。因为学习者很多内在的东西是我无法把握的。不管用玄学，还是用 EA，都不能违背逻辑。如果有一个人拥有一种超强的技术能在交易领域吸取世界上的财富，那么这个人只会躲在角落，赚一个自己要的数字，就悄无声息地消失，绝对不会让这门技术进入流通领域。否则后果就无法想象了。

交易市场上掌握交易能力的人很少，有能力教学的人更少，有能力教学还走出来教学的人少之又少。这恰恰是整个市场生态逻辑的真实写照。正是因为这样，交易市场才能存在。如果很容易就把交易赚钱的能力学会，这个市场的逻辑就不存在了，整个市场都要被改变。所有人都靠交易赚钱的话，人类社会将走向灭亡。不通过产生价值而获得财富的人，越少越好。这就是人类社会发展的逻辑。

人类社会就像生态系统中的食物链。每个人都必须扮演好自己的角色才能维持平衡。大自然之中食草动物的数量必然远远大于食肉动物的数量。不然的话平衡就被打破了。我们经常在《动物世界》中看到一只狮子追捕一群羚羊，从未见过一群狮子围捕一只羚羊。一只羚羊还不够吃一只狮子吃呢。

拥有交易能力，靠交易赚钱的人就像食物链顶端的狮子一样，注定了数量不能多。所以把交易门槛看的太低的人，是很可笑的。我见过有的EA只卖几百块，批发走量，买的人还不少。他们的想法是：既然这么多人都买，看来是有用的。对这样的人，我只能说，这几百块不应该去买EA，应该买药，药不能停。

周评：

我在淘宝上居然看到过卖EA的网店。有的EA一个月内已经售出几千份，好评如潮。售价也不高，98块。但一个月卖出几千份，也是不少钱了。还有的网站上会公布《跟单排行榜》，我问丁先生怎么看这个榜单？丁先生反问我："你觉得这符合逻辑吗？真正做出盈利单的人，是不会把自己的单子公布出来让别人跟的。"我想也是，任何事情都必须符合基本逻辑。很多违背逻辑做事的人，都是被眼前似乎触手可及的利益迷惑了双眼，变得没有任何逻辑了。

9 交易人的思维

投机与投资

投机，投的是概率。概率可以根据长期的客观历史数据进行统计。保证金交易中，通过止损的应用和仓位的调整，可以有效地控制风险，博得盈利。在投机的过程中，只要有合理的风报比，资金就会较为安全。投资，投的是长期的内在价值，是对未来的愿景，投的是未来。投资在短期内很难见到成效，最常见的就是许多风投公司在投资互联网企业的早期都是"一直在烧钱，从未盈利过"。他们看重的是这些互联网企业未来可能获得的市场，以及上市的潜力。如果美梦没有成真，之前的投资也就打了水漂。投新兴产业的风投公司普遍承认，差不多要投资一百个企业，才能成功一个。

科研经费可以算作是一种投资。如果有一家企业在一项新技术上投资了大量的研究经费，最后发现对手先他们一步，开发出了比他们目前正在研究的技术更为优良的技术。那么现在的研究也就没有必要继续进行了。大多数人认为投机是一种赌博，总是贬义成分多点，可能过去有个时代词语"投机倒把"给人们留下了心理阴影。其实投机投的是数学概率。科学家用公式在稿纸上演算几年，最后一点火，火箭发射到太空。这就是投机，投的是概率。概率在稿纸上都算好了，可计算控制。相较于可以计算控制的投机行为，投资更像是一种听天由命，完全不在自己的掌握之中。

2010年我认识一位特别热衷于收藏茅台酒的朋友。在他看来茅台酒就是"液体黄金"，而且越陈越值钱。他花了大量的金钱和精力囤积了一批茅台酒，指望着保存的时间越长，将来能够越升值。确实，在过去很长一段时间内，茅台酒价格一涨再涨，甚至给炒到了"天价"。这是由过去几十年改革开放，人们消费能力越来越强的大环境造成的。但是未来的大环境是不可预料的。随着监管层加强反腐倡廉，大力打击公款吃喝。许多高端酒店一下子就失去了消费主力军，开始惨淡经营。茅台酒价也随着这股浪潮一跌再跌，我的朋友眼见着自己的收藏日益贬值，却无能为力。

这样的例子更多的出现在我国的企业中。许多辉煌一时的企业因为经济大环境的影响，盛极而衰，一下就变得负债累累甚至倒闭。2008年金融海啸后，珠三角地区的代工厂一片凄凉。尚在勉强维持开工状态的工厂主感慨："没办法，亏钱也得做，不做的话亏得更多。"没有任何订单的老板，有的负债累累甚至被逼到了自杀的地步。浙江温州也掀起了一股"跑路潮"。这些老板们欠下了巨额债务不见踪影，当年他们都是当地知名的风云人物。也许他们并没有做错什么事情，只是根据以往的经验继续做着相同的事情而已。然而政策的变化，市场的变化，经济环境的变化，都是不可预期的，人们只能是跟随者，跟上的存活，跟不上的，只能被淘汰了。

国内的企业，普遍喜欢跟风和做大做强。风潮一起，大家便觉得未来的方向出来了，投资未来。2006～2007年，国际航运业属于黄金期。造船的形势一片大好。于是凡是集团企业，有能力的几乎都投资了一个集团旗下的造船厂，他们都觉得经济好，未来航运有大发展空间。一时间风风火火，然而随着金融危机的到来，航运业也陷入了寒冬。造船订单大量减少，全国的造船厂由顶峰时期的3400多家，一下减少到300多家。这300多家里，除了一些国企，民营船厂都在苦苦支撑。相似的例子还有光伏产业，名噪一时的无锡尚德，宣告破产。曾几何时还是国家和地方政府全力支持，扶持上马的项目一时间严重产能过剩，只能自生自灭。多年奋斗的成果顷刻化为乌有。大家都投资，投一起去了，就投砸了。

很多国内的股民都把巴菲特所说的"长期价值投资"奉为神谕。真正从此理念中获利的却少之又少。巴菲特的成功有着他独特的时代背景和环境因素。他生活于二战后美国经济最繁荣的景气时代，赶上了持续数十年的牛市，在此期间，美股大盘虽然也是有涨有跌，但平均来看，上涨还是很多的。他出生在金融体系完善，法律制度健全的美国。他出生于较为富裕的议员之家。这些先天条件再加上他本人的能力与努力，才成就了巴菲特。

正确地理解投机与投资，做好自己财富的管理。这个时代，管不好钱比赚不到钱更可怕。

9 交易人的思维

宾馆的监控

我外出办事，住在当地的一家宾馆里。宾馆的工作人员看着我随身带着看起来很重的笔记本电脑包进进出出，就善意地提醒我："我们的宾馆里到处都有监控，东西放在房间里可以放心。"我问她："有监控就能保证一定不会被盗吗？"她愣了一下："这好像不能。"有监控并不代表着笔记本电脑不会被盗，只是在东西被盗的时候可以留下相关线索供破案之用。即使有了线索，追寻也是个漫长的过程，哪怕最后确实寻回了被盗的笔记本，也许早就被格式化了，里面的资料全部没有了。对于我来说，这台笔记本就已经失去了价值。损失的几千块钱，并没有什么，关键是里面的资料。对职业交易员来说，这些资料远比几千块的电脑本身价值高。

在投资领域，也有相似的情况。很多客户在投资的时候很在意承诺，很看重合约。仿佛只要投资公司在白纸黑字的合约上盖上了公章，就可以放心了。可是这些真的有意义吗？公司是可以倒闭的，正规的破产清偿会优先支付员工薪酬，缴纳国家税款，然后再慢慢地用剩余资产清还各级债权。轮到你的时候，很可能早已没钱了。这还是正规破产的情况。大多数情况下，投资公司就直接跑路了，根本无法维权。只要公司倒闭了，那么合约就变得毫无意义，投资的钱，肯定是打了水漂。投资者更看重的，应该是一个公司的历史。如果一个公司正常运行了多年，一切良好。那么即使这家公司没有监管，在懂行的投资者眼中也比有各种监管的新公司安全得多。

有的"操盘手"对客户随意承诺，比如"每月保本收益10%"。然后又是签协议，又是提供身份证扫描件，最后甚至按上手印。投资人就放心地把钱交给了他们。最后全部亏损完了，想再找这个人，已经不见踪影了。报警立案去追寻的过程很漫长，有时还需要自己花大量的人力物力。这样的付出也许在别的地方早赚回来更多的钱了，显然很不值得。就算千辛万苦地找到了这个人，他可能早就把钱花光了，你又能拿他怎么样呢？送他去坐牢？打一顿出气？都于事无补了。验证一个操盘手和验证一个公司一样，重要的不是他能不能做出承诺，而是他以往是否真正地做到了盈利。最好的证明就是长期稳定盈利的真实账户记录，你要耐心长期观察。如果做不到这些，突然冒出个人，即使吹得天花乱坠，也是不可信的。

  合约看起来具有法律效应。这就是大多数人看重合约的原因。但是法律首先是惩罚机制而非补偿机制。比如遭受了合同诈骗，即使诈骗犯最后落网了，被他用掉的赃款也没法追回了。法律只能惩罚诈骗犯，让他坐牢，却没法让他赔出钱来。受害者也得不到任何补偿，只能得个心理安慰。打翻的牛奶，不需要我们为之哭泣，但我们更不想打翻牛奶。想要不遭受损失，最好的办法就是小心验证。找验证下来，证明是真实可靠的人，而不是拿着合同满口承诺的人。现实中很多人投资，往往是最后钱没了，人见不到，拿着合同什么的到处跑。找律师、找警察、找法院，这基本就是在为打翻的牛奶哭泣了。

  在投资的时候，很多人看似很谨慎，却没有抓住关键点，没有抓住事物的本质。看公司平台，不考察对方的历史信用记录。一个新公司，总喜欢宣传自己被好几个监管机构监管，墙上挂了好多认证。善良的投资者就相信了。却不知道，那几个监管机构可能都是民间机构，花钱就能盖章。仅仅因为投资公司的一纸"保本收益"的合约，就将自己的血汗钱交给对方。最后往往血本无归。股市面向着大众敞开了怀抱，业绩很好上市公司却没有分红方面的任何承诺，但还是有人不断地把钱投进去，并不经过任何的考察和验证。法律上来说，买了某公司的股票，就已经是某公司的股东了，可是大多数投资者最怕的就是"炒股炒成了股东"。因为这些"股东"从实际看，只有分担亏损的义务，什么权利都没有。

  宾馆的监控，公司的监管，市场的监管，各种监管无处不在。但我不想知道入住宾馆的监控有多少，有多好，我更想知道这家宾馆的安全记录如何。

看牙

人这一辈子难免和牙医打交道，我也不例外。体检显示，我的身体是很健康的，就是有一颗槽牙早早就出了一些问题。多年前，有一天牙疼得不行，就近找公立医院的年轻医生给补牙，结果没多久，嚼个口香糖就把那个金属牙套带下来了。后来不疼，我就没再理会。现在那颗牙崩掉一半，剩下的那一半坚守岗位，尽忠职守。

在上海的时候我又去过一些有名的私人牙医诊所，那些医生都回避治疗我这颗牙，反而建议我把几颗正常的牙做一下整形。将牙齿外部磨掉一些，贴上烤瓷牙。这样的话确实是美观多了，很多明星就是这么做的。但是我不是走演艺道路的，治疗总是有风险的。这样做难保以后不会出问题，万一到时丧失了最基础的咀嚼功能，就得不偿失了。之后很长一段时间我就没管这个事情，反正先凑合着用吧。

近期我母亲的牙也出了问题——疼，她的牙医是亲戚朋友推荐的，是当地三甲医院的主任医师，专业水平绝对可靠。很多外地人都慕名而来找这位牙医。我母亲治疗完后，我请他帮忙看看我的这颗牙，他给了我一个治疗方案。我问他："能保证没问题吗？包治好吗？"他诚实地回答说："这个保不了，没有医生敢说稳保没问题的。"我接着问："那把那颗牙拔掉用种植牙行不行？那个是固定在骨骼上的，应该没问题了吧？"我之前听过很多种植牙的宣传，很贵，一万多一颗，据称可以保终生使用。我有考虑这个方案。他答道："种植牙，我是知道的，但那个也不能保终生。人到了老年会出现钙质流失等现象，骨骼的结构也会不断的发生改变，既然骨骼结构都改变了，种植在骨骼上的牙，也难免会改变啊。"我一听连连称是，我当初怎么就没想到骨骼的结构也会改变呢？牙齿是一个人财务情况和生活水平的象征，因为看牙是很贵的，国外的私人牙医的收入都非常高。有的人缺了一两颗牙也能活，只不过就是吃饭没有那么舒适滋润了。这时旁边有个看热闹的患者插了一句："你们这种公立大医院都不包好的啊？"那位主任医师答道："是的，我们这里都是不包的。包好，包终生的，都是外面江湖上的神医。"

通过这次经历，我深有感慨。平时我都对别人说，交易没有包赚钱保盈利的。未来的事情是不断变化的，不可控的因素太多。我怎么敢随意做出保证呢？但是当病痛开始折磨我时，我的心情就变得急切了，急切的希望能早日好起来。看待分析事物，也变得不客观了。从而问出"能不能保证治好"这样低级可笑的问题。在交易中，我一直认为别人问出"能不能包赚钱保盈利"这样的问题是很可笑的。当我也问出类似的可笑问题时，我似乎能体会到他们的心情了。我们都处在经济压力之下，迫切的希望能赚更多的钱，过上更好的生活。现在的社会竞争很激烈，给普通人的机会越来越少。当好不容易找到一条可能赚钱的渠道后，心中的天平就倾斜了，急切的期望用更多的证据来证明这确实是一条发财致富之路，而不愿轻易的推翻它。一旦有了这种心理倾向，有利的因素就变成了切实可行的执行理由，不利的因素被下意识的看轻，甚至直接忽略。这时再加上有人在耳边鼓动，"到我这来一定能赚钱"，人的判断力和免疫力，几乎就没有了。

这么多年下来，我的交易已经做得不错了。人性也在交易之中受到了充分的锤炼。但是修炼是一生的事情，想做到无欲无求还是很难的。我渴望我能有一个健康无病痛的身体，这种渴望，让我急切地希望从医生那里得到保证的承诺。医学和交易一样，都是客观的东西。在这方面，能够做出保证的不是骗子就是疯子。当然，看牙齿我还不至于到江湖上去找"神医"，但我也在思考，如果我得了绝症，医院已经明确告诉我无法医治了，我会不会也倾其所有去找寻那最后的一丝希望呢？若是那时有某位"神医"说能将我医治好，我说不定也会试一试的。这就是所谓的"死马当活马医"吧。"神医"是最喜欢医治"死马"的，治不好是因为已经病入膏肓，无力回天了。偶然蒙对了，就可以记在自己的功劳薄上。而且绝望的人对他们是有求必应，不惜代价的。很多富豪由于长期积劳成疾，得了不治之症，最后都是花了很大代价请了各种"大师""高人"前来作法，驱散邪气。他们之中很多都是精英企业家，做事的方式方法必有独到之处。这么做也是绝望之中的最后挣扎，可以理解。毕竟身体是"1"，财富是后面跟着的"0"。"0"再多，"1"没有了，一切也都没有了。

　　生命之前人人平等。人们都渴望能赚钱，更渴望自己能有个健康的身体。正是这种渴望，让人们在特定的环境下，无法做到冷静客观。也正是这种渴望，催生并滋养了各种"神医"和"大师"，各种愿望，在他们那里，都是有求必应，给钱就包好的。

推荐股票

在日常生活中，有些朋友听说我是做职业交易的，就会经常来问我："最近在做一些什么股票？稍微透露一下，好让我们也跟着赚些钱呀。"我很为难的告诉他们，我做股票并不是说"最近在做什么股票"，炒个短线之类的，我是长期持有做大趋势的。

通常我做股票的方法就是，在价格低于心理价位的时候，大量买入持有，等涨起来，价格高于目标价位的时候抛。等多久，我都可以。我的那些做股票的朋友们，他们的目的是，让我告诉他们几支股票，最好今天买入，明天就涨，或者过个两三个星期，涨个百分之二三十，然后抛掉再选其他的。对我来说，持有股票，没有时间的概念，一年，三年，五年，都不是问题。因为是闲钱，没兑付压力，就不会造成心理上的负担。我做股票，其实就是完成一个等待，一个用时间换空间的过程。

有一位朋友是某外汇公司的副总，之前和我谈到股票，让我推荐几支。我告诉他，我有支股票拿了三年，就算告诉你，你也未必能拿得住啊！听了这话，他立刻回答道："我也有支股票拿了三年。"我微微一笑，轻描淡写地悠然一句："你那支股票是套了三年吧？"我那位朋友听我这么一说，马上露出了窘迫的表情。他确实是被套住了三年。我的股票持有三年是一个什么状态呢？是当我买了这支股票后，价格一直围绕我买入的价格涨涨跌跌，涨不会涨多少，跌也不会跌很多。最后在过了近三年后，终于有所突破，达到了我的心理预期价位。而我的朋友套了三年又是另外一个状态。他买入后，价格开始持续的缓慢下跌，而他一直持有不动，期间还有暴跌，最后眼见实在亏的太多，只能认赔。这就是典型的赚钱等不到，亏钱后死扛的做法。也是"拿三年"和"套三年"的区别。

交易看似简单，可是这个看似简单的动作和背后所蕴藏的是功力。完成这一切，不是有啥一句话的技巧，更不是告诉你就能做到的。我给朋友推荐的股票，他们很可能在涨了一些后就背着我迫不及待地卖掉了。然后欢天喜地地告诉我："丁先生，你推荐的那支股票涨啦！"我笑着附和："涨了就好，涨了就好。"尽管涨了一点，但我不会匆忙地卖掉。因为我知道，目前的价格依然是在底部区域，所以任其涨涨跌跌，我自岿然不动。我卖的时候，通常是价格高于心理价位的那个区域。往往能达到翻番的效果。这就是职业交易者和业余交易者的区别所在。就算选择的股票是一样的，最后的结果也会有很大的不同。这也是很多人在大盘牛市时只赚得蝇头小利，大盘熊市时哀鸿遍野的原因。

　　过了很久，我的那些朋友们又来问我在做什么股票。我告诉他们，我还是持有当初我告诉你的那支啊！他们都惊讶得合不拢嘴，"啊？！居然还是那支啊。那现在得涨了多少啊！唉，可惜我当初没拿住，赚了一点就抛啦。"我还注意到一个普遍的现象，做股票的人，喜欢天天讨论，看股评。在我看来，经常讨论，看评论的人，肯定做不好。黄金外汇也是，经常听那些分析师分析，讨论做盘技巧的，往往都不能盈利。我做股票是从来不看这些的，报价蜡烛图上，几乎什么指标都没有，充其量有一两根平均线。但是我能够做到，和我的学员分别独立操作，操作过程和结果是接近的。而且，我们的软件上都不装什么技术指标。平时我们也不会时时刻刻盯着大盘，而是看看书，打打球什么的，静待时机的到来。耐心等待，也是一种能力，看似悠闲，然而这份定力，不是一般人所能够做到的。

　　以后有机会的话，我也会推荐一些股票。我和分析师、荐股师们不同，他们天天有股票推荐，但一般只告诉你买，不告诉你卖。我推荐的股票，是我亲自用个人真金白银的账户买入的，我买的时候告诉你买，卖的时候也通知你卖。虽然是偶尔有机会才推荐，但我不是空口无凭，说说而已，我展示账户，用账户来推荐。

浅谈交易记录

真实的账户交易记录是操盘手唯一的名片。想要证明一个操盘手的实力，直接展示真实账户是最坦诚、最直接的方式。但在目前的市场上，有关交易记录的问题好像被蒙上了一层轻纱，让人有雾里看花终隔一层的感觉。在此，我们就浅谈一下有关交易记录的问题。

既然展示账户是最好的方式，那么到底应该怎样展示呢？这个问题，我们也想了很久。

当面打开账户当然是最好。但是这样不可行，因为想看的人实在太多，我们忙不过来。给观看密码可以，但是也有坏处。我曾经把观看密码给过他人。有了观看密码后，就可以马上导出交易记录用来做展示。这样会带来很多麻烦和误会。这两种方式虽然实用，但是操作性不强。

我们想了很久，最终想到了录制屏幕视频的方式。就是我之前用"共富教室"展示的土豆网的视频。这个是我们目前能想到的最好的方式。平台标志、账户号、账户名，一目了然。这是一个运用当下技术手段，完美真实展示账户的方式。如果心中没鬼，用这种方式展示自己账户是最好了。但可惜的是，大多数喊单、培训的，都回避。

市场上能以录制屏幕视频的方式来展示3年十多倍盈利真实账户的人，几乎没有。一说到账户，他们就找各种理由推脱，回避谈论这个问题。或是采取各种手段，弄虚作假。以下就是我们所了解到的，市场中的一些现象。

一、就是看不到

市场上有给你喊单的、分析的、培训的、卖智能交易软件的，很多很多。他们总是说自己在交易市场里赚了很多钱，盈利的战绩很是辉煌。但是在你要求他们展示交易账户的时候，他们往往拒不提供，并找出种种理由搪塞。你会听到以下几种常见理由：比如公司有规定不能随意透露账户信息；当局者迷旁观者清，在市场之外看交易才能更加客观；或是自己忙于做培训，没时间做交易等等。

其实这些理由都是经不起推敲的托辞。如果你过去做，现在不做，那么你展示下过去的交易记录总是可以的吧。你自己不做，那你的客户、学员，总有在做的吧。展示他们的账户是可以的吧。不要说任何第三方限制，不让做，或不让展示，不方便等。网络上已经有人展示了，公开录制屏幕视频展示账户没有任何限制。其实，黄金外汇保证金交易一直处于民间行为地带。国家金融管理机构由于种种原因，一直没有真正介入。任何不展示账户的理由都是牵强、苍白的。

有一种人不展示账户就算了，还喜欢大谈理论、玄学，让你像拜佛一样去拜他和他的理论。

有一个说自己是交易人的博客，里面文章大谈佛学玄学易学。同时，《老子》《庄子》等高深的书，他都进行评论。然后来上一句总结，"交易的一切尽在《老子》之中"或是"读完《庄子》，你就可以学会交易"。《老子》《庄子》里的内容都比较艰深晦涩，很是难懂。而且古人所作有他精华的地方，也有糟粕不可取之处，不宜盲目迷信推崇。他还特别喜欢提到《毛选》，经常来一句"《毛选》指导我们应该如何如何""一切交易的奥秘，都可以从《毛选》中找到答案"。这样的人，我都不知道该如何说他，问他交易的相关问题，他总是高深莫测地来上一句："先去读读《道德经》吧。相信你能有所收获。"仿佛把自己摆到了佛的位置，来开化冥顽不灵的众生。在他看来，交易是要靠悟的，他能做的，只能是像神明一样的暗中指点。

这个博客是我的一个学员给我看的。他问我该如何评价这个人。我反问他："你是怎么看的呢？"这个学员告诉我，这个人满嘴都是道德境界、个人修为之类的，然后说自己的账户做得很好，几乎每天都能从账户里提出一笔钱来。想要做到和他一样的水平，就要和他一起"悟道"。"悟道"的学费是三千块，终生指导。我的学员和这个人聊了很多，问他能不能展示他自己做的账户。没想到他突然来了一句："你的心不诚啊！"这个人当真把自己放到了佛祖的位置，只要对他提出质疑，就是不诚心。不诚心，自然是不能学会交易的。"心诚则灵"这个说法普遍只存在在宗教里，很多宗教类的东西信则有，不信则无。但交易是实实在在的东西，如果靠诚心就能做好交易，那么交易的信徒，也许将会是全世界最多的。

这人最鲜明的特点，就是只谈这些空洞的东西，不谈行情不谈交易，更不谈记录。有的人喊单的时候，还会用PS做个截图什么的，贴在QQ群里。这样做很简单，成本也低。他连这个也懒得做。他还经常说展示账户很麻烦。其实像我这样屏幕录制个账户展示视频不过几分钟时间，有什么麻烦的呢？总比啰啰嗦嗦的说那么多空洞的东西节省时间吧！但是他却做了好多年，博客也在不断的更新，说明还是赚到了钱，生存下来了。世界上永远不缺信他这套东西的人。说不定不久之后，他就能创造出新的理论，不从《老子》和《庄子》中学交易了，改从《韩非子》和《孙子兵法》里悟了。

二、截图满天飞

在各论坛和QQ群里，交易记录的截图满天飞。每个人都声称自己赚到了钱，并附上相应的截图以证明自己所言非虚。这些截图我是从来不看的，因为不带平台标志和账户号的截图没有任何意义，想查证都无从下手。作假的可能性实在是太大了。

随手开上几个模拟账户下上几单，就可以把盈利的交易记录截图下来。然后把截图公布出来照死吹。只要敢吹，就有人信，是万金油。还有就是可以用PS修改交易记录的图片，一般人很难看出来。这些都是很简单的小手段，却蒙骗了不少人。

这些人往往会弄一个博客，天天喊单截图。先在行情图上画上很多线，给出分析和操作建议。然后在贴上一张截图证明他这么做确实赚到了钱。最后不忘留下联系方式，欢迎大家前来交流学习。新手看了他们的博客，往往兴奋不已，马上跟着他们开个户，开始准备赚钱了。后果可想而知。

展示没有平台LOGO和账户号的截图，就好像相亲的时候展示的照片不是脸部照片，而是脖子、手臂或是腿。那如何知道这张照片所展示的部位是不是本人的呢？从网上下载的名模照片，也可以硬说是自己的，反正看不到脸么。即使展示了脸部照片，也是可以 PS 的。拿着截图就要求投资人投资账户就好像拿着身体局部的照片给男方看，就要求他准备彩礼准备结婚，怎么可能呢？

经常还可以看到有的截图上还用水印打上了"版权所有，盗用必究。"这完全是故弄玄虚，很是可笑。后来想想，修改图片，也算是一种劳动成果。这份交易记录，也可以算作是完全的原创。做出一个稳定盈利的账户，也许要一年甚至更久的时间，想要用账户证明自己的交易水平，实在很困难，光是时间成本，就耗不起。而做一份完美的交易记录截图，只需要几分钟时间，并且可以无限的如法炮制。

我的学员之中，不少人刚入行的时候就是被这样的手法给骗了，只好自认倒霉。骗他们的那些人，有的还在继续做着，有的改头换面，另起炉灶重新开张。用的还是相同的手法。太阳底下往往没有新鲜事，交易行业也是如此。想创造一种作假方式，也不是件容易的事情。截图这种方法由来已久。展示交易记录截图往往被看成一种很正常的展示的方式。也许是这样做的人多了，就慢慢的被默认了。希望大家提高警惕，尤其是刚入行不久的朋友们。

三、账户号和平台 LOGO

一般来说，展示交易账户截图的人不会把账户号和平台 LOGO 都在截图里显示出来。如果截图里包含了账户号和平台 LOGO，那么就可以去查证了。但是你必须去亲自查证了，这条线索才显得有价值，否则这些也都是没有任何意义的。

我的一个学员告诉我一个他曾经学习过的地方，大概类似是"全国黄金外汇联盟"这样一个冒充官方色彩的名字。我点开那个网站看了下，还是老套路，死吹。整天把法拉利、兰博基尼、玛莎拉蒂挂在嘴边，开口闭口就是昨天赚了多少，今天又赚了多少。大吹特吹一番之后，附上交易记录的截图。平时的截图，他们是不会把账户号和平台 LOGO 都显示在截图里的。但是偶尔有一次，截图里出现了账户号和平台 LOGO。我就去查证了下，发现那个账户号所对应的账户，和他展示的账户交记录完全不一样。我查证起来是很方便的，查证的成本是很低的。我在这个行业多年，在各个知名的平台都有着一定的人脉关系。只要找到相关的后台工作人员，他们就可以帮我查证。有的人可能觉得查证很麻烦，不愿意去查。其实只要花上几百块钱请朋友吃顿饭，很有可能就避免了数万元甚至更多的损失。对于真金白银的投资，谨慎是非常必要的。

其实敢于在截图里展示账户号和平台LOGO的人还是很少的。毕竟如果给出了这个线索，大家就可以顺藤摸瓜地去查证账户了。如果查出来是假的，对他们是很不利的。但有些人胆子很大，玩的就是个心理博弈，他料定了大多数人是不会去查证的。所以放心大胆的把账户号和平台LOGO公布出来，显得更加地真实可信。说不定这个还可以成为一个卖点，进行宣传的时候，可以说："大多数人是不敢公布账户号和平台LOGO的，但我们这里，清清楚楚，明明白白。"群众难免感叹，是呀，是呀，连账户号和平台LOGO都敢展示，应该是不假的。也许是根本没有想到去查证，也许是想到了去查证但又觉得颇费周折，反正最后都没有查证。

四、如何看交易记录

前文中提到了有关账户的的问题，这篇主要说一说到底应该如何看交易记录，才能从中得到自己想要的信息。

交易记录是从账户中导出来的，每一单的详细情况，包括开仓平仓的点位、时间、入金出金的情况，以及隔夜利息等等，都在交易记录中显示出来。看交易记录一是要看资金曲线图，二是要看下单手数的规范性和连贯性。资金曲线看是否平滑向上，要求回撤尽量得小。下单手数要求规范就是不重仓，按比例仓慢慢做出来的单；连贯就是要求交易一直在进行，不要是重仓博出来，或对冲出来的盈利账户，然后放那做小单，凑时间，最后也出来个"一年翻番再翻番"，这个迷惑性很大的，一定要细看。

原始的交易记录导出来后是带有资金曲线图的。职业交易圈普遍认为，如果这个资金曲线达到一定的时间段，一般来说是十八个月，才具备一定的参考价值。还要看资金曲线是否平滑，以及每一单是否是按照正常的职业交易方式来做的。职业交易方式就是以小止损去博取大盈利。有止损单是很正常的，盈利的大单，是必须要有的。这样的话，资金图就会是一种回撤小，上升大的态势。

下单手数的规范性和连贯性现在看更重要，因为资金曲线图是一目了然的，而下单手数则要细看。职业交易员做单的时候，是根据资金量来调整手数的。如果盈利，就会慢慢的增加手数；如果亏损，手数就应该相应的减少。像我在土豆网上展示的3000美元的账户，最早是从0.1手开始做的，盈利后慢慢的递增到0.2，0.3，0.5直到1手以上。这才是正确的操作方法。有的人的账户是博出来的，开个500美元的小账户，下0.2手，遇到行情好，一下就翻番了；如果亏损，最多损失500美元而已。0.2手看起来不多，但是如果按比例来算，相当于1万美元下4手，绝对属于重仓了。用重仓博出来的账户很具有迷惑性，下面就讲一个真实的事例。

在我曾经走访投资公司的时候，认识一个分析师，他做账户做不到止损。每次满怀信心地开户做，最后都是爆仓，为此苦恼不已。后来，他想了个办法解决。他每次就开个300美元的账户做0.1手。遇到行情好的时候，赚个300点，一下就翻番了。然后他就拿着这个账户给客户看，对客户说："这是我们公司的一位操盘手做的账户。这个操盘手年轻有为，可惜他资金有限。如果你能投资个一万美元，我们签合同，获利后分成……"很多客户就被他这个账户迷惑了，投钱过去，最后亏得吐血。博出这么一个盈利账户其实很简单，就算亏损了，最多也就损失300美元。大家要注意，这里并不是简单说小资金没意义的问题了。一个账户要经过长期在趋势行情、盘整行情、毛刺行情等多种行情下存活并盈利才有意义。如果只是在一个单边行情中不断加码，博出大盈利，也说明不了太多。因为博错了，就赔掉几百美元而已，以后再开账户就是了。其实这么做是爆十次，赚一次，最后还是亏的。这么博账户的意义，就在于可以去蒙人，寻到大资金账户赚佣金。

看交易记录不是个简单活，不是一般人认为的有眼睛就能看。通过盈利亏损就能分辨高低真伪这么简单。能看交易记录的人，一般都是对职业交易略知一二的。这里就简单说到这。光从交易记录看，有时候还不够。因为这个时代，有些新东西甚至超出了我们的预想范围。以下就说两种，希望大家引以为戒。

五、私设平台

有一次，我的一个学员给了我一个账户和这个账户的观看密码，让我看看这个账户做的怎么样。我看了那个账户的交易记录，确实做得不错。无论从仓位，做单连贯性还是资金曲线上看，都是可以的。我的学员告诉我，这个人在QQ上的名字就是"职业操盘手"，直接给观看密码来展示自己的账户。

我又仔细看了看。偶然间我点了一下鼠标右键，居然发现我可以用这个账户下单。显然他是错把交易密码当成观看密码给我了。当时我下了一个多单和一个空单，做了一个锁单。其实我是想看看那个人怎么处理。职业交易员在这种情况下，有特定的处理方式。如果他用的是职业手法解决这个问题，那很可能是我的同门，我过去也遇到过这种情况。他用的那个平台，我从业多年从来没有听说过。是我孤陋寡闻还是他私设服务器，做了个伪平台，也不清楚。过了一会，那个人发现了这个情况，就不和我的那个学员聊天了，并直接拉进了黑名单。

过了几天，我让那个学员换了一个QQ再去加他好友，问他要观看密码。他给了一个密码，我一看，这次给的确实是观看密码，已经不可以下单了。但是我发现，当时我下的那手多单和空单，已经不在那个交易记录上面了。别的记录还是和原来一模一样的。我用之前从他的账户里拷贝下来的交易记录和现在我看到的交易记录逐一进行比对，完全不同的结果让我大吃一惊。后来我请教了懂行的朋友，才知道这个平台是他自己租用服务器弄出来的平台，后台完全可以由他自己控制。不仅仅注册"真实账户"是免费的，连交易记录都可以随意修改。

这件事提醒我们，在看别人展示账户的时候，一定要看公开展示的知名平台的账户。冒充知名的大平台是不敢的，那样的话很容易就给拆穿了。他们只敢在QQ里和有兴趣的人单独联系。像展示秘而不宣的宝贝一样，把他自己做出来的小平台的账户展示出来，绝对是不敢公开展示的。这些小平台是根本查证不到的，只能在阴影里生存，见不得光。如果你看到展示的账户是在一个闻所未闻的小平台上，那么我建议你就不用再继续往下看了。职业交易员是不可能选择一个不知名的小平台的。就像职业运动员的专业装备不可能选择一个小作坊生产的杂牌货一样。

在这个行业里，说不能公开展示都是错误的，荒谬的。像私设的小平台这样的不能公开展示的东西，往往是经不起推敲的。

六、真金白银对冲

账户并不是做到盈利就可以证明能够长期稳定盈利的。短期的交易记录没有意义，偶然性太强。在这里说的都是真实账户，模拟账户就不在讨论之列了。现在有一些作假的集大成者，很有迷惑性。他们确实能用真实账户在短期内做到翻倍甚至更好。

这些人的旗下聚集了一些讲师，协助他们招揽客户。现在的讲师很多，遍地都是，但是讲师一般都没有自己的真实账户来证明自己的成绩。怎么办呢？他们就组成一个团队，自己掏钱开设几个账户做对冲。一半账户做多，另一半做空。比如开设四个账户，每个入一万美元。在仓位控制好的情况下，盈利的账户一次下来至少可以盈利70%以上。如此操作，有的账户一个星期就可以做到翻倍甚至更多。他们也没有亏什么钱，只是把钱从亏损的账户转到了盈利的账户而已，期间稍微损失了一些手续费和隔夜利息。有的人不会看交易记录，看交易记录只看点位，想从中看出做单的方法，这是不可能的。之前提到过，看账户要看他下单的规范性和连贯性。而做对冲的账户，就不会那么做了。然而如果直接上来就是重仓下单，就太明显了。所以他们的手法一般是先轻仓做几单，然后突然来一个重仓单，或是将一个重仓单分几批来做。比如一万美元的账户，先下几单零点几手的做着，有亏有赚，影响不大，然后突然的来一单5手的。或是把5手的单，在差不多的点位，分成好几个零点几手的单来做。加上选择的平台又是运营多年的知名大平台，这样一来就很有欺骗性了。

如果用这些账户和我做的账户做比较，就会发现很大的不同。首先想要做三年是很难的。很难想象会有人在三年前就开始准备对冲这个事情。战线过长，时间成本太大。其次如果要翻十倍的话，按照两个账户对冲，另一个账户盈利70%的比例，至少需要三十二个账户。这样无论从资金还是从操作难度上来说，都是很难做到的。所以一般来说，他们只要做出一个一个月翻番的账户，就足够了。拿着这个账户去找客户投资，找学员学习，可以欺骗不少人。行业内已经有人这么做了。对于新手是一骗一个准，也有不少混迹多年的老手被骗的。

另外我再说一个例子，曾经有一个人过来挑战我。拿着一个做了一个月多的账户，翻了一倍多，问我这期间做的有他好么。我说没意义，你要拿个指定账户做。拿过去没确定的一个月账户做比较，不如现在就指定一个账户来做，做一年半载，再用这个指定的账户做展示比较。对方听了，就语塞消失了。很多知名的大平台可以用同样的名字开很多账户，开十个同名账户都行。做对冲的人确实可以一个月后拿出一个成绩很好的账户，但在这个账户背后，也许有九个账户是为了对冲而牺牲的。要看账户就要像看我的账户这样，持续地跟踪同一个账户，不断地进行关注，方能路遥识马力。

真实账户对冲这个方法操作起来有着一定的难度，需要下一定的本钱，所以这么做的人并不算多。但正因为其表面上看起来是完全真实的，所以有着很强的迷惑性。镀金从表面上看起来和真金没什么两样，外面的那一层，确实是真正的金子。只有耐心地深入仔细看，比较分量等细节，才能发现不同。

500美元做个对冲，等大行情，结果对了，赚了1600多美元，这下算翻番再翻番？然后要求客户投资个2万美元的账户，结果真有人去，还来问我。

七、同步账户

职业交易员介绍自己，都是直接展示账户，我就是展示的GUOTAO。账户很多，之所以展示这个，是因为账户交易的时间足够长，更有说服力。另外职业交易员操作账户都是打包同步交易的，因此展示这个足够长时间的账户，就是展示自己一直以来同步交易的标准模板账户。很多人都看不出GUOTAO这个账户，就是一个同步交易账户的标准模板展示。

我曾经和投资人谈合作。这个投资人原来是一个职业交易人，后来离开第一线，改做职业投资人。他一直在找合适的交易员合作，有朋友就推荐了我。开户合作后平时我们不联络，到了他的账户分红的时候，我们碰面。看过账户后，他频频点头，然后问我能不能再给他展示了几个最近我做的账户。我就给他看了几个这样的账户。他问我："你的这些账户是不是都是统一打包操作的？"

我说："是啊。"

"那这些账户从头到尾都是同步交易的？"

"是的。"

"可不可以展示一个能展示你交易以来,所有交易记录的账户？"听了这个问题，我觉得这样的账户还真不好找。为什么不好找呢？因为我和投资人定期都会进行分成，很多账户就撤销了。后来我发现，还真有这么一个账户。GUOTAO 是一个很特殊的人，自从投资了一个账户后，三年来不闻不问，我不找他，他也不来找我。我就把这个账户和其他我方便展示的所有账户都给这个投资人看，总盈利百万美元以上。

这个投资人就让他的助手将我所有提供的账户的交易记录和 GUOTAO 的账户进行逐一比对。发现每一个账户里的每一笔记录，都可以从 GUOTAO 的账户里找到相同的交易记录。比如某账户中的某笔单子是在某一时间点下单的，那么在同样的时间点，GUOTAO 的账户也下了同样的单。经过逐一比对后，所有的账户交易记录都能一一对应上。那个投资人就对我说："你确实不简单，能做到这个程度，你这个账户就是有意义的，是你真正的名片。"

这就是同步交易账户展示。这个方式，很多人都没想到是由投资人让我做的。我也知道这种方式，但懂的人太少，一直没在意保留账户。所以我展示的是三年翻 10 多倍的，从 3000 到 3 万的账户。而不是短期的从 5 万到 20 万的账户。尽管后者盈利更多，但从专业角度看，意义不及前者。GUOTAO 这种职业交易账户展示，所体现的不仅仅是账户翻了多少倍，更是我做了这么多年连贯交易的见证。用三年时间一单一单做出来的 10 多倍盈利账户和短期内靠几笔单子博出来的翻番账户完全没有可比性。用 3 秒完成一个俯卧撑比用 0.3 秒完成，难度要大的多。路遥知马力，交易是长跑不是短跑。

以上就是我根据这几年的经验对交易记录的浅谈。说的并不完全，还有一些现象我没说出来。另有一些职业交易圈看交易记录的角度和方法，不好在这里说。但读懂此文对交易记录的解读，一般就不会走入误区了。只要掌握了方法，李逵和李鬼还是很容易分辨的。

投资人之种种

交易做到现在，少不了要和投资人打交道。尽管现在的商务工作我都交给了周骏峰等助手来做，但是还有一些我做交易初期接触到的人，会直接联系我。这其中，有的也成为了我的投资人。在和投资人打交道的过程中，有一些有趣的事情，有一些令我哭笑不得的事，还有一些事让我学到很有价值的东西，在此回忆一二。

到我这里来的投资人，我把他们分为两类。一种投资人说："我懂交易。"另一种说："我不懂交易。"说自己懂交易的人会提出一些要求，说自己不懂交易的人会提一些问题。在和他们交流后，我将这两类人又各分为两种。一种是懂交易，另一种是不懂交易。这样一共就是四种人了。对这四种人，我有一些分析总结。

其中数量最多的一种人是说自己懂交易，但我觉得他不懂交易的人。占到总数量的90%。另外三种分别是，说自己懂交易，我认为他确实懂；说自己不懂交易，我认为他确实不懂；最后一种是说自己不懂交易，但我却认为他懂。这三种人，一共占到总数的10%。最后一种人是大家想不到的，就是他说自己不懂交易，但我却认为他懂。这种人是极少极少的，但是从他们身上，我学到了很多。

第一种说自己懂交易但我觉得他不懂的人最多，最好笑，也最烦，让人很无语。他们要看交易记录，我给他们看；他们说以后会投个几十万，我也表示欢迎。然后他们就开始提各种条件。我这里的统一风险额度是50%，即客户需要自担50%投资本金的风险。有的人就说："30%行不行？50%太多了。"我明确告诉他们，我对所有的账户都一视同仁，统一设置仓位，统一计算风报比，同步操作。不会为了个别人改变自己的交易体系。他们就说："我是大客户啊。"我说："二三十万在我这不算多。在整个交易体系下，这二三十万，不过一个台阶而已。"还有的人要求保本。

我问他们："你说你自己是懂交易的，那你告诉我，交易应该如何保本？怎么来保证做到保本？用什么做抵押来保本？"见他们不说话，我接着问："世界上有稳保的事情吗？火箭发射？体操冠军发挥？还是马拉多纳射点球？"这样的人不少，其中有一个人让我印象深刻。

这个人总是和我说："丁先生，我以后是要跟你进行长期战略合作的！"或是"丁先生，我下个月，钱一到手，就投个几十万美元给你做！"听了他的话，我都笑而不语。一上来就说这种话的人往往不靠谱。事实证明，他确实不靠谱。这个人是我在一次分红发布会上认识的。当时这人就在台下。看了我的账户展示，大为惊讶。他经历过的，无非一些投资介绍说明会。那种会，就是介绍交易品种，不会做的人，去做了，赔得很惨。而像我这样的分红发布会，他是闻所未闻，见所未见的。当时他也找我聊了几句，并要到了我的电话。自此之后，就经常给我打电话，还要来上海见我。在上海，我见了他。他以前一直说要进行长期合作，准备投资个几十万美元，见面问了半天，居然和我提出先投资个五千美元试试看……让我很无语。我没给他面子，让他别丢人了，赶紧回去吧。过了几天，他又打电话给我，问我保本行不行？如果能保本的话，他准备去社会上募集资金，年息12%，放在我这做。我说："这种账户我从来不接，我以后也不想接你电话了。"彻底回绝了他。这种人是典型的觉得自己懂却完全不懂的人。他还一再要求缩短投资期限，问我能不能做六个月，或是三个月？还有一次他告诉我，他现在手里有一笔钱，两个月后才需要，想放在我这，做两个月。我告诉他，我管理的账户中，有两个月翻番的，也有两个月回撤30%的。如果回撤30%，你能不能接受？他不说话了。这种人其实完全不懂交易，就是看了账户，把我当成了摇钱树。但这个世界上，没有摇钱树。

不懂投资的人总是希望投资期限越短越好，分红越快越好。但想要投资一个职业交易员，最好的方式不是炒短线，赚快钱，而是长期投资。下面就是一张描绘职业交易员整个交易生涯的资金曲线图。

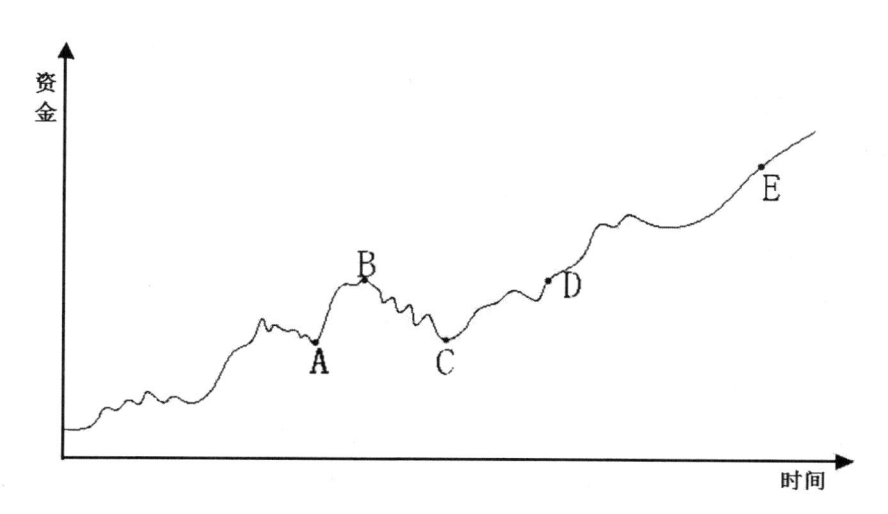

这张图客观的描绘出了一个职业交易员整个交易生涯的资金曲线。如果他的账户按照规范的操作方法一直做的话，账户资金的变化情况从这张图就可以完全看出来。这里有 A、B、C、D、E 五个点。

假如投资人在 A 点投资，在 B 点取出，那么他的收益就很丰厚了。但如果在 B 点投资，在 C 点取出的话，会有一定的亏损。即使是职业交易员，也有资金回撤的时候，但整体收益是正期望值的。如果在 B 点投，在 D 点出，基本可以保证不亏；如果等到 E 点再出，依然是获利颇丰；如果从 A 点甚至更前的时间点，坚持到 E 点，收获就非常之多了。可以看出，投资职业交易员的时间必须足够长才会获得长期的正期望值。

一般人是找不到职业交易员的。如果找不到，就尽量别做投资。即使找到了职业交易员，投资也存在着一定的风险，有可能会在短期内造成亏损。绝对避免投资亏损的办法就是不投资，而不是要去保本。老老实实做一份安稳的工作，把钱存入银行，能保本。任何投资都是有风险的，如果有人告诉你，投资没风险，保本稳赚。那么这个人不是疯子就是骗子。获得投资收益同时，尽最大可能规避风险，最好的办法就是长期投资职业交易员。

本书只有这么一张图。那种到处都是的图，没这张有意义。培训中，一张图，我能花写一本书的文字来讲解。

不懂的人很多。他们还有个特点就是喜欢不断地问我账户的结果。曾经有一个投资人几乎每个星期都要通过商务伙伴问我账户情况,让我截图给他。尽管他信任我,知道我不会做假截图。但是频繁的要求看截图,让我感到很厌烦。我对我的商务伙伴说:"这个人的账户,下个月退掉,不做了。"商务伙伴很惊讶:"客户只是问了几句而已,不至于不做吧?"我很坚决地告诉他:"和我合作就是这样,这人太烦,什么都不懂,把账户退掉。"其实经常看账户有什么意义呢?如果看账户回撤了,他心理承受不了。我在截图给他的时候,对我的心态也有一点影响,说不定会影响到操盘状态。所有的投资人都这么问,我哪里还有交易需要的平静心态?

第二种人说自己懂交易,我也认为他确实懂。这种人最好沟通。最典型的一个例子就是我原来认识的一个平台的中层经理。这个人后来投了个账户给我。我很惊讶,因为他钻研多年,自己的账户做得还行。我就问他:"你为什么投账户给我做,不自己做?"他回答得很爽快:"丁先生是这样的,我关注你的交易账户有一段时间了,再通过跟你的交流,我发现我自己要完全学到你的水平,没个几年不行。就算我学会了,每天要我过你这种苦行僧般的枯燥生活,我受不了。与其自己学,自己做,不如把账户给你来做。虽然盈利要分你一半,但我落的个轻松愉快。而且你的水平肯定比我高啊!"这就是最简单的一种懂行的人。

第三种人是不懂交易的,他也认为自己不懂。这种人什么也不问了,就把闲钱投资在我这试一试。我展示的账户 GUOTAO,就是典型的这种人。我认识他还是在一个 QQ 群里。那时我才学完交易,年轻气盛,在群里和群主 PK 喊单。正巧那几天的行情被我说的一丝不差,大获全胜,搞得群主一句话都不敢说了。GUOTAO 看到这种情况,就投资了个账户给我。三年来,他对账户一直不闻不问。我给他发邮件,他不回,估计邮箱很久都不用了。当时我已经找不到他的电话了,还是查了平台那边的开户资料才知道他的电话。电话联系他后,他都记不得我是谁,更记不得还有这么一个账户。当他听说账户由最初的三千美元做到三万美元后,大吃一惊,万万没想到。这种人就是典型的自己不懂,也承认自己不懂的人。这样的人有他的做法,反正就是用闲钱试一试,亏了也就认了,不伤筋骨。(周评:只有真正有着职业操守的交易员,才会把账户做到这么大的盈利比例后,进行分红。有些"操盘手"偶尔蒙对了行情，下面还会好好的做吗？赶紧的把这部分盈利刷成佣金落入自己的口袋才是当务之急。最后结算的时候，账户只要稍有盈利，看起来不要太难看就行了。）

最后一种人最让人敬佩。他说自己不懂，投个账户给我们，一年后再来看。期间偶尔问一下，或是等你给他消息。这个人就是我前文中提到的，要看同步账户交易记录的人。后来和他交流之后，我发现他很懂交易。这种人往往是原来操过盘的职业交易员，或是做过平台的中高层经理，而且是有大资金的人。他们装作完全不懂交易，投个账户给你，看你怎么做。我这里是不加佣金不炒单的，他们看了我的交易记录，发现确实如此。有的人一看到不懂的人来投资，就想玩一点小猫腻。频繁交易或者加一些佣金赚黑心钱。最后他对我说："你确实不简单，没有炒单，手数那么少，不频繁交易，还能做到这么好的盈利，是我们想找的人。"这种人很厉害，初期投的账户只是投石问路，只有经过他们考验的人，才有资格管理大资金。我们以后更多的想找的，就是这种人。

其实后面三种人，都是我们欢迎的投资人。唯独第一种人，他完全不懂，有点小钱了，就感觉自己是世界银行派来似的。对这种人，我现在是敬而远之，直接送客。

我接受的投资，全部来自那些数量只占10%的三种人。但是有一种情况下，我也是不接受他们的资金的。这种情况就是投资人的财务状况恶化，出现资金压力问题。曾经有一个不懂行的人，他也承认自己不懂。几年交往下来，他先期放在我这尝试的投资账户获得了满意的分红。自此之后他非常信任我，有投资意愿就找我。结果有一次，因为他的生意失败，欠下了巨额债务。这时候他找到我商量，说现在欠的债实在太多，翻不了身，也没心情做传统行业了。他觉得让我帮他管理资金做交易，一来不用他操心，二来收益比传统行业高，所以他准备筹一笔钱放在我这，让我帮他翻身。我明确地告诉他，不好意思，这钱我不能接。因为我承受不了这种压力。职业交易员有规定，我们只做闲钱、余钱。他下面投过来的钱不再是闲置资金，而是指望着翻本的救命钱。本来交易就是一件对状态要求特别高，压力特别大的事情。再背负这种额外的压力，交易员承受不了。对于资金的健康选择，我们的交易团队中的每个人都有一票否决权。就算我想顾及朋友的情面接下这种资金，其他人也会坚决反对。因为这笔资金不属于闲置资金，不是富余的钱。所以当我和别人说，我一年下来，拒绝的资金是我接受的账户资金的很多倍的时候，他们都不相信。特别是那些做经纪人的，更是不信。他们说："我们盼客户那就像久旱盼甘霖似的，你怎么可能客户送上门来了都不做？！"我告诉他们："我们是想一步一步长期做下去的，想做成一个品牌，做成一个百年老店。要保证每步都稳稳当当的，当然要选择稳当的钱。而你们呢，见了客户就像饿狼见到肥羊似的，恨不得马上放血，吃肉喝汤。捞一票就走，当然见钱就收。"很多经纪人蒙到客户，就用客户的账户炒佣金，最后赔光了消失，或赔到约定的亏损限度，客户也没有办法。

几年发展，我们积累了和投资人交往的经验。投资人有不懂之处，不可怕，别装懂就行。一个成功投资人，要尊重客观规律，做好自己的角色的定位。没人是天生会做交易的交易员，也没人是天生会做投资的投资人。我们还是有耐心邀请投资人听讲座，把正确的投资理念教给大家。最让我欣慰的是，几年交往下来，合作中那些懂投资的朋友对投资期限的要求，超出了我的预料。曾有人直接问我，你五年内会退休么？我说不会。对方说："那我就投五年，账户就交给你了，你做出盈利来了通知我分红。我倒想看看，五年你能把账户翻成什么样。"

商务工作有感

周骏峰

我身处江苏省会南京，丁先生也会将一些商务工作交给我来做。在我协助丁先生从事商务工作的期间，深刻感受到交易行业的商务工作与传统销售行业的不同。我有一些朋友是做传统行业销售的，销售任务非常之重。为了销售订单，他们绞尽脑汁，不惜一切代价完成任务。陪喝酒吃饭，唱歌娱乐，很是常见。有时晚上醉得不省人事，第二天还是要昏昏沉沉地照常上班。有位朋友在学生时代身体素质很好，是班里的体育健将，自从做了销售后，人日渐消瘦，体力精力大不如前。他有时向我感慨："销售真是难做，客户都是大爷，得全方位陪好。规定的任务不完成不行啊。"销售人员和客户，好像总是处在一种很不平等的状态，甚至有的销售人员牺牲了尊严，低三下四地求客户，只为能取得订单。这些看来是司空见惯的情形，在我协助丁先生从事商务工作期间，是完全没有的，之前的投资客，默契的合作都是建立在信任之上的。

在做商务的过程中我感到很轻松，没有固定的任务，我要做的，只是将我们的情况展示给有兴趣合作的投资客，请他们关注我们而已。有的人看到了我们展示的真实账户，当即决定合作，有的人关注了一两年决定合作，也有的人观察了四五年，还是没下定决心。观察了四五年的人大多存在"求保本"的思维，正是这种思维，让他们中的大多数人跟市面上做保本的人走了。却往往连本金都完全赔了进去。等他们回过神来的时候，发现我们依然在做这行，而且越做越好，不禁感叹："四五年了，你们居然一直在做啊！"在他们看来，交易只是一时的投机生意，捞一把就走，是不可能长久坚持的。但丁先生做到了几年如一日，迈着坚毅的步伐前进，这点很是不容易。

我们在工作中和客户完全处于平等的关系，交易是一门投资客出钱出耐心，交易员用专业技能去争取盈利的生意。并不存在谁有求于谁。有人愿意来了解，观察，我们是欢迎的。但是要提出种种苛刻条件，讨价还价，是不行的。无风险高收益，无论放在哪里，都是不可能实现的。我们要求投资人对行业有着一定的了解，对职业交易有着一定的了解，这样才有利于未来的长期合作。这和大多数商家是不同的，大多数商家最怕遇到懂行的客户，因为越是懂行的客户，就越不容易被宰。反之，越是不懂行的客户，越能带来更高的利润。很多投资公司的电话销售员遇到懂行的问几个关键问题，就马上挂了电话。遇到不懂却有些兴趣的人的时候，热情洋溢，滔滔不绝地介绍公司的那些投资项目如何如何赚钱，然后从客户身上榨取了一笔钱后就不闻不问了，有的公司甚至直接人去楼空。

就投资客户的数量而言，我们这是不多的。我曾问过丁先生："有一段时间，没有新的客户了，是不是应该适当加大点宣传力度？"丁先生说："不需要，我们只需要一些优质的客户就够了。"我们的客户大多数都是以往的老客户以及转介绍的客户。这些客户都有着极高的忠诚度，几乎都能做到全权委托，不闻不问。在我的印象里，客户都是需要经常联系，经常维护的，比如节日的问候，或是过年送些礼品什么的。而丁先生和客户，几乎从来不联系。我好奇地问："他们怎么能做到对自己的投资完全不闻不问？"丁先生告诉我："他们的本金早就取走了，都是在用盈利钱在做，还有什么可问的呢？"

正是有了这些忠诚的客户群，我们的工作才能长期进行并得以发展。我们从来不曾对客户做过任何夸大的承诺，赚钱也好，赔钱也罢，只是展示真实的状态而已。这些投资人普遍都对交易有着一定的了解。他们坚信长期的正期望，所以才能在赚钱的时候不大喜过望，在不盈利或是亏损的时候也不过分担心和焦虑。

就目前状况来看，社会中是不缺乏资本的，而是缺乏能够做事并踏实去做的人。在我看来，丁先生就是这样的人。在从事商务工作的过程中，颠覆了很多我旧有的思维和观念。我个人是几乎烟酒不沾的，有的人感到奇怪："做商务工作的还能不抽烟，不喝酒？这商务工作怎么做？"是的，因为无所求所以不刻意迎合。我要做的，只是真实、客观地展示而已。很多街头巷尾的美食餐馆就餐环境和服务态度实在一般，却屡屡爆满。餐馆老板并没有刻意迎合顾客的感受，只是做好店里的招牌菜而已。在交易领域，只要有真实的账户说话，自然能吸引到优质的客户资源。只有真正的为客户创造了收益，才是对他们最好的回报。

学交易听的音乐

在学习交易的那段时间，我喜欢听《敢问路在何方》《农民》《马桶》这三首歌。从歌曲中，我汲取到学习交易需要的很多东西。这里跟大家分享下歌词，希望读了后也有感受的朋友来邮件交流。

《敢问路在何方》
作曲：许镜清　作词：阎肃　演唱：蒋大为
你挑着担　我牵着马
迎来日出　送走晚霞
踏平坎坷　成大道
斗罢艰险　又出发　又出发
啦啦啦啦啦
一番番春秋冬夏
一场场酸甜苦辣
敢问路在何方　路在脚下
你挑着担　我牵着马
翻山涉水　两肩霜花
风雨雷电　任叱咤
一路高歌　向天涯　向天涯　啦啦啦啦啦
一番番春秋冬夏
一场场酸甜苦辣
敢问路在何方　路在脚下
敢问路在何方　路在脚下

《农民》

曲：黄家驹　词：姚若龙　演唱：Beyond 乐队

不看人家一夜盖起高楼

不问苍天偏爱谁多

用我一片真心一双手

换得平安自在生活

每个人头上一片天

每个人心中一块田

到底是丰收是荒年

问感觉不要看金钱

若是七分醉好梦田

何苦拼命要贪千杯

什么心结成什么缘

一份血汗收一份田

不怕人情早已变得淡薄

不怕真心待人不保留

如果关上大门孤独过

长命富贵也难快乐

一天又一天

努力耕耘

不停歇

希望在心间

不怕辛酸

永远向前

《马桶》

作曲：王国华　作词：李安修　演唱：刘德华

我的家有个马桶马桶

里有个窟窿

窟窿的上面 总有个笑容

笑人间无奈好多

每个家都有马桶

每个人都要去用

用完了以后 逍遥又轻松

保证你快乐无穷

每一个马桶都是英雄

只要一个按钮

他会冲去你所有烦忧

你有多少苦痛

你有多少失落

他会帮你全部都带走

每一个马桶都是朋友

可以真心相守

一辈子你都不能没有

我的秘密太多

我的梦想太重

你会慢慢地懂

亲爱的马桶

以前我喜欢听偏摇滚风格的励志歌曲、帝王歌曲。做交易后，对人生的曲折理解得更深，明白个体只是广阔天地间的一粒浮尘，做最好的自己才是最重要的。不要认为自己是天才，是能掌握规律的人，规律的发现总结不是一人一朝一夕能做到的。

要敢于站在巨人的肩膀上。聚会唱歌时，每次我点《马桶》，周围总有人哈哈大笑，他们不理解这歌。刘天王，曾被人说做任何一行都能成巨人。

本书介绍的 WJC 博客背景歌曲是陆毅的《壮志雄心》歌词如下。我觉得这首歌真是把他害了，这么多歌曲，博主能选中这首，也算是类聚吧。听一首对的歌曲，在交易学习中，也很重要。

《壮志雄心》

作曲：陈耀川　作词：何启弘　演唱：陆毅

茫茫人群寻找一线阳光

浩瀚天空何处是我方向

不怕未来多沮丧

我拥有够坚强的肩膀

终于明白希望还在前方

不愿停在这里回头张望

就要开始去拜访

我的梦沸腾从不变凉

路上再多崎岖

我有壮志雄心

就算跌倒也不在意

世上再多风雨

我有壮志雄心

勇敢面对不会逃避

GO GO GO 秀出新的自己

我拿出一颗炽热的心

梦一天一点一滴在我心头累积

谁也不能够要我放弃

也说交易音乐

周骏峰

当初我学习的时候，老师让多听听《敢问路在何方》和《农民》，但听歌的思路切入点，这次并没有写到本书中。理由是涉及到教学训练核心了。各位读者自己体会吧。我只说一点，就是先生给你的东西都是很实在的。从这些歌曲就能看出，交易在丁先生这，就是如农民般踏实地去耕耘，如求取正经一般的坚持。市面上有的培训者，也弄了交易音乐，我一听，差点没吐了。都是宗教佛经音乐，还配上咒语般的文字。起名字叫"交易潜意识音乐"我这里节选一点：

你拥有交易密码。当你交易的时候，你平静、放松、井井有条。你拥有交易密码。在交易室里，你平静、放松、井井有条。你拥有交易密码。你是快乐的交易者。你拥有交易密码，快乐地看着市场的波动。你拥有交易密码。快乐的利用自己的直觉。你拥有交易密码，拥有值得信赖的直觉。你拥有交易密码，你的直觉可以给你很好的指引。你拥有交易密码，运用你的直觉，你能获得市场带来的低风险高概率的交易机会。你拥有交易密码，你能耐心地等待机会，发现机会，并最终把握住机会。你拥有交易密码，可以将盈利变成现实。你拥有交易密码，想象到看到并把握到符合方法的交易机会。你拥有交易密码，从市场中获得令人羡慕的收益。你不受交易中一些正常亏损的影响。亏损是你交易事业中一个正常的组成部分。亏损就如同一个公司的运营成本，仅此而已。每一次交易都是独立的。你完全不用把一次交易的得失看得过重。你平静放松清醒。一旦你按下了开仓键，你觉得完全舒服与享受。让市场去决定结果。你已经做到了最好。经过详细计划的交易，让你完全没有精神压力。你平静放松自信地等待着市场的结果。

我当时听下来的感觉，就七个字形容：

耳目身心受折磨

不少人被这种东西唬住，然后交钱跟他去学什么密码整篇那几句话，翻来覆去地讲。感觉就是给一只蚂蚁说，你是大象，你是大象，相信自己，你足够强大，你能踩死豺狼……

蚂蚁怎么可能那么厉害？真的信了这些，把自己想象成刀枪不入的义和团勇士，去跟洋枪洋炮干，照样被敌人的子弹射杀。做交易的人听了这种东西，技能没经过训练提高，人没筛选，只是神经被麻痹了，盲目操作，账户也就快没命了。

9 交易人的思维

职业头衔

早期帮朋友公司做招聘的时候，我收到过不少应聘者的简历。经常有人在履历栏里写上这么一条：曾经做过职业交易员。我就问："为什么说自己是职业交易员？"对方回答得很干脆："之前我专职做交易，当然是职业的了。开了账户做投资，就是交易员，加一起就是职业交易员啊。"原来他们是这么理解的！职业的头衔，不是这么简单的。

"职业"这两个字，如果没从事过某个职业项目的人可能理解不了。我在招学员的时候发现，凡是受过某项职业训练的人，更容易理解职业交易训练的意义。因为很多看起来好玩、休闲的东西，一旦上升到职业高度，立即变得枯燥磨人。经受过这种枯燥磨炼的人，接受别的职业训练的时候，更经得起磨。我比较喜欢打台球，平时遇到朋友一起打球，我很少遇敌手。看到跟我同姓的小丁快成球王了，我在想是不是我也能走职业球员的方向啊。有次我经朋友介绍认识了一位职业球手，他带我去职业球员训练的地方练了两天球，让职业教练指点了下。结果这两天，没把我累死。平时打台球，那是放松、娱乐。到了职业教练那，纠正你的动作，从腿到上身姿势，到肩部头部位置动作，都得标准，不能随意。我练了一天，整整站了八个小时，回家浑身酸疼。第二天去，我拿起球杆，一点想打球的愿望都没了。但教练说，这时候你就得练，每天八小时，练十年，才能出来个丁俊晖。那会，我一点想成为职业球员的心都没了。

在这里，我还是用运动员来打个比方。何为职业运动员？就是以运动员为职业并以此作为唯一谋生手段的人。在我国，一个职业运动员很可能从小就开始参加艰苦的训练，放弃了整个童年和青少年时期的娱乐。但由于我国人口众多，竞争激烈，所以很多人一下就被淘汰掉了。有的历经千辛万苦，到达省队级别就升不上去了。能入国家队的，寥寥无几。就算入了国家队，拿不到奖牌，出不了成绩，还是默默无闻。很多职业运动员读书少，又缺乏谋生技能，退役后的结局很悲惨。真正像姚明、刘翔这样的成功运动员，少之又少。运动员本身并不能创造价值，所以需要有职业队伍聘请参加职业比赛，同时有赞助商掏钱支持，在体育商业模式的运作下才能得到相应的报酬。职业球员，不是你成天踢球了，你就是得职业球队聘请你。

想成为职业交易员比成为职业运动员更难。这个"职业"的头衔，不是自封的。交易领域，跟别的领域相比有点特殊，也不是由某个官方机构发放证书授予的。而是需要有投资人信任你，认可你，主动交给你资金管理，并在职业圈子里得到承认才可以的。你说自己是职业交易员，别的介绍不要，只需要展示你一个又一个的账户。账户是职业交易员唯一的名片。成长为一个职业交易员的艰辛，不亚于成为一个职业运动员。交易全靠自己的投入，投入金钱、时间，不可能有组织来培养你。如果头脑中没及时退出的思维，进了这个道，学不出来就是死胡同了。

能靠交易为生的人很少很少，交易行业不是农业、工业、商业等社会需要的基础配套行业。交易行业更像是这些基础配套行业形成的缝隙中的行业。缝隙中的行业，行业之路崎岖而狭窄，走起来坎坷无比。最终成功的那拨人得到的就是缝隙中投下来一缕阳光。所以这行业养不了太多人。如果大多数人都不去从事农业、工业，不生产创造，都做交易，都成功了。这世界不乱了？现实中，大多数人是把交易作为兼职，然后不断用从本职工作上赚来的钱，来填补交易所带来的资金窟窿，弄得自己精疲力竭。如果是这样，你不如趁早放弃。

不要轻易的把"职业"这个头衔挂在嘴边。这个头衔，凝结了太多的汗水，甚至泪水。

字数的多少

周骏峰

我整理出来的文字都会交到丁先生那里让他进行修改和删减。我觉得他的删减力度要大大的超过修改力度。他的话我经常听，有些是我平时整理的，有的是这次为了写书通过录音的方式交给我整理的。在我整理完后，丁先生会删去很多，理由是这些文字不可外传。他再将这些文字拿给他的师父级别的人看，又会被删去不少。这样一来，原本我以为有三十多万字的书，很可能只有十多万字了。

我问丁先生："这本书的字数会不会有点少？"丁先生淡淡地问我一句："你知道国内拍卖价最高的几幅书法是哪几幅？"我说我不知道啊。他说："那你去查一查，再看看上面都有几个字。"后来我查了一下，这些书法，比如包括米芾的一幅书法作品，只有几个字，却拍出了几千万的天价。我知道丁先生的意思了，一本书的价值，并不在于有多少字，而在于有没有把道理说明白，能不能让读者有收获。我们写的不是网络小说，按字数算钱的，为了多挣钱即使硬凑也必须来个几百万字。书法作品的价值在于有没有把书法的艺术表现的淋漓尽致，而不是写多少个字。

丁先生说他见过一些不知名的小书法家，他们写的字肯定比普通人强好多，但是比起真正的知名书法家，还有很大的差距。这些小书法家经常喜欢抄一些佛经，一副作品展开能铺个七八米甚至十几米，却根本卖不出价。有人调侃说，卖出的那价钱，还不够买纸买墨的。而书法大家随意的几笔，价值就不可估量。

同样，书的意义和价值绝对不是用字数来衡量的。有一本畅销书《谁动了我的奶酪》只有四万多字，却一度成为最畅销的书，引发了人们的讨论。在市面上有一些交易类的大部头的书，动辄五六十万字，有的写得直白，洋洋洒洒东拼西凑一箩筐；有的写得内容晦涩而艰深，最后读下来云里雾里。读这样的书都是没有意义的。在这里，我不敢自吹自擂，但是我觉得我确实在做一件有意义的事。我会踏踏实实地把这本书整理出来，带着广大读者走近职业交易员，走进他们的世界，了解他们的思维。读者了解了职业交易员的理念和思维方式，无论是在交易中还是在生活中，都将大有裨益。

走公司

走公司是学交易过程中的一个步骤。我的学员学到一定阶段，会被要求去外面的投资公司走走看看。方法就是通过应聘，到这些招人的投资公司感受一下，过程中能学到不少东西。我自己当初也走过公司，收获颇丰。我教的学员，有条件的，我也让他们尽量多走几家公司。通过走公司能看到、学到很多，对加强行业本质理解，促进交易学习，有很多帮助。这里先说几件我自己走公司遇到的人和事。

"你们要舍得说！"这句话我很多年都忘不了。这是我在走公司的时候，听到的一句话。当时，我在一家做黄金外汇的投资公司做电话销售。有一天突然老板进来介绍新人——老刘的团队，连他一共六个人。老板介绍他们能力很强，是这个行业的精英，要我们多学习。他们在公司有一块自己的办公区，跟我们分开。每天他们也参加公司的晨会，别的时间就自己打电话了。很快，我发现这团队的厉害。他们打电话，效率相当惊人。一个接一个，不停地打，而且语调平和、话术规范。几句话，要么挂掉，要么约来公司等。

没多久，他们团队就不断有客户到公司拜访。开户入金的，络绎不绝。后来熟悉了，逐步了解这个团队。他们来自五湖四海，老刘是头，别人都是他淘下来的人。老刘给租房子，还请钟点工做饭，手下人很满意，忠心耿耿地跟他干。能在上海不为吃住发愁，这可不容易。老刘的后勤工作，真是做得到位啊。他对手下人的管理也很人性化，累了就安排团队旅游。也可以自己请假，独自离开逍遥去。每天这么疯狂地打电话，他们的业绩收入都很不错。有一次，我问老刘，手下人这么厉害，他是怎么培训的。他微微一笑说，自己的培训最核心的一句话，就是"你们要舍得说"。

无底线地死吹，是他们的特点。保证金品种如何好，客户如何都赚了钱，谁投了钱，很快赚了，解决了孩子的婚房问题……这些话在他们嘴里，每天来回滚。老刘有时候跟我坦白，这些人太能说，都超乎了他的想象，他自己都发挥不到这么好。

他们尽管在公司业绩很好，然而这些人并不特别满意开心。因为他们早期做过原始股权的电话销售。他们无限怀念那段岁月，还总结讨论彼此的心得。我听了一下，原来上海曾经盛行过一段卖"原始股权"的公司。这种公司就是让电话销售不停地打电话，让客户到公司来买原始股权。但这个原始股权，完全是包装出来的，有的甚至就是虚构出来的。按他们说，成本就是给客户看的那点资料，和一个花钱做的网站。网站上有口号，有公司介绍，有诸如纳斯达克上市的预期。客户买的股权，完全就不存在。用他们自己的话说，当时他们这拨人把上海的电话来回打了两遍。最后直接跟客户这么说，"我们这东西是上海市民福利，原始股权配售"。他们当时打出来的客户业绩，直接公司对半分。我对此很惊讶，结果他们给我讲述了下面的情形：曾经出现客户提着钱过来买"原始股权"。钱给了公司，那边办手续，给几张盖章的满是英文的纸。公司收到的钱，这边，立即跟他们团队的人分掉。最后他们能和自己客户同时下楼，而这时客户的一半钱已经在他们的公文包里。我当时听傻了，因为我就认识买这种"原始股权"的朋友，最后血本无归（这不能详写，不然要十几万字了）。

老刘曾经想拉我进团队，结果一问学历不要我了。他明确跟我说，大学毕业的人干不了他布置的事情。我发现他都招初中学历，中专最多了，没有更高的。基本就是参加过高考的，不要。有次他通过公司新招了几个人，我看他在会议室培训。由于位置有点远，听不全。但曾经我走近了，听到他居然对新来几个人说，要记住你们是狼，客户是羊。我们要有狼的凶狠，也要有计谋……

老刘让我一直记得这句话，"你们要舍得说"。从那以后，我开始不愿意相信别人希望我掏钱时候说的话。我总是让他们闭嘴，让我独立思考，不然我就走。

小易，白净胖乎的男生，永远一身名牌打扮。很讲究的那种，崭新的一线名牌服饰。看他的劲头，仿佛就是来拍电视的。小易经常到上海淮海路上的理发店修头发，外加洗吹，一次一百。让我这个一辈子没理过 10 块钱以上头发的人汗颜。他的相貌，据他自己讲，中学时期，同学都说他像旺旺食品的形象代言人。我认识他的时候，他已经 25 岁，我觉得他像年轻时候的香港著名影星万梓良。他的绝活是"真诚"。他的客户特别信他，特别是一些老阿姨，这是上海话的称呼，翻译过来就是中国大妈。他说话的时候永远真诚地看着你，眼神中流露出的全是坚定、清澈、真诚，特别有杀伤力。他能先说自己认识全国排名前三的操盘手，谈下来客户，然后再到处找人操盘。要求就是多做单，别赔得太多太快。小易谈客户的时候，随口就可以说我们公司如何如何有内部消息，昨晚我们做了一拨，客户都赚了。他真的是说瞎话不要看草稿的。关键他不看草稿，而且说的特别正式，还一脸诚恳呢。这点我羡慕得不行，我说点小谎话，耳朵根子就红，哎。

　　小易超强的谈客户能力，相当受那家公司老板的赏识。老板不断地给他加薪，但最终还是没留住他。后来我听说他自己弄了公司，在上海最好的写字楼租的场地。他的谈客户能力太强了，客户太容易信任他。我曾经跟小易聊过一次，我问他，客户跟了你做，都是亏的，你就不难受么。他还是一脸真诚地跟我解释，这些客户不被我拿下，也会被别人拿下，金融就是不懂的人交学费，这些人不交给我，也会交给别人的，我干吗不收下来呢！我劝他，别伤害那些一看就是工薪阶层的老阿姨了。谁知，他说自己缺钱缺得很，跑车已经跟车行定好了，年底要开着跑车回家。

　　最后是警车把小易接走了。他超强的开发客户能力后面是极度菜鸟的操盘能力。他请的操盘手把客户的钱赔光了，客户跟他闹起来，最后找到警察。小易最终被判了刑。据说，他已经出来了，还在上海混，但坚决不碰金融了。熟悉他的朋友传来消息，他在一家公司做销售，业绩超好，稳稳的销售冠军。

　　小易那张可爱诚恳的脸，真的很可爱。后来我在金融圈见到很多类似他的人。或是一副学者气质，在做教学培训。或是满面红光、方面大耳，跟你谈投融资合作，展望未来。我尽量把相貌气质的因素去掉，看他们内在的东西。就拿我见过的职业交易员来说吧，既有一表人才、书生气质的。也有贼眉鼠眼、小头小脑，跟影视剧中的丑角形象一样。既有幽默健谈、开朗热情的，也有沉默寡言、不善表达的。但他们都是职业交易员，谈到交易的时候，他们都直接拿账户，介绍得简单清楚。

很多人在投资决策的时候，有意无意都很重视对方的相貌穿着。其实这是没有丝毫意义的。在影视作品中，人物确实是脸谱化、格式化。但在现实中，有真正才干的人，并不见得都是高大全的形象。很多公司为了迎合投资人的心理，找的分析师都是相貌堂堂，颇有一副专家学者的气质。这里，我要遗憾的地告诉你，这些人就是因为外形气质才吃上这碗饭的。别的人都不说，就说巴菲特吧。那个看起来不修边幅的寒酸老头，如果没人介绍，你会想到他是股神么？

老徐，五十多岁。我当时在一家公司混着，正要走呢，他来应聘操盘手。简历我看了一下，说自己原来在美国基金公司做过交易员，要求操作千万美元以上的账户。当时公司那拨人一看这简历，都不太相信。老徐来了后，我一看，穿着很普通，属于扔人堆里根本看不出来的那种。他进去面试，我不知道情况。一会他出来了，直接就推门离开公司。我赶紧跟上去，随他一起走。我主动上前跟他聊，问他面试如何。他问我是干嘛的，我就简单介绍了一下。他很爽快，说自己要求的账户这家公司提供不了。我直接告诉他，你要求的账户，不是这么找的。后来我把他拉到楼下喝了杯咖啡，好好聊了一会。我明确说，你这么介绍自己，谁相信你原来做过什么啊。他承认是的，没账户啥也没法证明。但又说，如果对方懂交易，一聊就能知道个八九分，应该给个试的机会。我就介绍自己的交易学习情况，打开了电脑展示了下账户。他看了几分钟，边看边说你上路子了、上路子了，但下面还有的走呢。这话一出，我就相信他得简历起码不是全假。

后来，我请老徐在上海及周边玩了几天。他当然知道我的用意，给了我很多交易方面的指点。他很羡慕我的状态，说自己当年就是如我这般年轻时在美国学到了职业交易，赚了大钱。后来他过了段挥霍无度、花天酒地的日子，结果现在还要为了养老钱再干一把。老徐后来离开了中国，到外面找大账户去了。按他的能力，2011年的行情，不需要太大的账户，他也应该能赚到足够的退休金。

老徐教我的东西很多，特别后来还介绍了几个职业圈的人给我认识。他说遇到知己不容易，败落后就很少有人看的起他，连亲戚都是。应聘的时候，很多人都看了他的简历，直接拿话酸他。这种事情我也遇到过，有些人不相信自己会遇到成功的交易员，只相信自己去发掘出刚学会的。为自己争取一个做老鼠的机会。在交易领域，遇到说自己很厉害的，我都是宁可信其有，请人喝杯咖啡花不了多少钱。一百个人中有一个真功夫的，我就值了。

走公司，学到东西太多。我现在岁数大了，应聘不太方便，不然我还会去走走公司。

这也是我一直不愿意公布个人照片的原因。现在为了防止别人冒充我，只能把照片发上来。要了解外面的新东西，我以后只能看别人的汇报邮件了。

走公司经历

周骏峰

我在早期的时候以应聘"见习交易员"的方式走访过南京的一些投资公司。其中有一家地处南京最繁华的新街口商业区，办公面积300平方米以上，装修很是豪华气派。前台都是一些穿着职业装的漂亮年轻的女孩，客户经理和分析师们都是西装革履，外表光鲜。面试我的经理大概三十几岁，慈眉善目，看起来也很正直的样子。随便问了几个简单的问题，主要是对交易有没有热情，对交易了解多少，家庭条件如何，有没有客户资源等等。我简单地回答了一下，就被录取了。

接下来就是为期两周的培训，每天都会有一些分析师和培训师给我们讲一些金融理论、基础知识、技术指标等等。我发现参加培训的大多数都是刚毕业不久的学生，很多是看到招聘网站上的信息来应聘的。招聘信息上写的是保底收入5000元，五险一金，还有额外奖金之类的，公司提供完善的培训和带薪假期。而且招聘条件里没有任何学历、专业技能的门槛，只是写到要对金融事业充满热情，有优质客户资源者优先。培训结束后，二十几个"见习交易员"就开始"实习"了，每人安排一个座位，提供电脑给你看模拟盘。电脑很新，配置也不低。每天早上还有分析师对着大屏幕分析当天行情。几个大屏幕上分别显示黄金、白银以及多种货币的行情K线图。看起来很是专业，至少硬件设备是很完善的。

我们这一小组连我在内四个人，两个本地人，两个外地人。每天就是早上听听分析师分析，然后做模拟盘。公司的书架上还放着不少投资类的书籍，随时都可以借来看。就这样过去了两个星期，有一天我们组的经理告诉我们，今天是个特别的日子，公司的顶级分析师要来公司给我们讲课。然后告诉我们这个分析师很厉害，有海外留学背景，还有在华尔街的从业经历，据说已经在市场里赚到了千万美元。英文名 Thomas，中文名不详。后来我才发现，这个公司的正式员工都是用的英文名，连前台的女孩都是叫什么 Sophia、Jennifer 之类的，听起来很洋气。Thomas 个子不高，戴一副眼镜，南方口音，看起来很是精明。他先简单的介绍了一下自己，然后开始讲一些他的交易经历和交易战果，也有一些指标应用方法，比如"RSI 必杀技"什么的。我们都像听说书一样，在底下听，时不时的报以掌声。然后他让我们传阅他打印出来的交易记录，30万美元的账户，盈利百万美元以上。在他说来，这只是冰山一角。最后他越说越有热情，并声称只要肯努力，有热情，有信心，我们也可以达到和他一样的水平。下面的人听得激情澎湃，仿佛自己也是前途无量。培训结束后，Thomas 说如果有问题也可以趁他有空找他私下聊聊，我就去有意地试着用英文问了他几个问题。没想到他当时就愣在那里好一会儿，然后夸我问得问题很好，但是说他今天讲课有点累了，下次再和我探讨。我就没有再多问了。

"操作实习"结束后，本组的经理请大家一起吃了个饭，然后私下和我们聊天，意思是我们可以开始开发客户了。客户每做一手，我们得30美元的佣金。自己开户做，也可以拿返佣。一般外汇的点差都是3到4点，黄金5点，怎么会给到每手30美元的佣金呢？原来在用公司的平台（一个不知名的平台）做模拟盘的时候，每手就已经加了50美元的佣金，我之前对行业已经有了一定的了解，如果是才接触这个行业，大概会以为这50美元佣金就是普遍现象吧。这时又从总公司来了一个营销总监给我们讲课。这个营销总监三十来岁，看起来像是个女强人。经理告诉我们，她手里有大量的客户资源，一个月的佣金收入就达到近三十万元人民币。营销总监教给了我们一些话术，还给了每人一份话术培训材料，上面列出了各种常见问题的回应方法。

我只是来看看情况，自然是不会去找客户的，也不会自己开户在这里做。但是其他人就开始信心满满的找客户或是开始自己开户做了。其中有一位 G 哥，南大毕业，从原来的公司辞职了，专心做交易。他对交易尤其有热情，第二天马上开了个账户。虽然我和他不是很熟，也不在一个组，但是毕竟大家都是南京人。我好心提醒他，这里的交易成本太高了，还要加50美元的佣金，如果他真正想做，可以介绍给他一个比较知名的平台。那个平台是我自己一直在用的平台，在国内运作的时间也比较长，还算比较稳定。谁知道他一脸正气的用好像是看待叛徒的眼光看我，说："我的事情就不用你操心了，我就觉得这个公司很好，很有做交易的氛围。"确实，他的经理对他不错，很热情，经常指导他，中午请他一起吃吃饭什么的。也许是出于"滴水之恩，当涌泉相报"的思想，他对公司，深信不疑，忠贞不二。不过事实是，羊毛总是出在羊身上的。公司教的，都是短线的操作办法，他就按那个办法做，拿自己账户的返佣，拿的很起劲，乐此不疲。一个月返佣就是几千块。当然，账户是赔了的，赔掉的钱远远多于返佣拿回来的钱。后来不知道他做的怎么样了，反正我离开后一年，这家公司也已经不复存在了。

后来我还听说，公司里一些积极开发客户的人，将自己和客户的账户交给 Thomas 做，最后一看交易记录，略有盈利的单马上就平仓，亏损的单子就锁单锁在那里。说是等待解锁的机会。最后锁没解掉，账户也爆仓了，手数做的倒是不少，光是佣金的支出，即使全部的交易不赚不赔，本金也已经没有了。几年过去了。我和这些人都没有了联系，不过既然公司不存在了，那么亏掉的钱，也只能是自认倒霉了。

归宿

跟我学交易的人，当账户做得不错的时候，经常问："我现在到什么水平了，到职业水平了么？"我不愿意回答这个问题，原因很多。达到职业交易水平的人并不一定能成为一个真正的职业交易员，更别说功成身退了。就像一个有着职业水平的足球运动员，如果不爱惜自己的身体，不尊重规律，不服从教练，不重视团体合作和队伍的整体利益的话，那么即使他的水平比较高，也是难以成为一流的球员，更别说顶级球星了。

很多人在交易学到了一定的水平后，就不愿意在师父的指导下再一步一步地走这条路了，总想着早点赚钱。总觉得师父是在压制他，在限制他的发挥，心中多有不满。我之前的学员里，就有这样的人。学职业交易，宁愿慢一些，不要快一些。有学员不理解，成天一副跃跃欲试，准备在交易中大展拳脚的架势。因为想快点赚钱，这些有了一定水平的人就很容易去做一些和职业交易道路相违背的事情。比如说做短线炒单，或者重仓搏杀式的交易。他们做重仓搏杀式交易的成功率会高一些，但是最终同样会败得很惨。这样的人往往是大起大落，最后不能善终。

有一种人离开交易领域，是以结束生命的方式完成的。这样的例子在行业内并不少见。还有一种职业交易员的归宿是做了几年，积累了一定的财富后，退休了。职业交易员的风格注定了他们的生活很简单，很低调，没有过多的生活开销。加上长期过着单调枯燥的生活，交易热情会越来越少。在财富积累比较多的情况下，就考虑退休了。有的职业交易员在有了一些成绩，做到了一定的数量级后，开始发飘，头脑发热，造成这样的结果有自身原因也有外界因素的影响。这些人在遭遇重大挫折后，也退出了交易圈。他们是经历过职业道路的，但下场并不好。

本山大叔的名言："人生，不在于你飞多高，而在于你是否能平稳降落。"最后的善终是所有人的追求。然而就百年的交易历史看，并不是所有的职业交易员都能善终。尤其是前几代交易员，像利弗摩尔这样的人，结局是很凄惨的。为什么呢？我想起了我国民间的一些话，"教儿游泳，儿子淹死。教儿爬树，儿子跌死。"也有一些地方说"淹死的，都是会游泳的。"一群普通学校毕业的高中同学，二十年后的聚会，一般都还健在。但是武校的孩子就不一定了。他们掌握了高超的格斗技术后难免会和他人动武。有的人一时冲动，重伤了他人，最终获刑入狱。有人遇到更厉害的角色，害了自己的性命。武僧都讲究"禅武双修"。用禅修来压制武的暴戾之气。没有一定的控制力，掌握的力量越强大，就越危险。

　　百年时间，经过这么多代职业交易员的经验教训，现在的职业交易员都是高度抱团自律的。也有人看到一些资料，说很多职业交易团队的交易员，在离开母团队之后，很快就会出现表现大失水准的现象。交易员抱团，五六个很平静内敛、恪守交易原则的人在一起。如果其中有一个人的思想开小差或是状态不好，另外几个人就会把他拉入正轨。这样就确保了整个团队不会陷入疯狂，五六个人同时疯狂的几率很小很小。如果出去单干，跟一群似懂非懂的人合作。即使你的技能很好，也曾经到过职业交易的状态。但你周围的人不断地在你耳边说："大师，你一定要好好发挥，都指望你了。"类似这样的话说多了，你也许很快就陷入一个高估自己的状态，很容易造成操作偏差。而这时又没有人及时把你拉回正轨，这样就很容易走入歧途。这也是为什么职业交易员只愿意跟内部人谈论交易的原因。

　　自律方面，就更明显了。我曾经在很多地方看到有人说，自己学了交易赚了大钱。住别墅、开跑车，日子奢华高调。更有一个立志学交易者的文章写，将来要靠交易翻身，要包二奶多找几个女人！照这样的心态学交易，学出来后，估计很快就会由疯狂走向灭亡。我做交易这几年，就看到这样的一个人掌握了交易技能，赚到了钱买跑车。最终跑车超速，撞车而亡，留下妻儿。其母亲后悔地说，早知道就不该让他学交易，老老实实做个上班族，挺好。

　　确实有人学会了职业交易，过上了相对自由的生活，比上班族轻松富足。但也有人因为学习这个，反没有了正常的好归宿。如果你是个收不住的人，没有敬畏之心，最好还是别学交易。学出来了，未必就是好事。

10　公开对赌邀战

本书中我提到了黄金外汇保证金交易公开对赌比赛。之前我去一些投资公司的时候，就有一些分析师看了我的账户后说："水平不过如此，我做的账户，比你好得多。"我说："既然你做得那么好，拿出来看看呀。"他们往往说："我可以做到，但这个没必要拿出来。"居然说这种鬼话，我立即针锋相对："既然你说你能做到，但又说没必要拿出来。那我们就立足现在，用将来说话，进行个对赌比赛。"结果当我说出比赛方式和规则后，他们全跑了。我是希望他们应战的，可惜一个都没有。

网上有人专门开了个博客攻击我，细看内容都是毫无根据的谩骂。尽管如此，我还是针对性地做了回应。没想到对方就是不理，博客照挂那儿，让人浏览转载。尽管这个博客伤害不到我，甚至有人看了这个博客了解到我。通过他自己的比较判断，他最后判定我是光明磊落地展示，引起小人的羡慕嫉妒恨了，最后要求跟我学交易。这种特意花时间攻击我的人，其实好无聊。现在有句流行语是：我好喜欢你恨我又打不过我的状态。我们通过很多细节，推测出攻击博客的作者是黄金外汇保证金领域一个做培训的。既然是在交易领域看不惯我，你可以用交易方法来约战我。我愿意跟你进行一个公开的交易对赌比赛。

比赛的方式是双方各开一个1万美元的标准账户，对赌标的100万元人民币，即双方再各拿出100万元人民币。在有公证机关公证的情况下，约定好账户号，封存这两百万。

比赛细节：至少交易18个月的时间，18个月之间要不断地进行交易，约定每个月至少交易四次。避免账户是用重仓博出来的。账户是约定好的指定账户，平台选择知名的大平台，这些都没什么好说的。唯一遗憾的是，国家现在对这方面还没有完全的规范，所以比赛需要在公证机关的监督下进行。再加上众多网民的监督，应该不会出问题。18个月后，谁的账户数值高，谁就获胜，获得那200万。

其实交易比赛的意义不在于单纯的对赌。对赌只是针对攻击我的人。参加交易比赛的真正意义是在于证明自己确实拥有交易能力。在交易领域，阶段性看账户，没有绝对的输赢。由于资金风险承受度和操作风格等因素，判断交易能力高下，并不是仅仅看盈利绝对值的大小，还要看账户曲线等多方面。只要有长期稳定盈利的能力，能靠账户盈利来作为财富来源，就是赢家。但现状是很多人做不了交易后，改行做培训、喊单分析去了。我在这个市场中看到了太多本身没有交易能力的人出来做培训，这样的人可谓是误人子弟、谋财害命。可能他们认为自己只是谋财，但在谋财的同时，也是在害命。这样的例子已经很多了。

很多求学者被那些通过精心包装的培训师蒙去了学费，更耽误了很多时间。为了让更多学交易人容易判断选择，所有在做交易培训的人应该出来，进行一场公开的交易比赛。这个领域应该有这样的一场比赛，让大家清楚，各路老师们到底是个什么水平。所有不敢来参加比赛并且还在做培训的人，都应该退出这个领域，并把之前所收的学费全部退还。既然你自己都没有交易能力，还有什么资格来培训学员呢？参加比赛的人可以在比赛开始的时候指定一个账户来做。每三个月后录制视频上传到一个指定的专业视频网站上，持续时间最低18个月。

这样一来，谁有交易能力，谁没交易能力，大家看资金曲线图，看账户净值，一目了然。盈利少不怕，哪怕三年做下来只盈利20%也是可以证明拥有交易能力的；短期内有亏损也不怕，职业交易员也会遭受亏损，可能是当时的行情并不适合他的交易方式。只要是一单一单按照正规方式做下去，做的时间够长的账户就有意义。这个比赛，没有绝对的输赢，是"参与第一"。做不下去，参与不下去就退出。退出比赛，退出这个领域。怕就怕有的人连出来参加这种比赛都不敢，只能在那谈各种技术分析、玄学理论，让你跟他做交易，他不做。

这样的比赛应该能够举行，所有掏钱学过交易的人，你们要请那些收了你真金白银学费的老师来参赛。如此，应该可以大大地净化这个市场的环境。所有没有交易能力的人，就会自然而然的消失了。求学的人也不需要在市场上挑花了眼，只要认准可以长期做稳定盈利账户的交易员，就可以了。

11　结　语

　　这本书比较特殊，跟市面上常见的交易类书不一样，算是首创吧。因为是首创，所以在内容编辑方面没个参考，可能读起来有点散。加上时间仓促，文字内容不管在数量还是质量上，整理的都不尽如人意。结果就东一句西一句地说了这么多，其实还有很多没整理好赶上这次出书。但基本意思还是说出来了。

　　读完本书后，如有兴趣可继续关注我的新浪同名博客。在博客中，我会把这次因时间未整理成书的文字发出来，还会把自己对交易、对生活的感悟写出来与大家分享。博客中会特别设置一个专栏——《交易者问答》。如果你有与交易相关的问题，想与我交流，可以发邮件到下面的邮箱。我会定期选有代表性的邮件回复。以下是博客网址和邮箱。

　　博客：http：//blog.sina.com.cn/millionusdollars

　　邮箱：millionusdollars@126.com 看完本书后还想继续坚持交易之路，我祝你走正路，走得稳一些；如果你在看完本书后面对现实，决定放弃做交易，那么我恭喜你。交易这条路确实不适合大多数人。

本书出版后读者的反馈出乎我们的意料，读者来的邮件内容之深刻，邮件的数量之多以及邮件的篇幅之长都让我们惊讶。对普通人而言，学交易做交易太难了。

很多读者都说这本书看的时候后背一阵一阵的冷汗，思考后则豁然开朗，知道交易之路应该怎么走。所有读者都认同交易账户是交易者唯一名片。同时应资深交易人士的要求，我们进行了交易账户的公开动态展示！这是一次交易者、培训者史无前例的展示。我们就前期视频中展示的交易账户，按书中提的18个月的时间跨度，进行了每三个月一次的账户公开展示。六次账户动态展示视频无可争议地证明了我们的赢利交易能力。同时公开展示长期持有、盈利3倍以上的百万级股票账户，证明了我们在别的交易领域同样做的很好。

书的出版和公开动态展示账户带来无数的求学者，我们仍然坚持小班教学指导，但这种模式实在无法教授更多的求学者。为了让更多的人学到真正的职业交易，我们经过长时间的准备推出了赢利者APP。

下载赢利者APP后，只需3680元就可以学到适用于各种交易品种的职业交易方法，并获得作者丁错亲笔签名书一本，更有牛股推荐、每日免费金币、免费学习机会等一大波福利！

很多朋友想合作，但我们一直没有开放商务通道。现在赢利者APP特别推出商务推广板块。下载APP后通过推荐朋友下载可获得丰厚的现金奖励！

过去我们一直在做强，随着APP软件的推出我们会做大。当初我们不知道自己能做多强，一路走到今天，无人来做账户应战。希望我们也能做大，让看懂我们，支持我们的朋友得到赢利者的红利分享。

欢迎登陆我们的官方网站下载赢利者APP！网址是 www.100millionusdollars.com